학교폭력상담
이론과 실제

한국학교폭력상담협회

양서원

서 문
(재판에 부쳐)

최근 언론 보도에 따르면 1년간 학교폭력 피해를 당한 적이 있다고 답한 학생은 전체 학생 중 12.0%였다. 전년도와 비교하면 18.3%에서 12.0%로 낮아졌다. 그러나 '고통스러웠다'(31.1%), '매우 고통스러웠다'(18.2%) 등 고통을 느꼈다는 응답률은 33.5%에서 49.3%로 증가했다. 정부가 내놓은 학교폭력 근절 대책 등으로 학교폭력이 양적으로 감소했지만 피해학생의 고통은 더욱 심각해졌다는 것을 보여준다. 더욱이 학교폭력 피해 경험자 중 44.7%가 자살을 생각했다는 것에서도 여실히 드러나고 있다. 이는 2011년 31.4%보다 13.3% 포인트나 증가한 수치이며, 매일 자살을 생각한다는 학생도 5%나 됐다.

최근의 학교폭력 경향은 소위 '범생'이라고 하는 공부도 잘하고, 모범생으로 인정받는 일반학생들에게서도 쉽게 발견할 수 있는 일반화된 비행행동이 되어가고 있다는 것이다. 뿐만 아니라 가해자가 피해자가 되고, 피해자가 가해자가 되는 악순환이 반복되고 있다. 그래서 그 어떤 학생도 예외가 될 수 없고, 안심할 수 없으며 그 결과는 단순 폭력에서 그치지 않고 위 연구자료처럼 자살이라는 극단적인 결과를 초래하는 사례가 빈번하다.

스웨덴의 추적조사에 의하면, 6~9학년 사이에 가해자였던 소년의 약 60%가 20세가 될 때까지 적어도 한 번 범죄자가 되었고, 35~40%에서 3번 이상 범죄를 저지른 전과기록이 있는 것으로 나타났으며, 성인기에 이르기까지 지속적인 가해자가 되거나 범죄자, 알코올 중독자와 같은 다른 문제행동이 동반될 위험성이 높다고 보고하고 있다.

즉 반사회성 특성을 보인 청소년 중에는 이미 유치원 연령부터 공격행동이 나타나기 시작해 점차 경미한 수준에서 심각한 수준으로 진행될 가능성이 높고, 더 나아가 극단적인 수준의 문제 행동으로 악화된다고 보고된 바 있다. 또한 아동기에 경험하는 공격행동은 청소년기나 성인기 공격행동과 밀접히 관련되어 신체폭력, 범죄행동, 배우자 학대와 같은 반사회적 행동을 유의하게 예언하는 것으로 나타났다.

또 다른 연구자료에 의하면 학교폭력 가해 및 피해학생들의 대부분은 부모들의 불화와 관계형성의 어려움으로 가족 간의 결속력이 낮고, 이 중 부모나 형제로부터 폭력을 당하거나 싸움을 하는 등의 갈등관계에 있었던 사례가 많은 것으로 드러났다. 이런 부모나 형제로부터의 폭력은 가해 및 피해학생들을 집보다는 밖에서 많은 시간을 보내게 하는 요인이 되었고, PC방이나 노래방, 공원 등을 전전하며 비행집단의 또래들과 어울리는 계기가 되기도 하였다.

현재의 사회문제 예방과 함께 미래의 심각한 범죄를 예방하기 위해서라도 뭔가 특단의 조치가 필요한 시기이다. 본서는 이러한 고민의 총체이기도 하다. 본서는 총 5부 15장으로 구성되어 있다. 1부 '학교폭력의 이해'에서는 학교폭력에 대한 개념과 관련 법규, 청소년전문상담사의 역할 등을 다루고 있다. 그리고 2부에서는 '학교폭력 유형별 사례와 대처법'을 담고 있으며, 3부에서는 '학교폭력 예방교육, 상담 및 생활지도'를, 4부에서는 '학교폭력자치위원회'를, 끝으로 5부에서는 '학교폭력 치료 프로그램'을 담고 있다.

본서의 장점은 수십 년 간 일선에서 학생들과 함께한 현장전문가들에 의해서 집필되었다는 것이다. 뿐만 아니라 학교폭력 관련한 가장 최근의 개념과 법정책은 물론, 사례별 상담기법을 담고 있다. 때문에 일선에서 교사나 상담사들이 참고자료나 교재로 활용하기에 용이할 것이다.

재판에서는 학교폭력의 주 대상자인 청소년상담자에 대한 이해를 강화하기 위해 [3장을 청소년전문상담자의 역할]로 대체하였다.

학교폭력 예방과 치료 관련 교육과 프로그램을 진행하면서 교재에 대한 아쉬움을 절감하던 차에 양서원 방승준 상무님의 격려와 응원 덕분에 본서가 빛을 보게 되었다. 여러 가지 바쁜 일정에도 본서의 집필에 기꺼이 뜻을 같이 하고 힘을 보태 공동 저자들과 한국학교폭력상담협회와 한국전문상담학회에 함께 참여하고 있는 선생님들께 감사드린다. 특별히 이병학 선생님과 박혜림 선생님께 감사드린다. 끝으로 양서원의 박철용 회장님을 비롯한 출판을 위해 애써 주신 임직원들께 진심으로 감사드린다.

본 교재가 학교폭력이 예방되고, 치료되어 이 땅의 청소년들이 밝고 건강하게 성장하는 데 작은 밑거름이 될 수 있기를 간절히 기도한다.

2015. 2.

한국학교폭력상담협회장 김경석

차례

CHAPTER 06 사이버폭력 및 사이버(게임, 음란물, 스마트폰 등)중독 • 119

CHAPTER 07 언어폭력 및 교사에게 욕설 및 폭행하는 학생 사례와 대처법 • 139

PART 03

예방교육, 상담 및 생활지도

PART **04**

학교폭력 자치위원회

PART 05

치료 프로그램

CHAPTER 15 요리치료와 아로마치료 • 339

PART 01

학교폭력의 이해

CHAPTER 01

학교폭력 이해

1. 학교폭력의 개념

우리나라에서 학교폭력이라는 말은 1995년 현 "청소년폭력예방재단"의 전신인 "학교폭력예방시민모임"에서 처음 사용하기 시작하였는데, 당시에 학교관계자들은 이 말에 대해 심하게 반발하였다. 반발의 주된 이유는 학교라는 교육현장에서 폭력이 행해진다는 것을 인정하지 않으려는 것이었고 학교폭력이라는 용어 자체를 거부한 것이다. 그러나 학생들의 폭력사태가 악화되고 학교폭력으로 인한 학생들의 자살이 늘어나자 1997년경부터 정부기관 및 매스컴에서 학교폭력이란 말을 공식적인 용어로 사용하기 시작하였다(이명우 외, 2005).

우리나라에 앞서서 학교폭력의 심각성을 체험한 많은 나라에서 학교폭력문제를 연구해 왔는데, 그중에서 우리나라에 가장 많이 알려진 노르웨이의 심리학자 올베우스 Dan Olweus 1)는 학교폭력 school violence 을 영어의 '불리잉 bullying'(집단따돌림, 왕따)으로 표현하고 '한 명 혹은 여러 명의 학생들이 지속적이고 반복적으로 행하는 위해행동'이라고 정의하였다(Dan Olweus, 1978). 이 정의는 학교폭력의 의미를 어느 정도 담보하고 있지만, 우리말의 집단따돌림(왕따)의 유형에 속하는 학교폭력 개념에 한정되어 있을 뿐 학교폭력의 의미를 포괄적으로 규정하지 못하고 있다. 우리나라에서는 1990년대 후반 학교폭력이 심각한 사회문제로 대두되면서 활발한 연구와 더불어 학교폭력에 대한 다양한 개념정의가 이루어졌다. 하지만 2004년 「학교폭력예방 및 대책에 관한 법률」이 제정되어 법률적 정의가 마련되기 이전까지는 학계의 합의된 정의를 찾기 어렵다.

학교폭력이라는 말의 개념정의가 쉽지 않은 것은 폭력의 발생 장소, 폭력행위자의 신분, 폭력의 유형을 어떻게 규정하느냐에 따라 학교폭력의 의미와 내용이 달라질 수 있기 때문이다. 학교폭력에 대한 기존의 연구들2)을 살펴보면 학교폭력이라는 말을 정의하는 데 있어서 3가지 공통적인 기준을 찾아볼 수 있는데 그것은 바로 폭력 발생의 장소, 폭력행위자(가해자 또는 피해자)의 신분, 그리고 폭력의 유형이다(김준호, 김선애, 2003; 최인섭 외, 2003).

첫 번째 기준인 폭력의 발생 장소는 그 범위를 학교라는 물리적 공간 내부로만 한정할 것인가 학교 주변이나 가정에까지 확대해서 규정할 것인가의 문제에 부딪히게 된다. 이 같은 문제 때문에 기존의 연구들은 학교 주변을 넘어서 학교와 무관한 멀리 떨어진 공간에서 발생한 폭력까지 포함하는 연구(김준호 외, 1997)가 있고, 가정에서 발생한 폭력까지 포함하는 연구(박재윤 외, 1996)도 있지만 대부분의 경우

---

1) 우리나라에서 '멈춰(stop)' 프로그램 또는 '멈춰 왕따(stop bullying)' 프로그램으로 불리는 올베우스의 3단계 학교폭력예방교육프로그램이 널리 보급되고 있는데, 이 프로그램은 1982년 노르웨이에서 학교폭력에 시달리던 학생 3명이 잇따라 자살한 사건을 계기로 학교폭력예방에 대한 사회적 관심이 증폭된 시기에 올베우스에 의해 개발되었다.

2) 다음에 제시된 내용은 학교폭력에 대한 선행연구들을 세심하게 분석한 장가람(2013)의 연구내용을 중심으로 재구성한 것이다.

학교와 학교 주변으로 폭력의 발생 장소의 범위를 한정하고 있다(류세홍, 1999; 박영신, 김의철, 2001; 최인섭 외, 2003; 김명자, 2003; 김준호, 김선애, 2003).

두 번째 기준인 행위자의 신분 문제는 폭력의 가해자 중심으로 파악하느냐, 피해자 중심으로 파악하느냐에 따라 달라진다. 학교폭력에 대한 연구자들이 학교폭력을 '학생 간에 발생한 폭력'으로 규정함으로써 가해자나 피해자 모두가 학생의 신분일 경우로 한정하는 경우가 많았으나(임영식, 1998; 류세홍, 1999; 박영신, 김의철, 2001; 최인섭 외, 2003; 김명자, 2003), 점차 피해자는 학생이지만 가해자의 신분을 학생으로 한정하지 않고 선배, 아는 사람, 모르는 사람, 학교 밖 청소년 등으로 확대하는 경우(김준호 외, 1997; 김준호, 김선애, 2003)가 많아졌고, 특히 교사를 가해자의 범주에 포함시키는 등(김성환, 1997), 가해자의 신분을 폭넓게 파악하려는 태도가 강화되었다. 일부 연구에서는 교사를 피해자의 범주에도 포함시킴으로써 학교폭력을 더욱 넓게 해석하려는 시도(박재윤 외, 1996)도 있었지만 일반적으로 가해자의 범주에 대한 해석은 다양한 반면, 피해자의 범주는 '학생'으로 한정하는 시각이 우세하다.

세 번째 기준인 폭력의 유형의 경우는 시대의 변화에 따라 점차 범위를 확장시켜 적용하는 방향으로 개념정의가 이루어져 왔다. 따라서 언어적·심리적 폭력, 금품갈취를 포함한 신체적·물리적 폭력 등을 다루는 연구(김성환, 1999; 류세홍, 1999) 외에도 성적인 피해를 포함시키는 연구(김준호 외, 1999; 이춘재, 1999; 박영신, 김의철, 2001)나 사이버폭력을 포함시키려는 연구(김준호, 김선애, 2003) 등 다양한 관점이 공존하였다.

이 같이 다양한 관점이 공존한 것은 학교폭력이라는 현상이 갖고 있는 복합성 때문이지만 이 다양성은 학교폭력에 대한 연구와 대책 강구에 장애물로 평가되기도 하였다. 학교폭력의 개념에 대한 공통의 정의가 부재함에 따라 연구 간 비교나 이론 검증이 쉽지 않은 문제(김준호 외, 1997), 같은 주제의 연구 결과에서 차이가 발생하는 문제(임영식, 1998; 김성환, 1999; 최인섭 외, 2003; 노성호, 2004), 이로 인하여 학교폭력에 대한 예방과 대처가 통일적으로 이루어지지 못하는 등의 문제(이진국, 2007)들이 지적되어 왔다. 그러나 학교폭력에 대한 개념정의의 이 같은 혼란은 2004년

「학교폭력예방 및 대책에 관한 법률」이 제정된 이후로 많은 연구들이 법률안에 명시된 법률적 정의를 기준으로 삼게 됨에 따라 어느 정도 합의점을 찾아가고 있다(유지웅, 2007).

이 법이 처음 제정된 2004년의 법안 내용을 살펴보면, 학교폭력을 "학교[3] 내외에서 학생 간에 발생한 폭행·협박·따돌림 등에 의하여 신체, 정신 또는 재산상의 피해를 수반하는 행위를 총칭하여 상해·폭행, 감금, 협박, 약취, 유인, 추행, 명예훼손·모욕, 공갈, 재산손괴 및 집단따돌림, 그밖에 피해자의 의사에 반하는 행위를 가하거나 하게 하는 행위"라고 규정하고 있다(법률 제7119호, 2의 1).

그러나 학교폭력에 대한 이와 같은 정의로는 학교라는 공간을 중심으로 일어나는 다양한 폭력 현상들을 담아내는 데 한계가 있다는 지적들이 제기되어 왔다. 예컨대 2004년 법령의 내용처럼 학교폭력을 '학생 간 폭력'으로 한정한다면 '학교폭력'을 '학생폭력'으로 용어를 변경하든지 실제로 '학교에서 발생하는 모든 폭력'인 교사의 학생에 대한 체벌, 학생에 의한 교사 폭행, 교사 간 폭력, 학부모의 교사 폭행 등이 모두 포함되도록 내용을 수정할 필요가 있다는 주장도 있었다(김성기, 2008).

이러한 주장은 2004년 법률이 제시하고 있는 학교폭력에 대한 정의가 다양한 학교 구성원들에 의한 학교폭력의 실제를 충분히 담아내지 못하고 있다는 지적이라 할 수 있다.

서구의 경우에는 폭력의 가해자에 교사나 학교 외부의 폭력조직까지도 포괄하여 이해하고, 일본의 경우에는 학생이 교사에게 가하는 위해나 폭력행위까지 포함시키기도 한다(신혜섭, 2005). 유엔 UN 에서는 '학교폭력 School violence'이라는 용어 대신 '학교에서의 폭력 violence in school'이라는 표현을 주로 사용하여 학생의 폭력과 교직

3) 학교폭력의 개념정의에 있어서 대다수의 연구자들이 '학교' 개념의 범위에 대해서는 특별히 언급하고 있지 않는데, 일반적으로 대학을 제외한 초등학교, 중학교, 고등학교에 준하는 학교로 전제하고 있다. 그러나 「학교폭력예방 및 대책에 관한 법률」의 제2조(정의)의 2에서 '학교'란 「초·중등교육법」 제2조에 따른 초등학교, 중학교, 고등학교, 특수학교 및 각종 학교와 같은 법 제61조에 따라 운영하는 학교라고 구체적으로 규정하고 있다.

원의 폭력을 분리시키지 않고 포괄적으로 다루고 있다(UN, 2006). 또한 전 세계 60여 개국가에서 이루어진 학교폭력 관련 경험적 연구들을 분석한 벤베니슈티와 에스토Benbenishty & Astor(2008)는 학교폭력이 학생 개인들 간이나 학생집단 간뿐만 아니라 학생과 교직원 간의 관계에서도 발생한다고 지적하고 있다.

우리나라에서는 2004년 「학교폭력예방 및 대책에 관한 법률」이 제정된 이후 이 법안내용에 대한 다양한 비판을 수용하여 2008년과 2012년 두 차례 개정된 바 있다. 2008년의 개정 법률안에 따르면, 학교폭력이란 "학교 내외에서 학생 간에 발생한 상해, 폭행, 감금, 협박, 약취, 유인, 명예훼손, 모욕, 공갈, 강요 및 성폭력, 따돌림, 정보통신망을 이용한 음란·폭력정보 등에 의하여 신체, 정신 또는 재산상의 피해를 수반하는 행위"를 의미하고 있다. 「학교폭력예방 및 대책에 관한 법률」의 2008년 개정안 내용을 살펴보면 2004년 최초의 법률안과 비교해 볼 때 추행을 성폭력으로, 집단따돌림을 따돌림으로 그 범위를 확대하였고, 음란, 폭력정보 등 정보통신망을 이용한 폭력유형도 포함시키고 있다.

그러나 2004년 법률안과 2008년 개정안의 학교폭력에 대한 정의는 행위자의 범위를 학생과 학생 간에 발생하는 폭력행위로 한정하고 있다는 점에서는 변화가 없었다. 2012년 개정 법률안에서는 기존의 '학생 간'의 폭력에서 '학생을 대상으로' 하는 폭력으로 그 행위자의 범위가 일부 확대되었고, 폭력유형에서도 사이버따돌림이 추가되었는데 그 구체적 내용을 보면 "학교폭력이란 학교 내외에서 학생을 대상으로 발생한 상해, 폭행, 감금, 협박, 약취, 유인, 명예훼손, 모욕, 공갈, 강요, 강제적인 심부름 및 성폭력, 따돌림, 사이버따돌림, 정보통신망을 이용한 음란, 폭력정보 등에 의하여 신체, 정신 또는 재산상의 피해를 수반하는 행위를 말한다." (법률 제1130조 제2조 1).

2012년 개정되어 현재까지 시행되고 있는 이 법률은 가해자의 신분을 규정하지 않고 '학생을 대상으로' 하는 모든 폭력을 다루는 피해자 중심의 접근방식을 취하고 있다는 점에서 '학생 간' 폭력만을 협의적으로 다루었던 2004년과 2008년 개정 법률안의 정의에 비해 학교폭력에 대한 포괄 범위가 넓어졌음은 명확하다. 그러나 제·개정의 이유를 살펴보면 가해 범위에 추가된 대상이 '학교 밖 청소년 등'으로 한정되어 있다는 점에서 매우 제한적인 확장이라고 평가할 수 있다.[4] 즉 실질적으로 교직원 및 학교관리자 등에 의한 폭력이나 학교 조직 및 구성에 의하여 발생하는 구조적·제도적 폭력 등은 '학교폭력' 개념 속에서 아직 고려되지 않고 있는 것이다. 그러므로 법령의 개정에도 불구하고 학교폭력이 '청소년 간'에 한정된 폭력 문제라는 인식에서 크게 벗어났다고 보기는 어렵다. 그리고 앞서 살핀 논의들을 고려할 때 현재의 법률상의 정의 역시 학교폭력 현상을 완결적으로 설명해 주는 것은 아니라는 점을 알 수 있다. 그러므로 학교폭력 현상을 명확히 반영할 수 있는 개념정의를 합의해 내기 위한 논의가 지속적으로 필요하며 그에 따라 법률상의 정의도 수정·보완되어야 할 것이다.

2. 학교폭력의 유형

청소년폭력예방재단(2011)에 따르면 지난해(2010년) 전국 16개 시·도의 초등학교 5, 6학년, 중학교 1, 2, 3학년, 고등학교 1, 2학년 학생 총 4,579명을 대상으로 학교폭력 피해 유형을 분석한 결과, 총 1,220건의 학교폭력 사례가 있었던 것으로 집계되었다. 이 중 30여 건은 수학여행 등 학교 밖에서 집단폭행을 당한 것으로 파악되었다. 이 분석 결과에 따라 학교폭력 피해유형을 구체적으로 살펴보면 25.9%가 신체적 폭력을 경험하였으며, 언어폭력 19.6%, 금품갈취 16.3%, 협박 및 위협 15.1%, 따돌림 7.7%, 괴롭힘 6.3%, 기타 9.1%를 경험한 것으로 나타났다.

이 분석 결과와는 달리 2012년 학교교육개발원의 학교폭력실태조사 내용을 살펴보면, 학교폭력 피해유형별 응답률 중 말로 행하는 협박이나 욕설이 37.9%로 가장 많았고, 그 다음으로는 인터넷·채팅·이메일·휴대전화로 하는 욕설과 비방 13.3%,

4) 법률 제11388호[제·개정 이유] 학교폭력 피해학생을 두텁게 보호하고 치유부담을 완화하기 위하여 학교폭력의 범위를 '학생 간에 발생한 사건'에서 '학생을 대상으로 발생한 사건'으로 확대하여 학교 밖 청소년 등에 의한 학교폭력도 이 법에 따라 지원을 받을 수 있게 하는 데 있다.

집단따돌림 13.3%, 돈 또는 물건을 빼앗김 12.8%, 손・발 또는 도구로 맞거나 특정한 장소 안에 갇힘 10.4% 등으로 나타났다. 이 실태조사 내용에서 특이한 점은 사이버폭력의 유형에 속하는 피해 사례가 두 번째로 많다는 것인데, 최근에 스마트폰 등의 정보매체의 발달로 인해 생긴 새로운 학교폭력 유형인 사이버폭력이 급속히 확산되고 있다는 것을 말해주고 있다.

표 1-1 학교폭력 피해유형별 응답 현황

구분	응답자 전체대비		학교폭력피해 응답건수대비
	건수(건)	비율(%)	비율(%)
말로 하는 협박이나 욕설	111,725	8.0	37.9
인터넷・채팅・이메일・휴대전화로 하는 욕설과 비방	39,104	2.8	13.3
집단따돌림	39,104	2.8	13.3
돈 또는 물건을 빼앗김	37,704	2.7	12.8
손, 발 또는 도구로 맞거나 특정한 장소 안에 갇힘	30,724	2.2	10.4
강제심부름과 같은 괴롭힘	20,948	1.5	7.1
성적인 부끄러움을 갖게 하는 말과 행동 또는 강제로 몸을 만지는 행위	15,362	1.4	5.2
학교폭력 당한 적 없음	1,080,942	77.4	-
모름/무응답	143,846	10.3	-

자료: 한국교육개발원, 「2012년 학교폭력 실제 전수조사」 중간발표, p.4.

「학교폭력예방 및 대책에 관한 법률」의 규정에 따라 학교폭력 유형을 분류해 보면, 신체적 폭력(폭행, 상해・감금, 약취, 유인, 금품갈취, 강제적 심부름), 따돌림(사이버따돌림 포함), 언어폭력(협박, 명예훼손, 모욕, 공갈) 및 성폭력(성추행, 성폭행, 성희롱), 사이버폭력(사이버따돌림, 정보통신망을 이용한 심리적 가해행위 등) 등 크게 5가지로 나눌 수 있다.

1) 신체적 폭력

신체적 폭력은 피해자에게 육체적인 고통을 유발하고 심한 경우에는 부상이나 사망의 원인이 되기도 한다.

(1) 폭행(상해)

폭행은 학교폭력의 전형적인 유형으로 신체에 대한 가해행위를 말하는데 심할 경우 신체에 직접적인 손상을 입히는 상해로 이어질 수 있다. 폭행과 상해는 반복적으로 이루어질 경우에는 신체적 상처를 입는 것을 넘어서서 굴욕감 등 심리적 충격으로 남아 자살에 이르는 사례도 발생시키고 있다. 신체적 폭력으로서 폭행이나 상해의 방식들은 상대의 신체를 주먹으로 때리거나 발로 차는 경우, 머리로 들이받는 경우, 목을 조르거나 팔다리를 비트는 등 다양하게 이루어지고 있다. 그리고 칼이나 송곳으로 찌르거나 몽둥이, 빗자루 등을 휘두르거나 병을 깨뜨려 찌르는 등 흉기를 이용하는 경우들도 있다.

이 같은 폭력행위들은 학생들이 오랫동안 함께하는 공간인 교내나 등·하굣길에서 이루어지는데, 친구와 어울려 놀다가 마음에 들지 않거나 말을 듣지 않는다고 구타를 한다든가, 지나가는 사람과의 부딪힘, 눈짓이나 걸음걸이가 마음에 들지 않는다는 이유로 폭력을 행사하는 등 일시적인 분노를 참지 못하는 즉흥적인 부분도 많다(곽영길, 2007). 폭행(상해)이 학생들 개인 간에 행해지는 경우도 문제지만, 집단적일 때 더욱 심각한 문제로 발전하게 되는데 대체로 중학교부터 학교폭력이 집단화되거나 흉포화되는 경향을 보이고 있다(박효정 외, 2007).

집단폭행은 상급생, 동급생, 하급생을 가리지 않고 그 대상으로 하며 좁게는 같은 학급부터 넓게는 지역단위로 학생들끼리 연합하여 폭력적 집단을 이루게 되는데, 대표적인 집단폭력조직의 사례가 '일진회[5]'라 할 수 있다.

---

5) '일진회'란 '공부도 잘하고 싸움도 잘하는 학생들의 모임'을 뜻하는 말로 일본 고교생들 사이에서 사용된 후 일본 만화책을 통해 우리나라에 알려져서 일반적으로 학교 내 폭력조직을 일컫는 말로 쓰이고 있다.

집단폭행은 폭력조직의 가입 강요 또는 탈퇴를 방지하기 위한 수단으로 행해지거나 금품갈취나 타학급 또는 타학교 학생들이나 폭력조직과의 다툼과정에서 발생되는 경우가 많다. 이러한 집단폭행은 가해자가 피해자로 바뀌는 등 악순환이 반복되기도 하고 성인 폭력조직의 범죄행위를 모방하는 등 심각한 사회문제가 되고 있다.

(2) 금품갈취

금품갈취는 형법상으로는 사람을 공갈하여 재물의 교부를 받거나 재산상의 불법한 이득을 취득하거나 타인으로 하여금 이를 얻게 함으로써 성립되는 범죄행위를 말한다.

금품갈취는 보통 구타나 폭행(상해)을 동반하여 발생하는 경우가 많으며 더구나 일진회 등 불량폭력조직이 조직적으로 학생들에게 상납을 요구하는 사례들이 늘고 있어 사회적으로 큰 물의를 일으키고 있다(박동호, 2011).

(3) 강제적인 심부름

강제적 심부름은 「학교폭력예방 및 대책에 관한 법률」의 2008년 개정안부터 학교폭력의 유형 안에 포함되었다. 강제적 심부름은 힘센 학생들의 강요로 간식이나 담배를 사다 주는 등 온갖 심부름을 하며 괴롭힘을 당하는 것을 말한다. 우리나라 학생들 사이에서는 '빵셔틀'[6]이라는 신조어로 불리고 있다.

2) 집단따돌림

집단따돌림은 학교폭력의 특수한 유형으로 특정 학생에게 여러 학생들이 반복적으로 지속적인 심리적·신체적 고통을 가하는 행위를 말하는데, 우리나라에서는

6) '빵셔틀'이란 소위 '일진'이라 불리는 학생들에게 매점 등에서 빵을 사다 주는 것은 물론 돈을 갖다 주는 등 온갖 심부름을 하면서 괴롭힘을 당하는 학생들을 지칭하는 신종어이다. 빵셔틀은 컴퓨터게임 스타크래프트에 등장하는 유닛(게임상의 병력)을 실어 나르는 비행물체 '셔틀'에서 따온 것으로 일진 학생들에게 빵을 사다 주는 아이들을 운반선에 비유한 것이다.

왕따, 일본에서는 이지메,[7] 영어권에서는 불리잉 bullying 으로 표현되고 있다. 이 같은 집단따돌림은 대상 학생에게 구타나 폭행 등의 직접적인 공격을 가하는 직접적인 따돌림과 밖으로 드러나지 않게 은연중에 집단에서 소외시킴으로써 심리적인 상처를 입히는 간접적인 따돌림(은따)으로 구분될 수 있다.

따돌림 현상은 직장 등 성인집단에서도 발생하는 문제이긴 하지만 학생들에게는 극복하기 어려운 심리적 상처가 되어 자살 등의 극단적인 형태로 나타나는 경우가 많아 학교폭력의 특수 유형으로 분류되고 있다. 그런 의미에서 「학교폭력예방 및 대책에 관한 법률」에서도 '따돌림'에 대해 구체적으로 개념정의를 내리고 있는데, '따돌림이란 학교 내외에서 2명 이상의 학생들이 특정인이나 특정 집단의 학생들을 대상으로 지속적이거나 반복적으로 신체적 또는 심리적 공격을 가하여 상대방이 고통을 느끼도록 하는 일체의 행위를 말한다'(제2조 1의 2)고 하였다.

집단따돌림은 1980년대 중반 일본의 이지메 현상이 국내 언론에 보도되면서 우리나라에서 사회적 주목을 받기 시작하였는데, 그 심각성이 밝혀지면서 학교폭력의 주된 문제 중 하나로 인식되고 있다. 원래 집단따돌림은 인간관계상의 문제이므로 범죄, 비행과는 무관하다고 생각될 수 있다. 그러나 실제로 집단따돌림에는 형법의 구성요건에 해당되는 경우가 적지 않다. 따라서 최근에는 범죄학의 영역에서 집단따돌림이 논의되는 경우가 늘고 있다. 더구나 집단따돌림에 의한 학생들의 자살사례들이 늘어나면서 사회적인 관심이 고조되고 있기 때문에 집단따돌림이 인권침해를 수반하는 범죄행위임을 간과해서는 안 된다.

집단따돌림의 특징은 크게 4가지로 나누어 볼 수 있다(김상윤, 2004).

첫째, 집단따돌림은 가해자와 피해자가 함께 그들 주위의 아이들에 의해 만들어진다는 점이다. 그 주변 아이들은 집단따돌림을 즐길 뿐 모른 척하는 방관자로 남아 있다.

둘째, 집단따돌림에 어떤 형태로든 관계되는 아이들의 증가 추세이다.

---

7) '이지메'란 일본어에서 가혹하게 하다, 학대하다는 뜻을 가진 동사가 명사화된 형태로 우리나라에서는 학교폭력 유형 중에서 왕따(집단따돌림)와 같은 의미로 사용되고 있다.

셋째, 집단따돌림의 가해자가 다른 학생들과의 관계에는 피해자가 될 수 있다는 점이다.

넷째, 집단따돌림의 피해가 학업성적이 우수한 학생으로까지 확산되고 있다는 점이다. 학교폭력 문제에서 집단따돌림은 학생들 집단 안에서 언제나 있어 왔던 사사로운 일로 여길 것이 아니라 명백한 인권침해이며 범죄가 될 수 있다는 사실을 잊지 말고 철저한 예방과 치유가 이루어져야 할 것이다.

3) 사이버폭력

사이버폭력이란 인터넷이나 휴대전화 등의 정보통신망을 이용한 폭력행위로 정보통신기기들의 발달로 생기게 된 신종 학교폭력 형태이다. 「학교폭력예방 및 대책에 관한 법률」에서는 학교폭력에 대해 정의하면서 다양한 폭력유형을 제시하였는데 그 안에 사이버따돌림을 포함시키고 사이버따돌림에 대해 구체적으로 개념 정의를 내리고 있다. 그 정의에 따르면, '사이버따돌림'이란 인터넷, 휴대전화 등 정보통신기기를 이용하여 학생들이 특정 학생들을 대상으로 지속적·반복적으로 심리적 공격을 가하거나, 특정 학생과 관련된 개인정보 또는 허위사실을 유포하여 상대방이 고통을 느끼도록 하는 일체의 행위를 말한다(학교폭력예방 및 대책에 관한 법률, 제2조, 1의 3).

이 법률적 정의를 살펴보면 사이버따돌림은 사실상 따돌림을 비롯한 다양한 형태로 행해지는 사이버폭력에 대해 말해주고 있다. 사실 최근에는 인터넷과 휴대전화의 발달로 학교 내에서 직접적으로 행해지던 따돌림 현상이 사이버 공간에서도 빈번히 발생하고 있다. 특히 실시간 채팅이 가능한 '앱' 프로그램인 '카카오톡'이 새로운 학교폭력의 도구로 악용되는 사례도 많아지고 있는데, 카카오톡을 통한 집단 따돌림(왕따)과 언어폭력 등이 위험수위에 다다랐다는 지적도 나오고 있다. 예컨대 김영석 연세대학교 언론홍보영상학부 교수는 '카카오톡은 청소년 간 공과 사의 경계가 무너진 대표적 예라며 카카오톡보다 더 효율적인 매체가 나올 경우 학교폭력 문제가 더 심각해질 수 있다'고 설명했다. 또한 박병호 카이스트 정보미디어 경영대학원 교수는 '사이버 불리잉 Cyber bullying (사이버공간상 폭력) 등은 가속화됐지만 학교에서 올바른 SNS 사용 등을 가르치는 미디어교육은 보편화하지 않았다'고 지적했다(매일경제신문, 2012.5.4).

과거에 채팅은 주로 컴퓨터로 이루어졌으나 최근에는 휴대전화, 스마트폰(카카오톡 등)을 이용해서 손쉽게 채팅을 할 수 있고 상대방을 수시로 그룹채팅으로 초대할 수 있기 때문에 사이버따돌림 등 사이버폭력을 심화시키고 있다. 이 외에도 사이버폭력은 다양하게 이루어지고 있는데, 미니홈피나 SNS, 블로그 등에 악의적인 댓글이나 헛소문을 퍼뜨려 명예를 훼손시키는 경우, 게임 중 채팅을 통한 욕설과 음란성 스팸의 발송, 메일, 휴대전화, 영상매체를 이용하여 사진, 영상, 음성녹음 등의 자료를 남기고 이를 유포하여 괴롭힘을 주거나 위협 또는 협박을 하는 경우들이 대표적인 사례라 할 수 있다.

고려사이버대학교 교수와 숭실대학교 이성식 교수 연구팀은 학생들이 휴대전화로 집단괴롭힘을 가하는 가장 큰 이유로 재미와 쾌락, 일상생활에서 느끼는 분노 해소, 타인에 대한 지배욕의 충족 등을 들었다. 또한 휴대전화로 집단괴롭힘의 피해를 당한 경험이 있는 학생들은 자신도 가해자가 될 가능성이 크다는 사실을 지적하면서 일상생활에서 매우 잔인하고 다양하게 접하게 되는 폭력적이고 선정적인 영상물에 노출되어 있는 학생들은 폭력에 대한 위험성과 경계심이 무뎌지게 되고 모방범죄로 발전할 가능성이 다분하다고 보고하고 있다(정진희, 2009).

학교폭력의 새로운 형태인 사이버폭력은 불안·우울증 등의 정신적 문제와 더불어 대인관계 기피, 자살 등의 심각한 후유증을 수반하기 때문에 적절한 예방대책이 요구되고 있다.

4) 언어폭력

학교폭력의 또 다른 유형인 언어폭력은 학교 내외에서 선후배나 동료들을 상대로 이루어지는 놀림, 심한 욕설, 비난, 헐뜯기 등의 행위를 말하며 악성댓글 등의 사이버폭력도 여기에 포함될 수 있다. 이러한 폭력은 타인에게 욕설을 한다든가, 상대가 갖고 있는 약점을 과장 선전하거나 별명 등을 좋지 않은 방향으로 이용함으로써 자신의 욕구불만을 해소하는 행위로 이해할 수 있다(곽영길, 2007: 38).

언어적 폭력은 신체적 폭력처럼 신체에 직접적 영향을 미치는 것은 아니지만 정서나 감정 등 심리적으로 부정적 영향을 미치게 된다. 언어폭력은 초등학생부터 고등학생에 이르기까지 가장 보편적으로 나타나는 학교폭력 유형이다. 대부분의 학생들은 놀림, 욕설 정도는 폭력이라고 인식하지 못하는 경향이 있고, 협박은 금품갈취나 신체폭력을 수반하는 경우가 많다. 언어폭력은 위기청소년의 22.4%, 일반청소년의 14.2%가 경험한 적이 있는 것으로 조사되었다(청소년폭력예방재단, 2011).

5) 성폭력

성폭력은 강간만이 아니라 원치 않은 신체적 접촉, 음란전화, 인터넷 등을 통해 접하게 되는 불쾌한 언어와 추근거림, 음란한 눈빛으로 바라보는 등 성을 매개로 상대의 의사에 반해 성적으로 가해지는 모든 신체적, 언어적, 정신적 폭력을 말한다(문용린 외, 2012: 149). 「학교폭력예방 및 대책에 관한 법률」에서 학교폭력의 유형으로 분류되는 성폭력은 사실상 강간 등과 같은 성폭행의 경우에는 적용되지 않고 상대적으로 경미한 범죄인 성희롱이나 성추행 정도가 적용 대상이라 할 수 있다. 왜냐하면 이 법의 제5조(다른 법률과의 관계) 제2항에서 성폭력은 다른 법률에 규정이 있는 경우에는 이 법을 적용하지 아니한다고 규정하고 있고, 다른 법률인 「형법」, 「성폭력 범죄의 처벌 등에 관한 특례법」, 「성폭력 범죄 및 피해자 보호 등에 관한 법률」, 「특정 강력 범죄처벌에 관한 특례법」, 「청소년 성보호에 관한 법률」, 「소년법」에서 성폭력에 대해 개별적으로 규정하고 있기 때문이다(조병인 외, 2006: 51).

CHAPTER 02

학교폭력 관련 법규 이해

학교폭력의 심각성은 사회적으로 매년마다 크게 이슈화되고 있다. 2013년 정부 정책에서 '4대 근절 악'의 항목에 학교폭력이 포함될 정도로 지속적으로 문제화되었다. 2003년 발의되어 「학교폭력예방 및 대책에 관한 법률」이 따로 시행될 정도이다. 또한 학교폭력에 관한 이론과 실제 사례에 관한 서적도 계속해서 출판되고 있다.

지면의 한계가 있지만 이 책의 목적에 맞게 이 장에서는 학교폭력 관련 법규의 이론적인 부분과 실제적인 부분을 다루려고 한다.

1. 학교폭력 관련 법규 이해

1) 학교폭력예방 및 대책에 관한 법률[1] 및 시행령[2]

학교폭력예방 및 대책에 관한 법률은 상황에 맞게 계속 개정되고 있다. 2003년 6월 23일 현승일 의원의 대표발의로 제출되어 수정 가결되었고, 시행되었다(김규태 외, 2013).

2004년 1월 29일 법률 제7119호로 제정되어 여러 차례 개정 과정을 거쳐 오늘에 이르고 있다. 2012년 3월 21일 중요한 사항들이 일부 개정 신설되었고, 2013년 정부의 '4대 근절악' 조항에 포함되고, 조직 개편으로 다시 한 번 개정되었다.

표 2-1 2012년 개정된 주요 조항

조항	변경 전	변경 및 신설 후 시행되는 사항
2조	〈학교폭력의 개념〉 – '학생 간 발생'한 사건	'학생을 대상으로 발생한 사건'으로 확대 '사이버따돌림'[3]을 추가
13조		'학교폭력자치위원회' – 분기별 1회 이상 개최
16조	피해학생 보호를 위한 '전학권고'	삭제됨
17조 가해 학생의 조치		'피해학생 및 신고 고발학생과의 접촉금지' 신설
	가해학생 10일 이내 출석정지	'출석정지'로 기간 제한 삭제
		협박 또는 보복행위에 대해 가중(병과) 조치
		가해학생 특별교육이수 또는 심리치료 의무화 규정 신설
		가해학생 학부모에 대해서도 특별교육 의무화 (벌칙 있음 – 같은 법 22조)

1) 학교폭력예방 및 대책에 관한 법률. [시행 2013.3.23.][법률 제11690호, 2013.3.23. 공포]

2) 학교폭력예방 및 대책에 관한 법률 시행령. [시행 2013.3.23.][대통령령 제24423호, 2013. 3.23. 공포]

조항	변경 전	변경 및 신설 후 시행되는 사항
7조	〈학교폭력대책 기회위원회〉 – 교육과학부 차관 주관	'국무총리 주관'으로 격상 (당연참여위원으로 경찰청장 참석)
9조		지역별 '학교폭력대책 지역협의회' 설치
11조		'학교폭력 실태조사' – 연 2회 실시
		학교폭력 은폐 및 축소한 교원에 대한 징계
		학교폭력예방 및 대책 마련에 기여한 교원에 대해 가산점 부여 및 포상 실시
		경찰청 등 관련 기관에 학교폭력 관련된 개인정보 요청 가능
		학교폭력예방 및 사후조치를 위한 조사 – 상담인력 지정
14조		전문상담교사 배치 및 지원 신설
17조		가해학생의 조치 결정에 대한 피해학생 및 보호자의 재심청구 가능
22조 (벌칙)		가해학생 학부모 특별교육 의무화 규정 (17조 9항) 위반 – 300만 원 과태료 부과

표 2-2 「학교안전사고 예방 및 보상에 관한 법률」의 주요 변경사항

조항	변경 전	변경 및 신설 후 시행되는 사항
18조	학교안정공제회 사업의 내용	피해학생에 대한 치료비 지원 및 구상권 행사 추가
51조	공제료 부담 내용	학교폭력 관련 소요경비는 국가·지방자치단체(시·도 교육감)에서 부담

3) 사이버따돌림이란 인터넷, 휴대전화 등 정보통신기기를 이용하여 학생들이 특정 학생들을 대상으로 지속적·반복적으로 심리적 공격을 가하거나, 특정 학생과 관련된 개인정보 또는 허위사실을 유포하여 상대방이 고통을 느끼는 일체의 행위를 말한다.

위 변경조항에서 보듯이 피해학생의 법률적·비용적 지원이 폭넓게 바뀌었고, 반대로 가해학생과 학부모에 대해서는 더 엄격하게 법률이 적용될 것이다.

학교폭력 방관죄[4])도 죄이다.

- 학교폭력예방 및 대책에 관한 법률 제11388호(2012.03.21 2012.05.01. 일부개정)
- 학교폭력예방 및 대책에 관한 법률 시행령 대통령령 제24102호(2012.09.14 2012.09.16 타법개정)

2) 학교폭력 사건 처리절차[5])

(1) 폭력사건 발생 인지

학교폭력 현장을 보거나 그 사실을 알게 된 자는 학교 등 관계기관에 즉시 신고해야 한다.

(2) 접수 및 통보, 학교장에게 보고

신고받은 기관은 이를 가해학생 및 피해학생의 보호자와 소속 학교의 장에게 통보하고, 통보받은 학교의 장은 이를 자치위원회에 지체 없이 통보해야 한다.

학교폭력 전담기구는 신고된 사안을 신고대장에 반드시 기록하고, 학교장, 담임교사에게 보고하고 가·피해학생 학부모에게 통지한다.

4) 학교폭력 방관죄도 학교폭력에 포함 강화되었다.

5) 「학교폭력예방 및 대책에 관한 법률」, 2013.

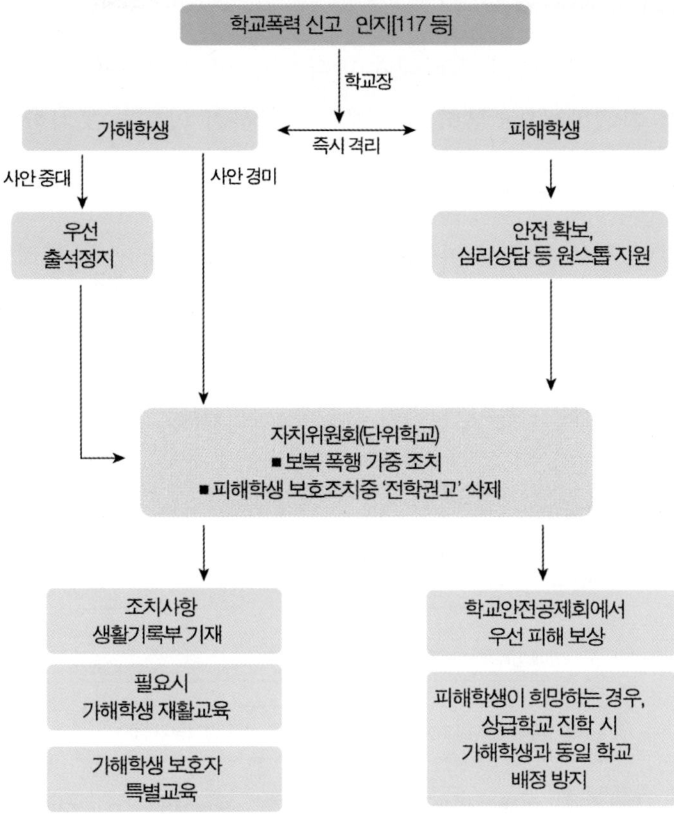

그림 2-1 학교폭력 신고 · 인지 절차[6)]

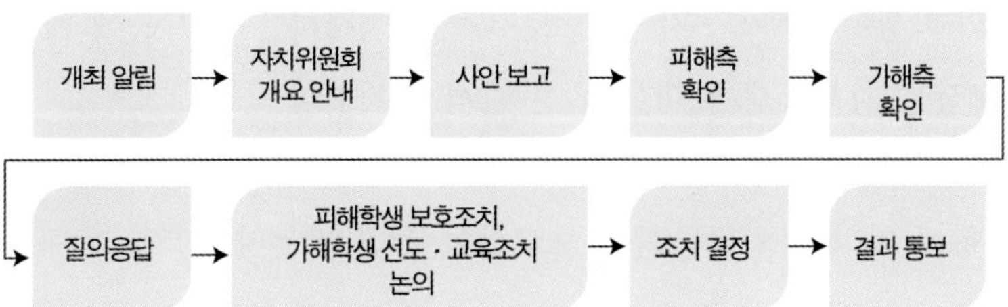

그림 2-2 자치위원회 진행과정[7)]

6) 학교폭력 사안처리 가이드북. 교육부, 2012.
7) 학교폭력 사안처리 가이드북. 교육부, 2012.

(3) 학교장의 즉시조치

피해학생과 가해학생 즉시 격리해야 한다. 그리고 신고·고발한 학생도 피해학생의 수준에서 가해학생으로부터 보복행위를 당하지 않도록 조치한다.

① 피해학생에 대한 조치

성폭행을 당한 경우 반드시 아동 및 청소년의 성보호에 관한 특례법에 따라 수사기관에 신고하고, 전문기관 및 병원을 지정하여 정신적·신체적 피해 이유 및 성폭력 등 특수한 학교폭력사건에 대하여 실태조사를 의뢰한다. 그리고 피해학생의 정신적·신체적 피해를 치유하기 위한 조치를 실시한다.

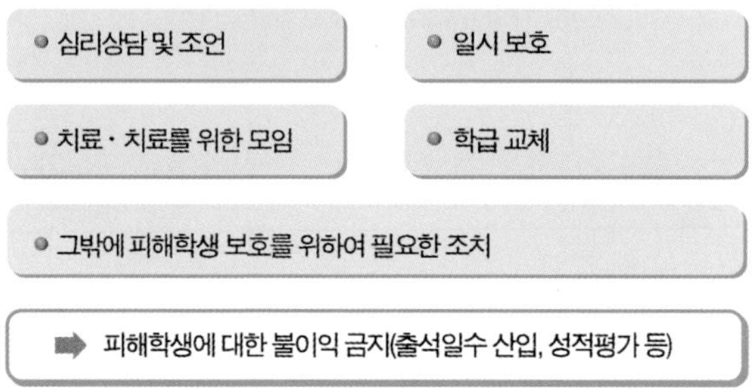

그림 2-3 피해학생에 대한 보호조치(학교폭력예방법 제16조)[15]

② 가해학생에 대한 조치

2인 이상의 학생이 고의적·지속적으로 폭력을 행사하는 경우 등에 해당하는 사안이라면 학교장은 가해학생에 대한 우선 출석 정지한다.

가해학생의 선도가 긴급한 경우, 학교장은 학교폭력예방 및 대책에 관한 법률 제17조 제4항에 따라 자치위원회에 보고하여 추인 받는다.

---

8) 「핵심매뉴얼 교사용」. 교육부, 2012.

(4) 자치위원회의 사안 조사

자치위원회 소집 – 진실 파악 – 가·피해자 규명 – 적절한 조치 – 공정한 중재

① 조사책임자 및 책임자의 역할

자치위원회가 책임자이나 직접적인 조사는 자치위원회의 지시를 받아 학교폭력 책임교사가 담당하는 것이 일반적이다.

조사책임교사는 가·피해학생의 담임교사, 전문상담교사 등의 협조를 얻어 사안의 진상을 조사하고 증인 및 물증을 확보한다.

또한 조사책임교사는 조사된 내용을 수시로 정리하여 자치위원회에 보고하고 필요한 지시를 받아야 한다.

② 조사할 사항

학교폭력의 특성상 가해자와 피해자의 구분이 명확하지 않은 경우가 많다. 표면적인 관계에만 치중할 것이 아니라 그 이면에 감추어진 다양한 관계를 분석하여 가해자와 피해자를 구분하여야 한다. 이를 위하여 주변 인물들의 이야기를 주의 깊게 경청하고 관련 정보를 수집하여야 한다.

또한 폭력장소와 폭력의 형태 등을 파악해야 한다. 그렇게 함으로써 해당 폭력에 내재된 요인이 무엇인지를 확인할 수 있고, 문제해결의 방법을 합리적으로 모색할 수 있을 것이다. 폭력은 복합적인 장소와 형태로 나타날 수도 있다.

특히 조사과정에서 피해학생의 피해 정도를 파악하는 것도 매우 중요하다. 이를 토대로 향후 적절한 중재를 할 수도 있기 때문이다.

③ 조사방법

조사는 서면조사, 해당 학생 및 증인의 면담조사, 사건현장조사 등으로 실시한다. 필요한 경우 자치위원회나 학교장은 전문상담교사로부터 피해학생 및 가해학생과의 상담결과를 보고받을 수도 있으며, 관련 진술서를 받아두는 것이 좋다.

④ 전담기구의 조사

전담기구의 조사는 피해학생 또는 그 보호자가 피해 사실 확인을 위해 전담기구에 조사를 요청한 경우에 실시한다.

학교폭력전담기구 또한 가·피해학생 면담, 주변 학생 조사, 설문조사, 객관적인 입증자료 수집 등 절차를 진행하고, 가·피해학생을 심층 상담한 후 조사결과를 바탕으로 가해자와 피해자를 확정할 수 있도록 하여야 한다.

이러한 전담기구의 조사는 자치위원회의 조사와 중복될 수 있으므로 중복된 조사로 추가 피해가 발생하지 않도록 배려하여야 하고, 특히 성폭력 사건의 경우 비밀유지에 유의하여야 한다.

⑤ 조사결과의 통보

자치위원회는 조사가 마쳐지면 그 결과를 가·피해학생의 보호자에게 통보한다.

⑥ 학교장에게 처리 요청

자치위원회는 해당 사건에 대하여 결정한 가·피해학생에 대한 조치 등을 학교장에게 통보한다. 이러한 조치권은 결과적으로 학교장이 행사해야 하기 때문이다.

⑦ 학교장의 처리

학교장은 자치위원회의 통보를 받고 해당 학생에 대하여 14일 이내 조치를 하여야 한다. 이 경우 학교장은 가해학생에 대한 자치위원회의 통보를 수정하거나 거부할 수 없다. 특히, 피해학생에 대하여는 자치위원회의 통보를 받은 날로부터 7일 이내 피해학생의 동의를 받아 해당 조치를 하여야 하고, 그 결과를 자치위원회에 보고하여야 한다.

⑧ 교육감에게 보고

학교장은 학교폭력이 발생한 사실, 피해학생에 대한 조치, 가해학생에 대한 조치, 재심청구에 따른 조치, 분쟁조정에 따른 조치 등의 처리결과에 대하여 교육감에게 보고하여야 한다.

학교폭력예방 및 대책에 관한 법률 Q & A[9)]

「학교폭력예방 및 대책에 관한 법률」 Q&A는 학교, 교육청 등 현장의 질의 사례들을 중심으로 구성되었다.

1. 「학교폭력예방 및 대책에 관한 법률」과 「형법」 등과의 관계는?

「학교폭력예방 및 대책에 관한 법률(이하 "법률"이라 함)」은 학생의 인권을 보호하고 학생을 건전한 사회구성원으로 육성하기 위해 교육적인 목적에서 제정되었음.

따라서, 범죄 행위에 대한 처벌을 목적으로 하는 형법 등과는 입법 목적에서 차이가 있고, 형법 등에 적용되는 법 원칙이 일부 적용되지 않을 수 있으며, 사법(司法) 절차에 의한 피해자 · 가해자의 조치와 학교폭력대책자치위원회(이하 "자치위원회"라 함)에서 결정된 피해학생 · 가해학생에 대한 조치 수준이 명확히 일치되지 않을 수 있음.

사법 절차에 의해 훈방, 구류 등의 조치를 한 경우에도 자치위원회 심의 · 의결을 통해 선도 · 교육 목적의 가해학생 조치는 별도로 진행되어야 함.

– 「학교폭력예방 및 대책에 관한 법률」 제1조

2. 「초 · 중등교육법 시행령」과 「학교폭력예방 및 대책에 관한 법률」이 개정됨에 따라 단위 학교에서 학칙 개정이 필요한지?

상위법인 「초 · 중등교육법 시행령」 및 「학교폭력예방 및 대책에 관한 법률」에 따라야 함.

– 「학교폭력예방 및 대책에 관한 법률」 제5조 제1항

3. 법률 제15조 제2항에서 학부모 교육은 학기별로 1회 이상 실시하도록 하고 있는데 모든 학부모를 대상으로 해야 하는지?

학부모에 대한 학교폭력 예방교육은 학기별 1회 이상 원칙적으로 모든 학부모를 대상으로 실시하도록 하고 있음.

다만 맞벌이 부부, 취약계층 학부모가 학부모교육에 참여하기 곤란한 점을 고려하여 학교에서는 다양한 방법으로 학부모교육을 실시해야 함.

단위학교는 가능한 한 학부모 교육의 개최 횟수를 늘리고, 개최 시기도 일과 후, 주말 등 다양하게 운영하여 다수의 학부모가 참여할 수 있도록 노력해야 함.

9) 교육부 학교폭력예방 및 대책에 관한 법률 Q&A 답변, 2012.12 판을 엄선하였고, 구성에 맞게 삭제 및 첨가하였다.

또한 학교로 찾아오기 힘든 학부모를 위해 학교 홈페이지에 동영상 교육자료 탑재, 가정통신문 또는 이메일 발송 등 다양한 방안을 강구해야 함.

– 「학교폭력예방 및 대책에 관한 법률」 제15조 제2항

4. 폭력의 주체가 교사, 학부모, 학생이 아닌 자 등의 폭력에 대한 처리방안은?

법률 개정('12.4.1 시행)을 통해 '학생 간에 발생한 폭력'에서 '학생을 대상으로 발생하는 폭력'으로 학교폭력의 개념을 확대한 이유는 가해자가 학생이 아닌 경우에도 피해학생에 대하여 보호조치를 하기 위해서임.

따라서, 가해자에 대한 조치와 관계없이 법률 제16조에 의한 피해학생 보호조치를 할 수 있으며, 피해학생 보호를 위하여 필요한 경우, 해당 사안을 경찰에 신고하여 수사 의뢰하여야 함.

– 「학교폭력예방 및 대책에 관한 법률」 제2조 제1호

5. 담임교사가 자체 종결 처리하는 사안의 경우에도 학교생활기록부에 기재해야 하는지?

법률 제17조에 규정된 가해학생에 대한 조치사항이 아닌 담임교사가 자체 종결한 사안인 경우에는 학교생활기록부에 입력할 수 있을 것임.

– 「학교생활기록 작성 및 관리지침」 제16조 제2항

6. 학교폭력 피해학생이 전학을 희망하는 경우 전학은 가능한지?

12.3.21「학교폭력예방 및 대책에 관한 법률」 개정에 따라 자치위원회의 피해학생에 대한 보호조치 중 '전학권고' 조항이 삭제되었음.

이는 학교폭력 사안처리 과정에서 가해학생 선도 노력보다 피해학생에게 전학가도록 권고하는 현실을 개선하기 위해서였음.

만약, 피해학생이 자발적으로 전학을 희망하는 경우, 학교장은 피해학생 보호를 위해 불가피하다고 판단되면 해당 학생의 전학을 교육장 또는 교육감에게 추천할 수 있음.

교육장 및 교육감은 학교의 장이 학생의 교육상 교육환경을 바꾸어 줄 필요가 있다고 인정하여 다른 학교로의 전학 또는 편입학을 추천한 자에 대하여는 전학 또는 편입학할 학교를 지정하여 배정할 수 있음.

– 근거 : 초·중등교육법 시행령 제21조 제3항(초등학교의 전학절차), 제73조 제5항(중학교의 전학 등) 및 제89조 제5항(고등학교의 전학 등)

7. 법률 제17조 제4항에 따라 선도가 긴급하다고 인정할 경우 학교의 장이 우선 조치(출석정지)할 수 있는데, 이 경우 처리절차는?

법률 제17조 제4항에 따라 선도 조치를 실시, 자치위원회에 즉시 보고하여 추인을 받아야 함.

사전 선도 조치는 학교폭력 전담기구와 협의를 거쳐 결정하되 학교폭력사안의 심각성, 가해학생의 태도, 가해행위의 지속성 등을 고려해야 함.

〈선도가 긴급한 경우의 선(先)조치 내용〉

- ▶ 피해학생에 대한 서면 사과
- ▶ 피해학생 및 신고·고발학생에 대한 접촉, 협박 및 보복행위의 금지
- ▶ 학교에서의 봉사
- ▶ 학내외 전문가에 의한 특별교육이수 또는 심리치료
- ▶ 출석정지(기간 제한 없음)

다음의 학교폭력 사안에 대해서는 특별한 사유가 없는 한 가해학생에 대한 '출석정지' 조치를 실시하여야 함(법률 시행령 제21조).

사전 선도 조치 중 '출석정지' 조치를 하려는 경우에는 사전에 해당 학생 또는 보호자의 의견을 들어야 함. 다만 학생 또는 보호자가 거부할 경우에는 의견을 듣지 않아도 됨.

〈학교장이 우선 출석정지를 할 수 있는 경우〉

- ▶ 2명 이상의 학생이 고의적·지속적인 폭력을 행사한 경우
- ▶ 폭력을 행사하여 전치 2주 이상의 상해를 입힌 경우
- ▶ 학교폭력에 대한 신고, 진술, 자료 제공 등에 대한 보복을 목적으로 폭력을 행사한 경우
- ▶ 학교의 장이 피해학생을 가해학생으로부터 긴급하게 보호할 필요가 있다고 판단하는 경우

－「학교폭력예방 및 대책에 관한 법률」 제17조 제4항

8. 쌍방간 학교폭력이 발생한 경우, 양쪽 부모의 원만한 합의가 되어도 반드시 자치위원회에서 처리해야 하는지?

양쪽 부모가 합의한 경우라도 담임교사가 자체 종결할 수 있는 사안이 아니라면 자치위원회를 개최하는 등 일반적인 학교폭력사안 처리절차에 따라야 함.

다만, 조치수준을 적용할 때 양쪽 부모가 합의한 점을 참작할 수는 있으나, 양쪽 부모의 합의보다는 가해학생의 반성 정도와 피해학생의 수용 정도를 더 중요하게 고려해야 함.

〈담임교사가 자체 종결 처리할 수 있는 경우〉

▶ 신체·정신 또는 재산상의 피해가 있었다고 볼 객관적인 증거가 없고
▶ 가해학생이 피해학생에게 즉시 화해를 요청하고 피해학생이 그 화해에 응하는 경우에 해당

자치위원회에서 심의한 결과 쌍방간 학교폭력으로 결정된 경우 각각의 학생에게 가해학생의 선도 조치 및 피해학생의 보호 조치를 모두 실시하여야 함.

–「학교폭력예방 및 대책에 관한 법률」 제13조 제2항

9. 자치위원회가 1차적으로 조치를 결정한 후, 경찰 조사 결과를 참고하여 2차적으로 자치위원회에서 다시 재심사하여 조치를 결정할 수 있는지?

재심청구를 별도로 규정한 입법 취지에 비추어 동일한 사안에 대하여 2차적으로 조치를 요청하는 것은 사실상 재심과 동일한 효과를 내는 것이므로 허용되지 않는다고 보아야 함. 다만, 경찰 조사 결과 새로운 학교폭력 사안이 발견된 경우에는 새로운 자치위원회의 안건이 발생하였다고 보는 것이 타당하므로 기존 조치와 별개의 조치를 요청하는 자치위원회를 개최할 수 있음.

* 새로운 학교폭력 사안 : 자치위원회에서 학교폭력 사안으로 논의되거나 판단되지 않은 사안을 의미함. 단, 동일한 학교폭력 사안일 경우 폭언, 폭행 횟수 등 경미한 학교폭력의 양적인 변화는 새로운 사안에 해당되지 않음.

–「학교폭력예방 및 대책에 관한 법률」 제16조, 제17조

10. 117신고센터에서 원스톱지원센터 등으로 이송되어 피해학생에 대한 치유 등 보호조치가 이루어진 경우에도 자치위원회로 통보해야 하는지? 이 경우 이중혜택은 아닌지? 또한, 이런 경우 자치위원회에서는 해당 조치를 참작하여 아무런 조치를 하지 않을 수 있는지?

원스톱지원센터 등에서 피해학생에 대한 조치를 실시한 경우에도, 학교의 장에 통보하여 자치위원회를 개최하도록 하여야 함.

이는 피해학생의 소속된 학교에서 학교폭력 사안에 대해 파악하고 피해학생이 학교에 잘 적응할 수 있도록 지원하고자 하는 데에 그 목적이 있음.

또한 피해학생이 학교안전공제회에 치료비 등을 청구해야 하는 경우 자치위원회의 조치가 근거가 될 수 있는 바, 자치위원회의 조치는 필요함. 다만, 자치위원회에서 사전에 이루어진 조치를 참작하여 피해자에 대한 보호조치의 수준을 결정해야 할 것임.

* 경찰에서 가해학생을 조치했을지라도, 학교장에 통보하여 자치위원회를 열어야 한다.

–「학교폭력예방 및 대책에 관한 법률」 제16조

11. 중도 탈락 학생이나 휴학생, 유예생이 가해자일 경우에 자치위원회에서 조치할 수 있는지? 추후 재입학·복학할 경우 학교생활기록부에 기재해야 하는지의 여부?

제적 및 퇴학 조치된 학생은 해당 학교의 학생이 아니므로 경찰에 신고하여 처리하고, 자치위원회의 조치는 불필요함.

휴학생(또는 유예생)의 경우에는 제적되거나 퇴학 조치된 학생이 아닌 이상 여전히 학생 신분을 유지하므로, 자치위원회를 열어 조치하고 학교생활기록부에 관련 내용을 기재하여야 함.

그러나, 유예생의 경우에는 학교생활기록부 기록이 불가능하고 유예 전에 기록된 학교폭력 사안도 이듬해 복학하게 되면 기록된 학교생활기록부 기재 내용이 갱신되므로 별도의 생활기록카드를 활용하여 관리, 복교 후 '행동특성 및 종합의견'란에 관련사항을 반드시 기재하여야 함

학교는 휴학생(또는 유예생)과 그 보호자가 자치위원회에 참석할 수 있도록 출석요청서를 등기우편으로 보내는 등 충분한 안내를 하고 자치위원회의 조치 결과가 잘 이행될 수 있도록 지속적인 노력이 필요함.

가해학생이 휴학생 또는 유예생인 경우는 피해학생의 보호 조치에 주안점을 두어 학교폭력 사안처리를 하도록 함.

–「학교폭력예방 및 대책에 관한 법률」 제17조 제1항

12. 자치위원회에서 전학을 조건으로 선도 유예 결정을 하고 전학을 가면 처분하지 않는 등 조건부 선도 유예 조치가 가능한지?

법률 제17조 제1항에 의거하여 가해학생의 가해 사실 등이 확인된 경우에는 반드시 제17조 제1항의 조치가 이루어져야 하며, 조건부 선도 유예 조치는 법적 근거가 없으므로 불가능함

–「학교폭력예방 및 대책에 관한 법률」 제17조

13. 자치위원회 회의록을 피해 · 가해학생 측에서 공개 받은 경우, 이를 언론 등 외부에 제공하는 것이 가능한지?

법률 제21조 제3항에 의거 자치위원회의 회의록은 비공개가 원칙이나 피해 · 가해학생이 요청하는 경우에 한하여 개인정보에 관한 사항은 제외하고 회의록을 열람 · 복사받을 수 있음.

피해 · 가해학생은 관계 법령의 입법 취지에 비추어 해당 회의록을 자신의 적법한 권리행사(민 · 형사상 조치, 재심, 행정심판 등)를 위해서만 사용하여야 하며 언론 등 외부 유출 및 공개를 할 수 없음.

－「학교폭력예방 및 대책에 관한 법률」 제21조 제3항

14. 자치위원회의 요청에 따라 가해학생에 대한 전학 조치 시 학교 배정방법은?

학교의 장은 자치위원회에서 '전학' 조치를 받은 학생의 명단을 시 · 도교육감(고등학생) 또는 교육장(초 · 중학생)에게 통보하고, 시 · 도교육감 또는 교육장은 학교구 또는 행정구역과 관계없이 피해학생 보호에 충분한 거리를 두어 전학 조치를 실시함(가해학생 학부모 동의 불필요). 이후, 가해학생이 피해학생이 있는 학교로 재전학을 할 수 없음. 시 · 도교육청에서 지역 여건 및 실정에 맞게 가해학생의 전학 조치에 관한 기준을 마련하여 운영하는 것을 권장함.

－「학교폭력예방 및 대책에 관한 법률」 제17조 및 동법 시행령 제20조

15. 법률 제17조 제3항에서는 가해학생은 '교육감이 정한 기관'에서 특별교육이수 또는 심리치료를 받도록 하고 있다. 여기에서 '교육감이 정한 기관'의 요건은?

특별교육기관 또는 심리치료기관은 교육감이 지정하도록 하고 있으며, 교육감은 시 · 도교육청별 여건과 실정에 따라 전문 인력, 시설, 교육프로그램 등의 지정 요건을 정할 수 있음. 단, 교육감이 지정요건을 설정할 때, 가해학생의 선도를 위한 심리분석 · 행정교정 등과 관련하여 운영기관의 전문성과 특별교육을 적정하게 운영할 수 있는 시설의 구비 여부를 충분히 고려할 수 있도록 해야 할 것임.

16. 학교폭력 조치사항이 학적에 5년 동안 기록되는데 이후 자동 삭제되는지?

학교폭력 조치사항이 기록되는 학교생활기록부Ⅱ는 5년 동안 학교에서 보존 · 관리하고 이후 자동 삭제됨. 다만, 경미한 조치의 경우 가해학생의 반성 및 개선 가능성이 높고 조치의 경중에 따라 보존기간을 차등 적용할 필요성이 있다는 현장의 의견을 반

영하여, 경미한 조치에 한해 현재 졸업 후 5년간 기록을 보존하는 것을 졸업 직후 삭제되는 것으로 개선될 예정임.

경미한 조치를 삭제하는 처리 절차, 방식 등 구체적인 내용은 추후 별도로 안내할 예정임.

〈가해학생 조치 사항 학생부 기재 개선(안)〉

▸ (졸업 직후 삭제 대상) 경미한 조치 사항인 1, 2, 3, 7호

〈학교폭력 가해학생 조치별 유형 구분〉

	교내 선도	외부기관 연계선도	교육환경 변화
기본유형	▪1호 (서면사과) ▪3호 (학교 내 봉사)	▪4호 (사회봉사) ▪5호 (특별교육 등)	▪6호 (출석정지) ▪8호 (전학) ▪9호 (퇴학)
부가유형	▪2호 (접촉, 협박 및 보복행위의 금지) ▪7호 (학급교체)		

※ 조치별 유형 구분은 「학교폭력 가해학생 조치 기준」에 반영하여 고시 예정

▸ (삭제 시기) 졸업생이 졸업하는 당해 학년도 2월

▸ (삭제 방식) 학생부 기재 및 관리를 담당하는 학업성적관리위원회의 확인을 거쳐 삭제하며, 반드시 학교장의 결제를 받도록 함

▸ (적용 시기) 2013년 2월 초·중·고 졸업생부터 적용

▸ (보완 사항) 현재 가해학생 조치사항을 학기말·학년말에 기재토록 하고 있으나, 앞으로는 자치위원회 심의 결과를 즉시 학생부에 기재

–「학교생활기록 작성 및 관리지침」 제18조

17. 출석정지기간에 특별교육을 이수하고 이를 출석일수에 산입할 수 있는지 여부?

출석정지기간에 특별교육을 이수할 수 있으며, 특별교육 이수시간을 별도로 인정할 수 있음. 이 경우, 특별교육 이수시간을 출석일수에 산입할 수 있는지가 문제가 되는데 출석정지의 조치 취지에 부합할 수 있도록 출석정지기간 중의 특별교육이수는 무단결석으로 처리하는 것이 타당함.

–「학교폭력예방 및 대책에 관한 법률」 제17조

18. 가해학생(또는 보호자)이 자치위원회 조치 요청에 따른 학교장의 조치에 불복하는 경우, 법률 제17조의2의 재심청구 대상에 해당되지 않는 사안의 경우에도 학교장의 조치에 대하여 바로 행정심판 및 행정소송으로 다툴 수 있는지?

국·공립학교의 경우 해당 학교의 장이 처분의 행정청이므로 해당 학교의 장을 상

대로 행정심판 및 행정소송을 제기할 수 있음.

사립학교의 경우 해당 학교의 장이 취한 조치는 행정청의 행정처분이라 할 수 없으므로 민사소송을 제기할 수 있음

－「학교폭력예방 및 대책에 관한 법률」 제17조의2

19. 가해학생이 특별교육을 이수할 경우 해당 학생의 보호자에 대한 교육 이수시간 및 교육방법은?

학교폭력 피해 및 가해학생 학부모 교육지원 운영지침(안)을 참고(학교폭력근절팀-2241, '12.3.14).

〈가해학생 보호자(학부모) 특별교육 운영〉

▸ 교육 원칙
- 기관 특성・폭력사안의 유형 등을 고려하여 다양한 교육프로그램 마련
- 보호자들의 특별교육 참가율 제고를 위하여 주말, 야간교육 개설 권장

▸ 교육내용
- 학교폭력 전반적 이해를 통한 예방 및 대처방안
- 가해행위를 하는 학생의 심리상태 파악
- 바람직한 학부모상 등 자녀 이해교육법

▸ 특별교육 인정 기준

교육 대상 처분	이수시간	교육 운영	비고
보복행위 금지, 학교봉사, 사회봉사	4시간 이내	교육감 지정기관 프로그램 중 일반 학부모 교육과 통합 가능	이수증 제출 대체
특별교육, 출석정지, 학급 교체, 전학	5시간 이상	교육감 지정기관 가해학생 학부모 별도 과정 이수	학부모・학생 공동교육 가능

* 학부모지원센터(교과부・평생교육진흥원), 청소년비행예방센터(법무부), 한국청소년상담원(여가부), 평생교육센터(지자체) 등 부처 산하기관, 대안 교육기관, 학교폭력 관련 시민단체(청소년폭력예방재단, 평화여성회 등) 등의 다양한 프로그램 활용

【참고 : 법무부 보호자교육 운영 현황】
- 대상 : 소년원 및 비행예방센터에서 수용・교육하고 있는 소년 보호자
- 실시기관('11년 이수자 수) : 소년원(5,815명), 비행예방센터(1,683명)
- 교육내용 : 소년보호처분에 대한 안내, 부모교육(신뢰감 형성하기, 가족탐색, 갈등해결, 희망열기) 등 7시간 내외 교육 실시

－「학교폭력예방 및 대책에 관한 법률」 제17조 제9항

2. 학교폭력과 소년사법처리절차

학교폭력에 관한 법률은 주로 학교폭력에 관한 사건을 다루고 있다. 그러나 학교폭력에 관한 사건은 다양한 양상을 띠고 있다. 대부분 폭행, 상해 등의 혐의로 경찰서에 형사고소하는 경우가 많다. 그 특징은 학생들과 관련되어서 발생한 폭력이라는 점이다. 그래서 대부분의 가해자와 피해자 학생들이 미성년자이므로 형사절차 진행에 대한 내용을 알고 처리해야 한다.

1) 소년보호법

가해자가 학생으로 미성년자가 대부분이다. 그래서 일반 형사사건으로 처벌하는 것이 교육상 적절하지 못하다고 판단될 경우에 소년보호사건으로 진행되므로 미리 인지하고 관련 법 규정을 알아두어야 한다.[10)]

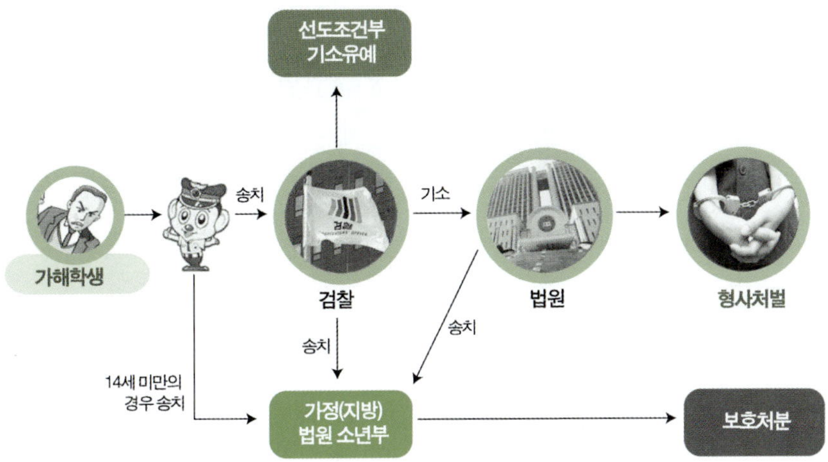

그림 2-4 소년사건처리절차[11)]

10) 『학교폭력 예방과 상담』, 문용린 외 공저, 학지사, 2012.
11) 교육부 [핵심매뉴얼 교사용].

형사사건의 경우 형법 제9조에서 형사미성년자의 행위는 벌하지 아니한다고 규정하고 있다. 학교폭력은 중학생뿐 아니라 초등학생들에게까지 그 연령층이 점점 낮아지고 있다는 데 심각성을 드러내고 있다. 그래서 학교폭력에 관한 법률이 상황에 맞게 개정되어지고 강화되고 있다(문용린, 2012).

표 2-3 10세 이상 소년은 보호처분 가능, 14세 이상 소년은 형사처벌도 가능

연령	내용
10세 미만	---〉 형사처벌 불가 ---〉 보호처분 불가
10세 이상 14세 미만(촉법소년)	---〉 형사처벌 불가 ---〉 보호처분
14세 이상 19세 미만(범죄소년)	---〉 형사처벌 ---〉 보호처분

2) 일반형사절차로의 복귀

학교폭력 가해자가 미성년자이지만 교화상 소년법[12]으로 처벌하는 것이 적절하지 못하고, 일반형사처벌의 필요가 있을 경우에는 다시 일반형사절차에 따라 일반형벌로 처벌된다.

3) 소년보호처분

소년보호처분은 성장 중에 인격이 미숙하며, 성인 범죄에 비해 정도가 약하여 개선 가능성이 크다는 이유로, 소년 비행에 대하여 일반적인 형사재판절차 외에 보호

12) 소년범에 대해 청소년 보호를 목적으로 법원이 사회봉사, 보호관찰, 민간위탁기관 교육, 상담, 입원치료 등의 결정을 내리는 것. 19세 미만 청소년은 일반형사처벌과 소년보호처분이 선택적으로 적용됨. 14세 미만은 형사처벌이 불가능하지만 10세 이상이면 소년보호처분은 받을 수 있다.

및 교육을 목적으로 하는 소년보호절차를 병행하고 있다.

소년법 제32조에 보호처분의 종류가 규정되어 있다.

- 제1호 : 6개월간 보호자 혹은 자원보호자 감호위탁처분(1차 연장 가능)
- 제2호 : 단기 6개월간의 보호관찰처분
- 제3호 : 장기 2년간의 보호관찰처분(1년 연장 가능)
- 제4호 : 아동복지시설인 효광원 등에 6개월간 감호위탁처분
- 제5호 : 6개월간의 병원위탁처분(1차 연장 가능)
- 제6호 : 단기 6개월간의 소년원송치처분
- 제7호 : 장기소년원송치처분(6~19개월까지 A, B, C 등급으로 분류)

처분은 죄질, 개선 가능성, 보호자의 보호감독 의지 및 능력 등을 종합하게 되는데, 위 1호와 2, 3호 처분은 병합하여 결정할 수 있고, 2호와 3호 보호관찰처분에는 사회봉사명령이나 수강명령을 병과할 수 있다.

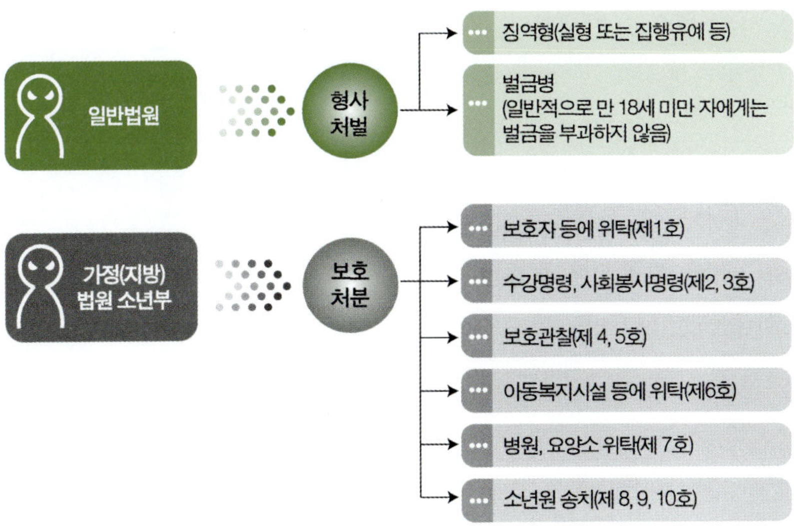

그림 2-5 일반법원과 가정법원[13)]

보호처분의 변경은 보호소년이 보호처분의 내용을 성실히 이행하지 않는 경우에는, 법원이 수탁자 혹은 보호처분을 집행하는 자의 신청에 따라 보호처분을 변경할 수 있다.

표 2-4 보호처분과 형사처분

보호처분(소년법)	형사처분(형법)
• 개선 가능성이 많은 소년에 대해 처벌보다는 보호 교육하여 사회에 복귀 • 장래에 영향 미치지 않음 • 수사경력자료로 관리(소년보호사건으로 표기)	• 범죄에 상응한 처벌, 특히 자유형은 범죄자를 격리 교정하여 재범을 예방 • 형의 실효 등에 관한 법률 적용 • 범죄경력자료로 관리(구체적인 형명 형기 표기)

4) 민사소송과 형사고소의 동시 진행

보통 민사소송을 제기하기에 앞서서 혹은 형사고소를 동시에 하는 경우가 발생한다. 학교폭력에 대한 진의 및 증거 수집이 어려우므로 정확한 증거 수집을 위해 형사고소를 하는 경우가 발생한다.

13) 교육부 [핵심매뉴얼 교사용], 2012.

CHAPTER 03

청소년전문상담사의 역할

우리는 몸이 아프면 병원에 간다. 그러나 정신이나 마음이 아프면 병원에 가려고 하지 않는다. 신체는 아프지 않아도 마음은 병들어서 괴롭고 고통스러운데도 병원에 가지 않는다. 아니 어디로 가야할지를 모른다는 말이 더 맞을는지도 모르겠다. 외국과는 달리 우리나라는 아직도 상담소나 정신과를 찾는 것이 큰 결격 사유처럼 비춰지고 있고 기피하는 경향이 있는데, 이런 이유는 상담에 대한 왜곡된 편견과 시선 때문이라고 본다. 특히 청소년들의 경우, 젊을 때부터 정신과나 상담소를 의뢰한 내용들이 추후 사회활동을 할 때에 큰 결점으로 작용 될까 봐서 기피한다는 생각도 든다.

그러나 이와는 달리 민감기에 있는 청소년들이 상담소와 전문상담사들을 좀 더 쉽게, 많이 의뢰한다면 청소년 문제는 조기에 예방될 수 있고, 지금보다 훨씬 더 줄어들게 될 것이라고 생각한다.

청소년들이야말로 상담이 절실하게 필요한 존재이다. 청소년들은 2차 성징이 일어나면서 신체적으로는 급성장을 하지만 정신적으로는 아직도 아동기에 있는 것과 다름없다. 말 그대로 정신과 육체가 하나가 되지 못해서 심리적으로 매우 민감한 시기에 놓인 자들이다. "내가 누구인가?", "나는 어디서 왔는가?", "나는 앞으로 어떤 일을 할 것인가?" 등의 질문을 끊임없이 하게 되면서 자아정체감identity을 형성해 나간다. 이런 과정들을 거치는 일은 정신력이 약한 청소년들에겐 매우 혼란스러운 일일 수밖에 없다. 이들이야말로 "상담소"라는 병원이나, '정신병원'을 찾아야만 하는 것이다. 수천 번, 수만 번씩 고민하고 충분히 아파한 뒤에서야 비로소 성인으로 변화하게 되는 것이다. 이렇게 정신적으로나 심리적으로 불안정하여 감정의 조절이 어렵고, 독립심은 커져서 절대적인 지지자였던 부모님으로부터는 서서히 멀어지게 되고, 대신에 또래 친구나 새로운 사람들과의 관계를 넓혀 나가려고 발버둥치고, 때론 저항하듯 힘의 세기를 미성숙한 포지션으로 배우면서 사회성을 배워나가기 시작한다. 점점 그 과정에 몰두하다 보면 어떤 날은 사색의 시간이, 어떤 날은 방황의 시간이 자신의 마음을 헤집어 놓고, 좌충우돌 어디로 튈지 모르거나 폭풍과 같이 몰아치는 "질풍노도Sturm und Drang"의 시기를 걷게 된다. 이러한 청소년들을 보듬어 주는 일은 부모님, 학교선생님, 전문상담사 역시도 그리 쉬운 일만은 아닐 것이다.

따라서 학교폭력 및 각종 청소년 관련 문제들을 상담할 경우 탁월한 전문성이 많이 요구되어지는데, 상담사들에게 전문지식과 다양한 사례들이 확보되지 않으면 상담의 질적인 측면에서 가이드라인을 형성해 줄 수가 없다. 또한 학교폭력 전문상담사로서의 인격적인 소양과 기본적인 자질이 겸비되지 않으면 청소년 내담자의 행동변화에 뚜렷한 성장과 발전을 가져다 줄 수 없을 것이다. 따라서 본 장에서는 이러한 내용들을 뒷받침할 수 있는 내용들로서 청소년 관련한 상담의 내용과 청소년 전문상담사로서의 그 자격과 역할들에 대해서 살펴보고자 한다.

1. 청소년상담이란

1) 상담의 개념 정의

상담counseling의 어원은 라틴어의 'consulere'에서 유래되었으며 '고려하다to consider', '반성하다to reflect', '조언을 구하다seek expert advice' 등의 의미를 지닌다. 상담(相談)의 의미를 한자에서 찾아보면, 나무 목(木)과 눈 목(目)으로 이루어진 '서로 상(相)'은 '두 그루의 나무가 눈을 맞대고 마주한다.'는 뜻으로 쓰이는 낱말이다. 또 '말씀 언(言)'과 '태울 염(炎)'이란 두 글자로 조합된 "이야기 담(談)"은 "마치 활활 타오르는 불과 같이 서로 말을 주고받는다."는 의미를 지닌 낱말이다. 글자 그대로 풀이해 보면 상담이란 두 사람이 마주보고 열심히 대화를 나누는 행위가 되는 것이다(김춘경 외, 2007).

이장호(1998)는 보다 전문성을 강조하여 "상담이란 도움을 필요로 하는 사람이 전문적 훈련을 받은 사람과의 대면관계에서 생활과제의 해결과 사고, 행동 및 감정 측면의 인간적 성장을 위해 노력하는 학습과정"이라고 정의한 바 있다.

2) 청소년상담의 정의

그간 상담(相談)은 각 분야에서 전문적인 성격을 담은 하나의 실천 학문으로서 우리사회에 서서히 자리매김해 왔다고 본다. 그러면 청소년상담이란 무엇인가? 질문을 던져 보지 않을 수가 없다.

청소년상담은 "도움을 필요로 하는 청소년을 내담자로 하여, 전문적인 훈련을 받은 사람인 상담자가 대면하여 청소년이 갖고 있는 생활과제들과 사고, 문제행동, 감정적인 측면들에 직면하여 다양한 문제들을 해결함 받고 건전하게 성장 발전할 수 있도록 돕는 것"이라고 말할 수가 있다. 청소년상담은 "청소년이 지닌 정신적 불건강함의 문제 요소들을 면담하는 것도 중요하지만 문제 발생을 예견하여 적절한 조치를 취하는 예방적인 접근까지 이루어지는 것이 중요하다."고 볼 수 있다.

이성진(1996)은 청소년상담을 "성장기에 있는 청소년이 사회에 잘 적응하고 자신의 잠재 가능성을 최대한으로 실현할 수 있도록 도와주기 위한 전문적인 활동"으로 정의하고, 넓은 의미에서 청소년상담을 교육활동의 일환으로 보았다.

청소년상담은 방법적인 면에서도 일대일의 개인적인 면접뿐만 아니라 소규모 집단 혹은 대규모 집단으로 교육 및 훈련을 시키거나, 매체를 이용하는 등 다양한 방법을 활용하기도 한다(한국청소년개발원 편, 2004). 청소년상담활동은 문제의 해결뿐만 아니라 문제의 예방과 건전한 성장 및 발달을 반드시 지향할 수 있어야만 비로소 상담의 목적달성을 바로 했다고 말할 수가 있을 것이다.

2. 청소년의 발달적 특성과 과업

1) 청소년이란

청소년기는 아동기에서 성인기로 전환되는 '과도기'라고 말한다. 본장 서론에서도 언급하였듯이 청소년기는 생애 발달 과정 중 신체적, 정신적, 사회적으로 다양한 변화가 가장 많이 발생되는 시기이다. 원래 청소년이란 말은 라틴어 'adolescere(아돌레스케레, 자라는, 성장하는)'라는 말에서 온 것으로 그 의미는 "성숙한 사람으로 성장되어 간다to grow into maturity"는 뜻이다. 신체적으로는 급성장했어도 사고 면에서는 여전히 미성숙한 존재이다 보니 완전하게 어른도 아니고, 그렇다고 여전히 아동이라고 부르기도 그런 존재다. 따라서 청소년기는 불안정한 행동이 자주 표출되므로 과도기에 놓여있는 '주변인marginal man'으로 지칭하기도 한다.

2) 법적 청소년 연령

법적인 청소년의 나이는 제각기 겹친다. 「청소년기본법」에서는 9세~24세 이하인 사람을 일컬으며(「청소년기본법」 제3조 제1호), 「아동복지법」상의 아동은 만 18세 미만으로 규정(아동복지법 제2조), 「민법」상 미성년자는 20세 미만(민법 제5조)인 사람을 말하고, 「소년법」상 소년은 만 19세 미만의 사람이다.

「형법」 형사상 미성년자는 만 14세 미만의 사람이며, 「공연법」에 의한 연소자는 만 18세 미만 또는 고등학교 재학 중인 학생이고, 음악산업진흥에 관한 법률에 의한 연소자는 만 18세 미만 또는 고등학교 재학 중인 학생, 게임산업진흥에 관한 법률에 의한 연소자는 만 18세 미만 또는 고등학교 재학 중인 학생, 「청소년보호법」에서는 19세 미만인 사람을 일컬어서 청소년이라고 말한다. 미성년자 보호법으로는 18~20세 미만에 해당되고, 흔히 우리 사회에서는 청소년이라고 하면 중·고등학생들을 일컫는다. 이렇게 혼란스런 청소년의 연령을 법적으로 하나로 통일시켜 줄 필요성을 느낀다.

3) 청소년의 발달적 특징

(1) 신체적 발달physical development

사춘기puberty에 있는 청소년들은 급격한 성호르몬의 작용으로 생식기관이 발달한다(이복희 외, 2010). 즉, 남학생들은 테스토스테론testosterone 호르몬이 2차 성징에 직접적인 영향을 주게 되어 음경이 확대되고, 전립선이 발달되어 정자를 생산하며 몽정과 자위행위를 경험하게 된다. 어깨나 근육이 발달하고, 체모가 나며, 후두가 확장되고 성대가 두꺼워져서 변성기가 온다. 그러면서 서서히 남성성이 발달하게 된다. 여학생들은 뇌하수체 호르몬의 자극에 따라 난소에서 에스트로겐estrogen이라는 여성호르몬이 분비가 되어 월경을 하게 되고, 유방과 골반의 성장 발육이 두드러지게 나타나고, 엉덩이에 지방이 축적되어 신체적으로 여성성을 드러내게 된다.

청소년들은 이러한 신체적 변화과정을 거치면서 성역할을 배우고, 점점 더 성숙되어져 간다.

(2) 심리적 발달psychological development

청소년들은 신체적 변화와 함께 기쁨, 불안, 자아도취, 수치심, 호기심, 수줍음, 분노, 저항, 우울 등의 다양하고 복합적인 심리가 표출된다. 한마디로 감정의 기복이 심하게 나타나는 시기인 것이다. 프로이드Freud의 이론대로라면 청소년기는 "생식기Genital Stage(만 12~성인까지)" 단계다. 한마디로 성 에너지인 '리비도Libido'가 성기에 집중되는 시기여서 청소년들은 가족 이외의 또래 이성에게 성적 욕구를 표출하게 되고, 감정조절이 매우 어려우며, 급격한 신체적 발달과 함께 부모로부터 "심리적 이유psychological weaning(離乳)" 즉, 떨어지는 작업이 이루어지면서 자신의 존재에 대한 새로운 탐색을 시작하게 되는 시기인 것이다. 또 에릭슨Erikson은 심리사회적 발달이론에서 청소년기(12~20세)를 "자아정체성 대 역할혼미ego-identity vs. role confusion"가 나타나는 시기로 보면서 청소년에게 자아정체감ego-identity의 시기의 중요성을 언급한다. 마르시아Marcia 역시도 "정체성 지위이론"에서 자아정체감 발달을 강조하면서 청소년기의 자아정체감은 성인기의 성격발달에도 영향을 주고 있음을 나타내준다. 이렇게 청소년기는 전체 생애과업의 한 과정으로서 끊임없이 혼선을 빚고, 부적응 현상을 나타내면서 삶의 목표달성을 하나씩 이루어가게 되는 시기인 것이다.

(3) 인지적 발달cognitive development

이인정(1995)은 청소년기는 신체적인 성숙과 더불어 인지적 능력도 확대된다고 언급한다. 그러나 그보다도 신체적 변화와 더불어 심리적인 변화 또는 인지적인 능력도 탁월하게 변한다고 표현하는 것이 더 정확하리라고 생각한다.

청소년들이 육체만 성인과 같이 같아지는 것이 아니라 인지능력, 즉 자기 지각과 경험보다는 논리적인 원리에 의해 지배를 받기 때문에 보다 더 추상적인 사고들이 가능해지고, 경험하지 못한 사건에 대한 가설을 설정하여 보이지 않는 미래의 사건들까지도 예측할 수 있는 능력들이 발달하게 되는 것이다.

그래서 피아제Piaget의 이론대로라면 청소년기는 청소년의 인지능력이 구체적 조작기Concrete Operations Stage(7~11세)에서 형식적 조작기formal operational stage(11세~성인기)로의 전환기를 말한다. 형식적 조작사고는 피아제의 인지발달이론의 최종단계로 청소년들이 가설-연역적 사고를 하게 되는데 그렇다고 언제나 이 사고를 한다는 의미는 아니다. 하지만 이들이 이러한 사고를 할 수 있다는 것은 이들의 인지능력이 이 시기에 비약적으로 발달하고 다양한 고등 학문을 이해할 준비가 되었다는 것을 의미하는 것이다.

(4) 사회적 발달social development

청소년기는 또래집단과의 친밀감이 두터워져서 서로 각별하게 삶을 나누고 배우는 시기다. 그래서 또래의 영향을 가장 크게 받는 시기인 것이다. 그러므로 학교에서의 동아리모임이나, 4H클럽, 재능 기부활동, 사회 봉사활동들을 통해서 친화력을 길러주는 것이 매우 중요하다. 청소년기를 일컬어 '제2의 반항기'라고 하여 자칫 청소년들을 고립시키거나 폐쇄적으로 흘러가지 않도록 적극적인 상담과 지지가 필요한 이들이다. 부모의 지지가 필요하면서도 신체적 성숙과 더불어 독립심이 생겨나 부모와는 서서히 멀어지고, 또래 친구들과만 상대적으로 우정을 돈독히 쌓아가는 시기다. 따라서 지지집단인 또래 친구들을 통해 지위와 역할, 서열을 배우면서 사회적 기술이 학습되어져 가는 시점인 것이다.

3. 청소년상담의 목표 및 과제

1) 상담의 목표

다른 상담도 마찬가지겠지만 청소년상담은 청소년들의 당면한 문제들을 해결하고자 하는 상담가의 강한 의지와 인내심, 그리고 미성숙한 청소년 내담자들이지만 그들을 외면하지 않고 문제해결의 자리로 안내하고자 하는 적극적인 태도와 강력한 동기부여가 중요하다고 본다. 그 다음에는 상담의 목표설정이 중요하다고 본다. 이혜성 외(1996)는 상담의 목표를 8가지로 제시한 바 있으나(한국청소년개발원편, 2004) 본 장에서는 5가지만 언급해 보도록 하겠다.

(1) 행동의 변화 촉진

내담자인 청소년으로 하여금 상담자는 더욱 생산적이고 만족스러운 웰빙well-being의 삶을 살아갈 수 있도록 행동변화를 촉진할 수 있어야 한다. 미성숙한 사고, 불안정한 감정조절능력, 문제행동의 요소를 제거하고 삶의 변화를 불러 일으켜 주고자 하는 데 상담의 목표가 있어야 한다.

(2) 의사결정 기술의 함양

청소년들은 합리적인 판단과 의사결정을 내리기가 쉽지 않다. 즉흥적이고 충동적인 결정으로 만족스럽기보다는 불만족스러운 상황에 놓일 때가 대부분이다. 따라서 상담사는 청소년 내담자가 합리적인 사고와 의사결정을 하도록 기회를 제공하고 학습하도록 하는 데 상담의 목표를 두어야만 한다.

(3) 인간관계의 개선

청소년기는 또래 친구들과 어울리기를 좋아하고, 또래 사이에서 가치와 규범을 배우며 서로 간에 인정받으려는 욕구가 강하게 표출된다. 즉, 친구관계에서의 기초적인 인간관계의 중요성을 배운다고 말할 수가 있을 것이다. 따라서 청소년들에게 인간관계를 원만하게 이룰 수 있도록 이끌어주는 것이 상담의 또 하나의 중요한 목표인 것이다.

(4) 자아정체감의 확립

청소년기는 자아정체감 확립을 위해 끊임없이 노력하는 시기다. 자신의 존재와 역할들에 대해서 지속적으로 의문을 갖게 된다. 청소년의 문제는 상당 부분 자신의 존재에 대한 의의를 갖지 못할 때, 방황기가 더 길어질 수 있다. 즉 자아정체감을 확립하지 못하면 그 원인을 찾을 수 있도록 도와야 한다. 따라서 청소년들에게 자아정체감을 확립하도록 돕는 것은 청소년상담의 주요 목표가 되어야 하는 것이다.

(5) 긍정적이고 건전한 가치관 확립

긍정적인 자아상 확립과 인간관계 형성, 또는 건전한 가치관을 확립하도록 돕는 것은 혼란과 갈등을 경험하는 청소년들에게 있어서 매우 중요하다. 자기상이 일그러져 있거나 부정적이면 열등감으로 인해 원만한 인간관계를 맺을 수가 없다. 따라서 청소년들에게 적절한 자신감 부여와 더불어 바른 가치관 정립은 미래를 살아가는 삶의 태도를 설계하는 데 도움이 되므로 이를 위하여 상담의 목표가 세워져야 한다고 본다.

2) 청소년상담의 과제

박성수 외(1997)는 청소년상담의 목표를 언급한 바 있는데, 그 내용을 중심으로 상담의 과제를 재구성해 보면 다음과 같다.

(1) 청소년의 문제해결

청소년기에 직면하는 문제들은 다양하기도 하고, 비슷한 부분들도 많기 때문에 이를 해결하고, 건전하게 성장과 성숙을 가져오도록 하는 것이 중요하고 본다. 청소년 문제의 심각성이 점점 더 고조되고 있어서 환경적 여건이나 시대적 변화를 주시하여 추이하지 않을 수가 없다. 따라서 청소년상담사에게는 청소년들에게 제기되는 여러 가지 독특한 문제들을 다루고 해결하기 위한 과제가 주어져 있는 것이다. 결국 청소년상담은 청소년의 정신세계나 생활에 영향을 주는 것이라면 어떠한 내용의 문제라도 다루어야만 하는 것이다.

(2) 청소년의 이상 심리 치료

청소년들의 신체적, 심리적, 사회적인 여러 변화들에서 그들에게 있는 병적인 노이로제나 정신병들까지도 치료하고자 하는 목표와 과제가 상담사들에게 주어져 있다. 단연 성격장애뿐만 아니라 발달과정에서 나타나는 다양한 장애들을 적극적으로 치료하고자 하는 상담사의 강한 의지가 중요하고, 청소년의 정신과적 질환뿐만 아니라 각종 심리적 장애를 치료하는 것은 청소년상담의 중요한 과제인 것이다.

(3) 청소년 문제 예방

청소년들의 경우 상담 도중에 중도탈락이 발생하면 본의 아니게 각종 부적응을 유발하고 범죄나 정신질환을 유도할 수 있기 때문에 중도탈락을 예방하는 것은 청소년상담의 주요 과제가 되기도 한다. 또한 혼전 성관계로 인한 임신과 출산, 가출, 자살, 성적부진이나 정신적인 질환의 예방도 청소년상담의 주요 과제이다.

(4) 다양한 발달능력 촉진

인간에게 나타나는 다양한 발달 특성들을 단단하게 하고, 가능성 있는 광범위한 능력을 일정 수준 이상으로 끌어올려서 적응 능력을 높이고, 환경적 변화를 주도적으로 이끌어갈 수 있는 능력을 촉진하는 것이 청소년상담의 주요 과제여야 한다.

(5) 탁월성의 성취

청소년들로 하여금 각자의 잠재능력을 개발하여 과학, 스포츠, 예술, 정치, 경제, 문화, 종교 등 광범위한 영역에서 "탁월성을 성취"할 수 있도록 새로운 전략을 마련하고 새로운 활동을 시도하도록 하는 데 과제가 주어져 있다.

4. 청소년을 위한 전문상담사의 자격 기준과 자질

1) 청소년전문상담사로서의 자격 기준

청소년을 대상으로 한 상담사 부분 국가자격증은 여성가족부령으로 정한 청소년상담사 1급, 2급, 3급과, 교육부(교육과학기술부)에서 시행하는 전문상담교사 1, 2급이 있다.

청소년을 주 대상으로 하는 상담만 주 업무로 하는 국가자격증은 사실상 많지가 않음을 보여준다. 국가자격증들은 국가기관이나 위탁기관이 그 능력과 자질을 검정하여 이를 인정하여 자격을 부여하는 것이고, 민간자격증들은 협회나 학회, 또는 민간단체들에서 자체적으로 운영하여 시설의 적법한 규정에 의거하여 발급하고 관리하는 자격증이다. 현재 신고·등록 절차만으로 자격증을 발급할 수 있으나 자격기본법이 개정되어 자격과 관련된 주무부처에서 심사를 하고 있는 실정이다. 민간자격증도 공인과 비공인 자격으로 구분이 된다. 상담관련 민간자격증은 국가공인민간자격증과 비공인민간자격증이 있다. 민간자격증은 국가인증 국가자격증보다 공신력 측면에서 취약하여 외면당하기 쉽지만 갈수록 각 학회들이나 단체에서 대표성이 있도록 활동하고, 전문가적인 소임을 다하여 합당한 교육적 시너지 효과를 내주고 있어서 추가 스펙 성격의 자격증으로서도 손색이 없을 뿐만 아니라 국가로부터의 인정도 나날이 받고 있는 실정이다. 이러한 측면에서 볼 때 청소년상담과 관련해서 청소년상담사나 전문상담교사와 같은 국가인증 자격증 못지않게 앞으로 민간자격증이지만 학교폭력상담사나 학교폭력예방지도사 같은 자격증들도 실용성이나 효과성 면에서 꾸준히 공신력을 인정받을 수가 있다고 보며, 그 미래가 매우 희망적이라고 말할 수가 있을 것이다.

따라서 이와 관련한 상담과 그에 준하는 자격증들을 구체적으로 살펴보면 다음과 같다.

(1) 청소년상담사

청소년상담사는 상담, 청소년동반자YC프로그램, 위기청소년 사회안전망CYS-net구축사업, 청소년대상 집단프로그램, 학업 중단 청소년 심성수련교육 및 디딤돌 교실, 부모교육 등을 하는 전문직이다(박정란 외, 2012). 청소년상담사는 청소년 기본법 제22조 1항에 근거하여, 여성가족부 장관이 청소년상담사 자격검정에 합격하고 연수기관에서 실시하는 연수과정(100시간)을 마친 자에게 청소년상담사의 자격을 부여한다.

제23조에는 청소년상담사의 배치를 설명하고 있는데, 청소년지도사와 마찬가지로 청소년시설 및 청소년 단체는 대통령령이 정하는 바에 따라 청소년 육성을 담당하는 청소년지도사와 청소년상담사를 배치하여야 한다. 그리고 국가 및 지방자치단체는 제1항의 규정에 의해 청소년단체 또는 청소년시설에 배치된 청소년지도사와 청소년상담사에 대하여 예산의 범위 안에서 그 활동비의 전부 또는 일부를 보조할 수 있다.

제24조에는 채용을 밝혀 두고 있는데, 「교육기본법」 제9조에 의한 학교는 청소년육성에 관련되는 업무를 수행함에 있어 필요한 경우에 청소년지도사 또는 청소년상담사를 채용할 수 있다. 국가 및 지방자치단체는 제1항의 규정에 의한 채용에 소요되는 보수 등 필요한 경비의 전부 또는 일부를 보조할 수 있다(박정란 외, 2012).

그러면 이제 급수별 청소년상담사의 응시자격과 시험과목을 살펴보도록 하겠다.

표 3-1 청소년상담사 응시자격 기준

구분	자격요건	비고
1급 청소년 상담사	1. 대학원에서 청소년(지도)학 · 교육학 · 심리학 · 사회사업(복지)학 · 정신의학 · 아동(복지)학 분야 또는 그 밖에 여성가족부령으로 정하는 상담 관련 분야(이하 "상담관련 분야"라 한다)의 박사학위를 취득한 사람 2. 대학원에서 상담관련 분야의 석사학위를 취득한 후 상담 실무경력이 4년 이상인 사람 3. 2급 청소년상담사로서 상담 실무경력이 3년 이상인 사람 4. 제1호 및 제2호에 규정된 사람과 같은 수준 이상의 자격이 있다고 여성가족부령으로 정하는 사람	1. 상담분야 박사 2. 상담분야 석사+4년 3. 2급 자격증 +3년
2급 청소년 상담사	1. 대학원에서 상담관련 분야 청소년(지도)학 · 교육학 · 심리학 · 사회사업(복지)학 · 정신의학 · 아동(복지)학분야 또는 그 밖에 여성가족부령으로 정하는 상담관련 분야(이하 "상담관련 분야"라 한다)의 석사학위를 취득한 사람 2. 대학 또는 다른 법령에 따라 이와 동등한 학력을 인정받는 기관에서 상담관련 분야 학사학위를 취득한 후 상담 실무경력이 3년 이상인 사람 3. 3급 청소년상담사로서 상담 실무경력이 2년 이상인 사람 4. 제1호부터 제3호까지에 규정된 사람과 같은 수준 이상의 자격이 있다고 여성가족부령으로 정하는 사람	1. 상담분야 석사 2. 상담분야 학사+3년 3. 3급 자격증 +2년
3급 청소년 상담사	1. 대학 및 「평생교육법」에 따른 학력이 인정되는 평생교육시설의 상담관련분야 청소년(지도학) · 교육학 · 심리학 · 사회사업(복지)학 · 정신의학 · 아동(복지)학 분야 또는 그밖에 여성가족부령으로 정하는 상담관련 분야(이하 "상담관련 분야"라 한다)의 대학 졸업(예정)자 2. 전문대학 또는 다른 법령에 따라 이와 동등한 학력을 인정받는 기관에서 상담관련 분야 전문학사를 취득한 사람으로서 상담 실무경력이 2년 이상인 사람 3. 대학 또는 다른 법령에 따라 이와 동등한 학력을 인정받는 기관에서 전문학사학위를 취득한 후 상담 실무경력이 2년 이상인 사람 4. 전문대학 또는 다른 법령에 따라 이와 동등한 학력을 인정받는 기관에서 전문학사학위를 취득한 후 상담 실무경력이 4년 이상인 사람 5. 고등학교를 졸업하고 상담 실무경력이 5년 이상인 사람 6. 제1호부터 제4호까지에 규정된 사람과 같은 수준 이상의 자격이 있다고 여성가족부령으로 정하는 사람	1. 상담분야 4년제 학사 2. 상담분야 2년제+2년 3. 타 분야 4년제+2년 4. 타 분야 2년제+4년 5. 고졸+5년

* 출처: 한국산업인력공단, 2015년도 국가전문자격시험 시행공고, 2014.11.28.

표 3-2 청소년상담사 시험과목

<table>
<tr><th rowspan="2">등급</th><th colspan="2">검정 과목</th><th colspan="2" rowspan="2">검정방법</th></tr>
<tr><th>구분</th><th>과목</th></tr>
<tr><td rowspan="2">1급 청소년 상담사</td><td>필수영역</td><td>• 상담사 교육 및 사례지도
• 청소년 관련 법과 행정
• 상담연구방법론의 실제</td><td rowspan="2">필기 시험</td><td rowspan="2">면접</td></tr>
<tr><td>선택영역</td><td>• 비행상담 · 성상담 · 약물상담 · 위기상담 중 2과목</td></tr>
<tr><td rowspan="2">2급 청소년 상담사</td><td>필수영역</td><td>• 청소년상담의 이론과 실제
• 상담연구방법론의 기초
• 심리측정 평가의 활용
• 이상심리</td><td rowspan="2">필기 시험</td><td rowspan="2">면접</td></tr>
<tr><td>선택영역</td><td>• 진로상담 · 집단상담 · 가족상담 · 학업상담 중 2과목</td></tr>
<tr><td rowspan="2">3급 청소년 상담사</td><td>필수영역</td><td>• 발달심리
• 집단상담의 기초
• 심리측정 및 평가
• 상담이론
• 학습이론</td><td rowspan="2">필기 시험</td><td rowspan="2">면접</td></tr>
<tr><td>선책영역</td><td>• 청소년이해론 · 청소년수련활동론 중 1과목</td></tr>
</table>

* 출처: 한국청소년상담복지개발원, 2013.

☞ 서류심사→필기시험→면접시험→연수→자격증 발급

☞ 청소년상담사 시험관련: http://www.youthounselor.or.kr

표 3-3 청소년상담사 취업기관 및 사업종류

<table>
<tr><th>주관부처</th><th colspan="2">사업명</th><th>비고</th></tr>
<tr><td rowspan="2">교육과학기술부</td><td>Wee 센터</td><td>청소년상담사 채용</td><td>교육청내</td></tr>
<tr><td>Wee 클래스</td><td>인턴상담사 채용</td><td>개별학교</td></tr>
<tr><td rowspan="3">지방자치단체</td><td rowspan="3">시 · 도 · 군 · 구별
청소년상담지원센터
청소년활동지원센터</td><td>청소년상담원 채용</td><td rowspan="3">민간 위탁하는 지역도 있음.</td></tr>
<tr><td>청소년동반자 채용</td></tr>
<tr><td>학교폭력상담사 파견(학교)</td></tr>
<tr><td>기타 상담센터</td><td>상담소
청소년폭력예방재단
청소년쉼터 등</td><td>학교사회복지사 파견</td><td></td></tr>
</table>

* 출처: 박정란 외, 청소년 복지론, 양서원, 2012.

(2) 전문상담교사

전문상담교사는 「초·중등교육법」의 전문상담교사 자격 기준에 해당하며 대통령령이 정하는 바에 의하여 교육과학기술부장관이 수여하는 자격증이다. 전문상담교사는 학력 또는 경력에 따라 1급과 2급으로 구분이 된다. 최근 집단따돌림, 학교폭력 등 청소년문제가 사회문제화 되면서 청소년상담에 대한 필요성과 관심이 증가하고 있으나 전문상담교사의 수는 아직도 부족한 편이어서 그 수요의 증가가 절실하게 필요하다고 본다.

전문상담교사가 하는 주요 업무로는 지역교육청 상담실과 학교 현장에서 학생들의 정신건강과 복지를 통한 인성교육을 담당한다. 교우관계상담, 학습상담, 진로상담, 폭력예방상담 등 다양한 영역에 걸쳐 개인상담과 집단상담을 함으로써 학교 부적응 및 일탈을 예방하는 역할을 한다.

전문상담교사 자격증을 취득하면 전국의 초·중고등학교, 지역교육청 상담실에서 전문상담교사로 근무할 수 있다. 단, 국공립학교에서 교사로 근무하기 위해서는

표 3-4 전문상담교사 응시자격

구분	자격요건
1급 전문 상담교사	1. 2급 이상의 교사자격증(「유아교육법」에 따른 2급 이상의 교사자격증을 포함한다)을 가진 사람으로서 3년 이상의 교육경력이 있는 사람이 교육과학기술부장관이 지정하는 교육대학원 또는 대학원에서 소정의 전문상담교사 양성과정을 이수한 사람 2. 전문상담교사 2급 자격증을 가진 사람으로서 3년 이상의 전문상담교사 경력을 가지고 자격연수를 받은 사람
2급 전문 상담교사	1. 대학·산업대학의 상담·심리 관련학과를 졸업한 사람으로서 재학 중 소정의 교직학점을 취득한 사람 2. 교육대학원 또는 교육과학기술부장관이 지정하는 대학원의 상담·심리교육과에서 전문상담 교육과정을 이수하고 석사학위를 받은 사람 3. 2급 이상의 교사자격증(「유아교육법」에 따른 2급 이상의 교사자격증을 포함한다)을 가진 사람으로서 교육과학기술부장관이 지정하는 교육대학원 또는 대학원에서 소정의 전문상담교사 양성과정을 이수한 사람

* 출처: 산업인력공단, 시험정보, 2015.

표 3-5 전문상담교사 양성과정의 이수과목과 학점

구분	이수영역 또는 과목	소요최저이수	
		1급	2급
필수 과목	심리검사, 성격심리, 발달심리, 특수아상담, 집단상담, 가족상담, 진로상담, 상담이론과 실제	14학점 이상 (7과목 이상)	14학점 이상 (7과목 이상)
	상담실습 및 사례연구		
선택 과목	아동발달, 학습심리, 행동수정, 생활지도연구, 이상심리, 청년발달, 영재아상담, 학습부진아, 사회변화와 직업의 세계, 학교심리, 적응심리, 사이버상담, 성상담, 학습상담, 인지심리, 심리학개론, 사회심리, 생리(생물)심리, 인간관계론, 특수교육학개론, 학교부적응상담	4학점 이상 (2과목 이상)	28학점 이상 (14과목 이상)

비고: 전문상담교사(1급) 양성과정의 경우 '상담실습 및 사례연구'는 학점(교과목) 이수는 하지 아니하나, 2종 이상의 사례연구·발표를 하고 20시간 이상의 실습을 하여야 한다.

* 출처: 교육부, 2013 교원자격검정 실무편람, 2013.

전문상담교사 자격증을 취득한 후 별도로 교원임용고시에 합격하여야 한다. 교원임용고시는 각 시도교육청 별로 시행되고 있다.

2) 청소년전문상담사의 자질과 역할

(1) 청소년상담자의 지식적인 자질

전문가적인 자질은 상담이라는 전문활동을 하는 데 있어서 요구되는 각종 지식과 기술들을 말한다. 상담자의 활동이 상담활동과 상담지원활동으로 구분됨을 고려해 볼 때, 상담전문가적인 자질이란 첫째, 상담활동을 위한 지식과 기술 면에서의 자질이 필요하고, 둘째, 청소년상담 지원활동을 위한 지식적인 자질을 말한다.

① 상담활동을 위한 지식과 기술 면에서의 자질

상담활동을 위한 지식 및 기술적인 면에서의 자질은 상담활동의 기본적인 성격,

상담과정, 진단체계 등에 관한 원리 및 안목과 관련되어 있다(이형득, 1993; 정원식·박성수, 1982; 한국청소년개발원 편, 2004). 상담자가 상담활동을 효율적으로 수행하기 위해서는 개인적인 지식이나 개인의 성격구조, 방어기제의 종류, 성격의 형성과정, 정신적·신체적인 발달에 대한 이해가 충분히 필요하다. 또한 사회문화에 대한 충분한 이해가 필요하고, 비밀보장이나 카운슬러의 자질, 상담연구, 심리검사 실시 및 해석 등, 상담자의 윤리기준에 대해서 전문성을 갖고 있어야 한다. 그리고 상담활동에서 정확한 진단 및 평가를 할 수 있는 기술적인 자질이 필요하다.

② 청소년상담 지원활동을 위한 지식적인 자질

숙련된 전문상담사는 충분한 상담활동의 경험을 바탕으로 새로운 상담자를 교육하고, 상담영역 문제에 대한 연구를 하며, 상담행정 및 정책을 수립하고 개선하는 등의 활동들을 할 수 있어야 한다. 이러한 활동을 상담지원활동이라고 하며, 이러한 활동을 하기 위해서는 교육 및 훈련과정과 평가에 관한 지식, 연구 활동을 하기 위한 방법론, 통계 등에 관한 지식, 그리고 상담 행정 및 정책과 관련된 지식과 이해가 있어야 할 뿐만 아니라 사회전반의 기능과 상담과의 관련에 관한 이해도가 깊어야만 한다.

새로운 상담자를 교육하고 훈련하기 위해서는 다양한 교육방법과 평가방법 등에 관한 지식을 비롯하여 상담 교육자와 피교육자 간의 심리적 역동에 관한 지식들을 가지고 있어야 하며, 이에 대한 충분한 이해가 있어야 한다(한국청소년개발원 편, 2004).

그리고 상담자는 상담활동의 효과 및 효율화를 지향하기 위해서 개인 및 환경에 대한 연구, 상담과정 및 기법에 대한 연구, 그리고 상담지원활동에 관련된 연구를 수행할 뿐만 아니라 기존의 연구를 올바로 이해할 수 있는 능력이 있어야 한다. 이를 위해서 상담자에서는 연구활동과 관련된 제반지식 및 기술이 요구된다. 그러므로 상담자는 상담학 분야에서 중요시되는 질문과 문제점, 연구 설계, 통계학적 지식, 문화 기술적 연구방법, 해석학적 연구방법 등에 능통해야 한다.

행정관련 자질은 상담기관의 적절한 운영, 관리, 시설의 배치 등과 관련된 자질도 상담사에게 필요하다. 정책관련 자질은 정책을 수립하고, 비판하며 개선할 수 있는 능력부분에서의 자질이 따라져야 하고 상담부분의 지식만이 아니라 법, 교육, 건강, 체육, 복지, 과학 등 다양한 부분들에 대한 지식들이 필요하다고 본다.

(2) 청소년상담자의 기술적인 자질

청소년을 위한 상담에서 주로 개인상담, 집단상담, 가족상담이 이루어지게 된다. 상담활동을 효과적으로 수행하기 위해서는 상담사가 가지고 있는 주요한 전문적인 기술들이 필요하다. 활동의 목적과 상담 유형에 따라 진단하고 평가할 수 있게 된다. 따라서 청소년상담자의 기술적인 자질과 역할을 논하자면 다음과 같이 3가지로 살펴보게 된다.

① 개인상담을 위한 기술적 자질

개인상담을 위해서는 상담의 목적에 따라 라포rapport를 형성해주는 것이 중요한데, 박경애 외(2011)는 전문적 유능성, 신뢰성, 존중감 그리고 내담자의 변화를 돕고 싶은 강한 책임의식에 기초하고 있다. 상담사의 적극적인 경청과 공감이 발휘될 때 내담자가 변화하게 되는 것이다. 개인상담에서 "빈 의자 기법(게슈탈트 상담기법)"이나 "체계적 둔감법(systemic desensitization, = 체계적 탈감법)" 등 자신이 갖고 있는 탁월한 상담기술들이 발휘되어져야 한다. 문용린(2013)은 개인적 문제해결, 진로와 교육적 결정, 그리고 인간적응의 문제에 치료과정을 적용하는 일대일 상호작용을 강조하기도 한다. 따라서 상담사가 내담자인 자신의 말에 얼마나 경청하고, 공감하며, 자신을 정확하게 이해하는 지를 통해서 상담의 방향이 달라질 수 있기 때문이며, 전문상담사는 때로는 조력자의 역할도, 안내자의 역할도 거뜬히 해낼 수 있어야 하는 것이다.

② 집단상담을 위한 기술적 자질

집단상담은 집단원이 많으므로 집단원들을 통합하는 리더십과 집단 역동성을 일으킬 수 있는 힘이 중요하다. 집단상담은 집단원 중에 저항하는 자가 발생하면 집단원들의 분위기가 얼어붙게 된다. 따라서 상담사가 그런 분위기에 말려들지 않고 주도적으로 "얼음 깨기ice breaking"와 역동성을 발휘해야 한다. 집단원들의 전체적인 힘의 세기가 어떻게 흘러가고 있는지, 그 흐름을 잘 파악하여 그 방향을 잘 리드할 수 있어야 한다.

③ 가족상담을 위한 기술적 자질

가족상담을 위해서는 가족규칙을 잘 만들어 주고 가족역할을 잘 할 수 있도록 균형을 잡아주는 기술이 필요하다. 그리고 '행동시연behavior rehearsal'이나 '역할극'들을 통해서 항상성Homeostasis을 유지하도록 해주는 것이 중요하다. 비정상적으로 작용하는 가족역동성을 조절해 주거나 바로 잡아주는 것이 필요하며, '가계도'나 '생태도'를 통한 가족문제를 현실적으로 파악하게 해주거나, 미술치료(물고기 가족화)를 통해서 가정 내의 힘의 세기를 발견하게 해주는 것이 중요한 기술이 될 수 있다. 따라서 상담사는 가족 내 나침반과 같은 역할을 해줄 수 있어야 한다.

(3) 청소년상담자의 인간적인 자질

상담의 효과를 위해서는 우선적으로 상담사의 지식적인 측면이나 기술적인 측면들이 반드시 필요하지만 상담사의 인간적인 인품이나 사람 됨됨이가 더욱더 중요하다. 인간적인 자질이 뒷받침이 되지 않으면 상담과정 중에나 종류 후에 상담의 효과성 면에서 진부한 느낌을 줄 수 있고, 내담자의 성격에도 치명적인 오점을 남길 수가 있다고 본다. 따라서 상담자의 인간적인 측면은 상담자 스스로가 자신에 대한 올바른 인식과 타인에 대한 깊은 배려, 상담에 임하는 겸손한 태도 등에서 그 자질이 성숙해야 한다고 본다.

① 자신에 대한 충분한 이해

자신에 대한 충분한 이해는 상담자 자신의 기본적인 심리적 갈등을 비롯한 가치관, 삶의 목적 등에 대한 분명한 이해를 말한다. 상담자는 자신의 갈등, 가치관, 목적 등이 내담자의 상담활동에 영향을 줄 수 있는 가능성과 이를 통제하는 방법 등에 관해서 스스로 잘 알고 있어야 하며, 만약에 그러한 것들이 문제가 될 때에는 자신 스스로가 적절히 처리할 수 있는 능력을 가지고 있어야만 한다(김기석, 1985; 이형득, 1993; 정원식 · 박성수, 1982; 한국청소년개발원 편, 2004). 상담사가 자신의 감정을 스스로 여과filtering 처리하지 못하면 내담자에게 투사가 된다든지, 역전이가 발생하여 예상치 못한 일이 발생될 뿐만 아니라 상담의 질이 떨어지게 되기 때문이다.

② 타인에 대한 성숙한 배려

민감기sensitive period에 있는 청소년 내담자를 중심으로 상담에 임하는 상담사는 타인에 대한 신뢰감, 인격적 존중, 공감대 형성, 어떠한 경우에도 인내할 수 있는 태도를 말한다. 상담사가 상담에 있어서 이러한 기본적인 태도가 갖춰지지 아니하면 상담자의 본래 모습과 상담과정에서 내담자에게 비춰지는 태도로 인해 자신은 물론, 내담자에게도 심한 괴리감이 발생하게 되고, 진정한 상담이 이루어지기가 어렵다(이형득, 1993; 정원식 · 박성수, 1982; 한국청소년개발원 편, 2004). 그렇게 되면 결국에는 만족스런 상담의 결실을 거둘 수가 없게 된다.

③ 상담에 임하는 태도

청소년전문상담가로서 상담전문직에 대한 사명 의식과 전문가로서의 윤리 및 전문가 의식을 말한다(한국청소년개발원 편, 2004). 이러한 전문가로서의 태도와 소양을 기르기 위해서는 오랜 교육과 훈련, 또는 상담과정에서 계속적인 자기 성찰을 하는 것이 중요하다고 본다. 윤리와 도덕적으로 결함이 없는지, 비밀보장에 숙련되어 있는지, 본인이 아무리 전문가라 할지라도 이런 부분들에 만에 하나 실수가 있을지도 모르므로 겸손한 자세가 늘 필요하고 정기적으로 자신만의 슈퍼바이저를 통해 심리적인 자신의 변화들을 그때그때마다 추이하고, 점검해 보는 것이 반드시 필요하다고 본다.

PART 02
학교폭력 유형별 사례와 대처법

CHAPTER 04

신체폭력 및 금품갈취의 이해

1. 학교신체폭력 사례와 대처법

1) 학교신체폭력 가해자 유형

청소년폭력, 특히 학원폭력이 우리나라의 사회적 이슈로 등장하기 시작한 것은 1990년대 초이지만 본격적인 사회적 문제로 공론화되기 시작한 것은 (재)청소년폭력예방재단이 설립된 1995년부터라 할 수 있다(한국청소년상담원, 2005).

학교폭력 피해유형 통계자료에 의하면 신체폭력이 전체 학교폭력의 1위, 언어폭력이 2위, 위협이나 협박이 3위를 차지한다. 학교폭력에서 가장 높은 비율을 차지하는 신체폭력은 전체의 40%를 차지할 정도로 심각한 수준이다. 인간의 심리적 탄생과정을 보면 이성과 감정은 신체의 감각적 발달에서부터 시작된다.

학교폭력을 당하는 아이의 경우, 육체적으로 직접적인 상처를 입을 뿐만 아니라, 자신감을 잃고 위축되어 우울증을 앓기도 하고 학습능력이 떨어지기도 한다(지영환, 2013: 219). 따라서 신체폭력은 몸에 심어주는 충격이 이성과 감정의 통제 밖에서 갑작스럽게 이루어지는 상처이기에 상처의 피해가 오래 간다. 이러한 신체폭력의 가해자는 대부분 1차적으로 가족시스템의 심리적 환경에서 성격형성에 상처를 갖고 있다. 이들의 치료와 회복을 위해서는 먼저 가해자 유형의 성격병리를 이해하는 것이 필요하다.

(1) 가학적sadism 성격

재미로 괴롭히는 신체폭력 가해자의 유형이다. 이들은 자신이 저지른 신체폭력이 상대에게 어떤 아픔과 상처를 주었는지에 대한 공감능력이 결여되어 있다. 인간관계에서 공감은 심리적인 산소와 같다. 이런 공감능력의 결핍으로 이들은 폭력을 당하는 상대를 보면서 오히려 짜릿한 쾌감을 느낀다.

(2) 경계선boderline 성격

자기통제 불가능한 상태의 신체폭력 가해자로 보인다. 이러한 경우, 정신분석에서는 경계선 성격 유형의 신체폭력 가해자라 볼 수 있다. 현대 정신분석의 말러Mahler는 경계선 성격의 발현원인을 부모로부터 아이가 분리하여 자율성을 획득하지 못하는 데서 기인한 것으로 본다.

신경증이나 정신병이 하루에 24시간 1년의 365일을 증상으로 인한 시달림을 받지 않는 것처럼 경계선 역시 평범한 일상을 대처하는 데 별다른 어려움을 겪지 않는다. 그러나 환경의 급격한 변화를 대면했을 때에는 인내력과 통제력을 잃고 일시적인 분열현상을 일으키는 자아의 취약성을 가지고 있다(임종렬, 2001: 208). 엄마로부터 심리적으로 분화하여 자율성과 자신의 정체성을 얻기 위한 개별화를 이루기 위해 아이들은 자신을 구속하고 제한하려는 엄마로부터 독립하고자 한다. 이때 아이 내면세계에 좋은 엄마와 나쁜 엄마가 분리된 대상이 아니라 사실은 동일한 대상이라는 것을 적절히 수용하지 못하고 분리된 채로 통합하지 못하면 엄마에 대한 안정적인 이미지를 형성할 수 없을 뿐더러, 나아가 자기정체감을 형성하는 데 있어서도 혼란을 겪게 된다. 이것이 경계선 성격의 핵심이 되어 현실세계에서 신경증과 정신분열의 중간상태의 심리영역에 속하게 된다. 그래서 갑작스런 자기통제를 상실하고 신체폭력을 저지르고 난 후, 다시 신경증으로 돌아가 자신을 자학하고 죄책감을 느끼는 극단적 감정기복이 심한 경계선 성격의 경향을 갖게 된다. 경계선 성격은 욱하고 마음에 화가 많아서 스트레스에 취약해질 때 화풀이 대상을 찾는다.

(3) 자기애narcissism 성격

나르시즘적 신체폭력 가해자 유형은 자기애적 병리를 가지고 있어 공감능력이 결여되어 모든 관심의 초점이 자기 자신에게 있다. 이런 자신을 폭력적이고 과시적인 힘으로 드러내는 방식의 가해자이다. 과시적이고 과장하려는 파워를 갖고 있어 표면적으로는 강해 보이나, 그 이면에는 반영받지 못하여 응집되지 못한 자아는 공허감과 수치심으로 덮여 있어 견고한 자존감이 존재하지 않는다.

따라서 자기애적 성격장애의 핵심은 자신의 중요성과 성취에 대한 지속적이고 비현실적인 과대평가 즉, 과대성이다. 이는 거만, 특권의식, 관심 및 숭배받고자 하는 욕구 등으로 나타나며, 다른 사람을 위계적으로 나눈다. 부럽고 이상화된 윗사람과 못나고 경멸의 대상이 되는 아랫사람으로 나누어 비난, 거절, 무관심을 못 견뎌 하며, 그것을 자신에 대한 모욕으로 받아들이고 분노한다(민성길, 2012: 408). 따라서 왕자병, 공주병이라 일컫는 나르시즘 성격장애는 요즘 청소년들에게 아주 보편화된 일반적 성향이 되어 있다. 타인을 인격으로 본다는 것은 서로의 다름을 인정하고 존중하는 것에서부터 시작된다. 그러나 나르시즘이 병리적으로 심하면 상대를 인격적인 존재로 보지 못하고 자신의 숭배욕구를 위한 수단으로 상대를 사용한다. 상대의 고통에 대한 공감능력이 결여되어 서로의 다름을 인정하지 못하고 자신의 욕구 만족을 위한 수단적 도구로 인식하는 이들은 신체적 폭력을 가하든 아니든 그 심리적 특성 그 자체에서 이미 폭력이라 볼 수 있다. 그것이 신체적인 가해를 일으켰느냐 아니냐의 차이일 뿐이다.

2) 학교신체폭력 피해자 유형

(1) 만성적인 자극장벽stimulus barrier을 가진 학생

만성적인 폭력을 가정에서 경험한 학생은 신체폭력을 경험하더라도 부모에게서 경험했던 자기학대적 폭력과 비슷한 관계의 재경험에 쉽게 저항 없이 피해를 입는 무의식적 선택을 하게 된다. 그 결과 폭력을 수용하고 비밀을 유지하려는 경향을 갖게 된다. 이 세상에 폭력에 익숙해져 그것을 원한다는 것이 말이 안 되는 것처럼 보이나, 부모로부터의 신체폭력에 의한 익숙함은 무의식적 항상성에 의한 안정감의 자극욕구로 재현되기도 한다. 현대 정신분석학자인 페어벤Fairbairn은 부모로부터 심하게 학대당한 폭력가정, 알코올중독 가정의 아동들을 대상으로 수치심과 죄책감에 관하여 연구하였다. 연구결과 그들은 부모의 지속적인 잔인함과 신체폭력을 경험하였음에도 불구하고 나쁜 부모라는 것을 인정하지 않고 자신들을 나쁜 아이로 여기고 가정 내의 모든 문제를 자신의 잘못된 행동들로 이해하고 있었다. 예를 들어 부모의 말을 듣지 않았기 때문에, 공부를 못했기 때문에, 청소를 하지 않았기 때문에 등으로 신체폭력의 이유를 정당화하여 자신의 것으로 가져와 죄책감을 갖고 있었다.

페어벤은 이런 합리화가 없다면 그들의 성장과정 동안 거대한 불안을 경험할 수밖에 없고, 이 불안은 그들의 부모에 대한 자신들의 절대적 애착을 위협한다는 것을 알았기 때문이라 말한다. 이것은 학대받고 방임된 아동들이 사랑받고 정서적으로 지지받고 성장한 아이들보다 더욱더 부모를 필요로 한다는 사실을 통해 알 수 있다(Celani, 김영호, 김도애, 이영호, 김순천 공역, 2006: 109).

따라서 학교 내의 신체폭력 피해자 중 자극장벽에 익숙해져 있다면, 부모를 향한 왜곡된 죄책감의 합리화를 볼 수 있어야 한다.

(2) 폭력의 두려움과 공포 때문에 당하고도 복수가 무서워 신고를 못하는 학생

일반적으로 가해자의 복수가 두려워 부모나 주변인에게 알리지 못하는 경우가 많다. 그러나 가정에서 부모와의 신뢰관계가 형성된 학생과 그렇지 못한 학생의 심리적 환경의 울타리가 어떠했느냐에 따라 피해학생은 신체폭력 사건에 대한 반응의 차이를 보인다. 복수가 무서워 신고를 못하는 학생은 부모에 대한 믿음을 잃어버린 학생이다. 부모가 정서적으로 자신보다 더 유약하여 부모를 돌보며 살아야 하는 역기능적인 가정에서 자란 청소년들 중 이런 경우가 많다. 자신의 신체폭력을 부모에게 말해도 아무런 소용이 없기 때문에 혼자서 두려움의 짐을 지고 신체폭력을 당하고도 수동적으로 행동하는 경우이다.

(3) 폭력을 당한 분풀이로 다른 약한 친구에게 가해자가 되는 학생

신체폭력의 피해자가 자신의 상처를 치료하지 못할 경우, 자신이 경험했던 분노를 다른 약한 학생에게 투사하여 자신의 상처를 푸는 도구로 또 다른 신체폭력을 불러일으켜 연쇄적인 신체폭력의 가해자가 되기도 한다.

(4) 폭력을 당하고도 절대 비밀로 하는 분열성schizoid 성격의 학생

분열성 성격 경향성을 갖고 있는 학생의 심리적 특징은 친밀한 관계를 원하지도 않고 그런 종류의 친구들이 주변에 없다. 따라서 거의 혼자 하는 활동을 선택하며, 친구들의 칭찬이나 관심에 무관심하다. 그래서 주변에 자신의 마음을 털어놓는 또래친구가 거의 없는 것이 특징이다. 분열성 성격의 신체폭력 피해자의 경우, 주변에 도움을 요청할 의미나 필요를 찾지 못하며, 혼자만의 비밀을 간직한 채 현실과 동떨어진 환상세계에서 자신의 상처 안에 갇혀 살아가게 된다. 그 결과 주변 도움의 손길을 의지적으로 표현하기 어려운 성격의 소유자라 할 수 있다. 따라서 이제는 신체폭력에 관한 탁상공론의 개념적 이해를 넘어 학교폭력 현장에서 상담적으로 어떻게 접근하여 치료적 효과성을 볼 수 있는지에 관한 실제 사례를 바탕으로 한 임상교육이 절실히 요구된다. 따라서 본 사례는 모 고등학교의 실제 사례를 근거로 상담에서 치료기법 적용방법을 학습함으로써 실제적 신체폭력 피해자와 가해자를 도울 수 있는 상담적 방법을 학습하고자 한다.

3) 학교신체폭력 사례

(1) 사건 개요

본 사례는 신체폭력에 이르기까지 스토킹과 언어폭력이 병행된 실제 사례이다. 박모군과 이모양은 성적이 우수하고 모범적인 학생으로 주변에서 평가되는 학생들로 이들은 중3 말부터 사귀기 시작하여 같은 고교에 진학하였다. 문제의 시작은 이모양이 동아리 활동을 시작하면서부터 같은 동아리 남학생들과의 사소한 대화조차도 박모군은 '그 남학생은 누구냐?', '둘이서 무슨 사이냐?', '무슨 대화를 한 거냐?' 등 이모양을 추궁하였다. 심지어 남자 선생님에게 수업 관련 질문을 하는 것조차 '무슨 질문을 그렇게 다정하게 하냐', '그 남자 선생님을 좋아하냐'는 식으로 의심하기 시작했고 급기야는 욕설 추궁과 함께 특별교실로 불러내어 얼굴을 때리게 되었다. 이런 신체폭력이 있은 후에는 항상 박모군은 매점에서 음료와 과자, 빵 등을 사서 이모양에게 사과를 했고, 이모양은 그것을 진실한 사과의 의미로 받아들였다.

그러나 박모군의 행동은 더 집착적이 되어 이모양에게 남교사 수업시간에는 수업을 듣지 말고 수업이 진행되는 50분 동안 공책에 수업과 관련 없는 말들을 1분에 한 줄씩 50줄을 써서 자신에게 검사를 받으라고 명령을 했다. 반복되는 욕설과 폭력, 그리고 집착적 행동에 지친 이모양은 자포자기 심정으로 박모군이 시키는 대로 수업시간 50분 동안 1분에 한 줄씩 50줄을 썼고, 그렇게 쓴 공책을 박모군에게 검사를 받았다. 어느 날 이런 박모군의 행동에 질려버린 이모양은 박모군에게 이별을 통보했고, 이모양의 이별 통보에 화가 난 박모군은 이별을 통보하고 교실로 향하는 이모양을 욕설과 함께 밀어버렸다. 이때 이모양은 계단으로 굴러떨어지게 되었고, 이 사건 이후 둘 사이의 관계는 학교신체폭력의 큰 문제로 드러나게 되었다. 이 사실을 담임교사를 통해 듣게 된 여학생 부모는 몹시 분노했고, 가해 남학생의 부모에게 통렬한 사과와 당장 전학을 강요했으며, 만약 전학을 안 갈 경우 형사고소를 하겠다는 분노를 표명했다. 남학생 부모는 자신의 집 앞 주차장에서 무릎을 꿇고 용서를 구했고, 그런 남학생 부모의 모습에 마음이 약해진 여학생 부모는 전학을 가면 없던 일로 해주겠다고 말했다.

이런 학교폭력 문제가 발생하면 담임교사는 학교의 학생부장이나 교감에게 반드시 알려야 한다. 또한 학교폭력 사실을 파악한 학교는 즉시 학교폭력대책자치위원회를 개최하여 피해학생에 대한 보호, 가해학생에 대한 처벌을 신속하게 처리해야 하는 것이 법률에 명시된 내용이다. 하지만 두 담임교사는 이 사실을 학교에 알리지 않고 임의로 처리하였다. 즉, 두 담임이 학부모들의 의견을 좇아 임의로 처리했던 것이다. 특히 남학생 담임교사는 이 사건이 발생한 것이 5월 말이니 남학생이 전학을 가되, 7월에 있을 기말고사를 치룬 후 전학을 갈 수 있게 여학생 부모가 허락을 해달라고 부탁을 했다. 이에 아이를 키우는 부모의 입장에서 여학생 부모도 동의를 하였다. 그렇게 그 사건은 무마되는 듯했다.

그런데 6월이 지나면서 여학생 집에는 누군지 알 수 없는 전화가 수시로 걸려왔고, 여학생의 할머니나 부모가 전화가 걸려와 받으면 아무 말 없이 뚝 끊겼다. 계속되는 전화벨 소리와 전화를 받으면 끊는 소리 때문에 여학생의 가족들은 거의 노이로제에 걸리다시피 했다. 이상한 일은 학교에서도 일어나고 있었다. 여학생이 쉬는 시간에 어디를 가더라도 남학생이 숨어서 여학생을 지켜보고 있었던 것이다. 심지어 학교가 끝나 집으로 가려고 교문을 나서면 교문 앞에서 아무 말 없이 남학생이 서 있었다. 그럴 때마다 여학생은 너무 놀라 정신을 못 차릴 정도였다. 쉬는 시간에 이동 수업을 할 때도, 매점을 갈 때도, 친구를 만날 때도 남학생은 항상 숨어서 여학생을 지켜보고 있었다. 그런데 놀라운 것은 숨는다고는 하지만 이모양이 알 수 있는 정도로 박모군은 숨었다. 그런 모습을 볼 때마다 이모양은 소스라치게 놀라는 것이었다. 심지어 이제 그런 박모군의 모습이 이모양 꿈에까지 나타나 이모양이 악몽을 꾸게 하기도 했다. 이런 사실을 이모양의 부모가 알면서 담임교사에게 박모군의 빠른 전학을 부탁했지만 이모양 담임교사는 남학생의 상황을 고려해서 어정쩡한 태도를 보였고, 박모군 담임교사는 기다려 달라는 말만 되풀이하였다.

7월 기말고사가 끝나고 방학식을 하는 날, 결국 우려하던 사건이 터지고 말았다. 사건은 방학식을 마친 직후인 오전 11시경에 발생했다. 박모군이 계속해서 시도 때도 없이 교내에서 이모양을 지켜본다는 사실을 이모양의 친한 친구들은 물론이고 친한 동아리 친구들까지 알게 되었다. 방학식 열흘 전부터 동아리 친구 중 남학생인 김모군은 이 사실을 알고 이모양을 도와주기로 했다. 즉, 귀가할 때 김모군이 먼저 교문 쪽으로 가서 박모군이 이모양을 지켜보고 있는지를 살펴본 후 박모군이 없을 경우 이모양에게 전화를 해서 교문을 지나갈 수 있게 도와주게 된 것이었다. 이러한 상황이 몇 번 반복되자 박모군은 이 사실을 알게 되었다. 박모군은 이모양을 도와주는 김모군에 대해 악감정을 갖고, 교문 앞에서 김모군을 기다렸다 맞닥뜨려 김모군에게 '너 이모양과 무슨 관계냐?', '너 이모양과 사귀냐?' 등의 질문을 하면서 김모군의 얼굴을 가격했다. 주먹을 얼굴에 맞은 김모군은 얼굴을 부여잡고 쓰러졌고, 쓰러진 김모군을 박모군은 주먹과 발로 계속 가격하였다. 결국 박모군은 통제력을 상실하고 우산대 앞부분으로 김모군의 얼굴을 찔렀다. 그 순간 김모군의 왼쪽 볼이 박모군이 찌른 우산대에 관통이 되어 피가 흐르기 시작하였다. 이 소리를 듣고 주변에 있던 학생들이 모여들기 시작하였다. 이때 김모군은 피가 흐르는 볼을 쥐고 학교로 향해 달렸다. 왼쪽 볼의 관통으로 피가 흘러 교복은 붉은 피로 붙들었다. 교무실에 다다르자 이 모습을 본 교사들이 신속히 응급조치를 하고 김모군을 병원으로 이송하고 박모군의 학부모께 연락을 했다. 학생부에서는 이 사건을 접하고 방학식날이었지만 신속하게 조사에 들어가 사건의 전말을 파악하게 되었다.

이 사건은 명백한 학교폭력으로 결론을 내리고, 가해학생과 피해학생의 부모에게 연락을 취하여 학교에 오게 했다. 사실, 이 사안은 학교폭력에 해당되어 무조건 학교폭력대책자치위원회(이하 학폭위)를 개최해야 한다. 하지만 학폭위에 사안이 상정되어 가해학생에 대한 조치가 결정되면, 학교폭력과 관련된 결정내용을 가해학생의 학교생활기록부에 기재하게 규정되어 있다. 현행법에 나와 있는 내용이다. 그렇게 되면 가해학생은 상급학교로 진학하고자 할 때 절대적인 불이익을 받게 된다. 그래서 이를 막기 위해 학교에서는 가·피해학생의 원만한 합의를 위해 노력한다. 물론 원칙적으로는 학폭위를 개최하는 것이 맞다. 그래서 다음날 가·피해학생의 담임들, 학부모와 학생부장이 만나 합의를 하였다. 합의내용은 여러 번의 수정을 통해 결정했는데, 여러 내용이 있으나 생각나는 내용만 기술하면, ① 가해학생인 박모군을 수도권이 아닌 타지역으로 전학할 것, ② 피해학생인 이모양의 가족에게 물질적 보상으로 500만 원을 지급할 것, ③ 이모양의 어머니가 정신적인 트라우마를 치료하기 위한 치료비 전액을 지불할 것, ④ 가해학생 박모군이 정신과 치료를 반드시 받게 할 것, ⑤ 다시는 박모군이 이모양에게 연락하지 말 것 등의 8가지 내용이고, 이 내용은 회의에 참석한 모든 사람들의 사인을 받아 공증을 하기로 했다. 확인한 내용은 박 군이 사정상 인천 쪽으로 전학을 갔다는 것이었다. 나머지 내용은 다시 민원이 제기되지 않은 것으로 보아 약속대로 이행된 것까지 학교신체폭력 사례는 정리되었다.

(2) 피해·가해자 학생의 가족환경

① 가해자 가족관계

박모군의 부모는 외모나 말투, 대화하는 자세가 모두 예의가 있어 보였으나, 어머니는 심리적으로 여성스러워 보이는 이면에 정서가 유약한 분이었다. 어머니의 심리적인 유약함은 아들의 심리적 분리개별화를 통한 정체성을 형성하게 하는 데 어려움을 주는 환경에서 자랐다. 어머니는 아들인 박모군의 자율성을 인정하지 않았고, 언제나 반듯한 학생으로 자라나 자신의 불안을 달래주는 아들이 되어 주기만을 요구하는 어머니의 의존적인 심리적 환경에서 자랐다. 이런 가족환경에서 자란 학생의 일탈행동은 표면적으로 절제되고 착한 성품의 반듯한 부모의 행동에서 찾기 어려워 보인다. 그러나 부모의 유약한 정서는 아이에게 감정의 자율성을 인정할 수 없게 하고 분리개별화를 통한 건강한 정체성을 갖는 데 실패의 원인이 된다.

유아가 어머니로부터 서서히 정신적으로 벗어나 자신의 색깔을 찾고자 하는 '분리개별화' 욕구가 활발하게 표출되는 시기는 대략 18개월에서 36개월 사이이다. 이 시기가 되면 어머니는 자녀를 심리적으로 떼어놓을 준비가 되어야 한다. 그러나 불안이 많은 어머니는 아이의 심리적 독립을 허용하기가 어렵다. 그래서 자신의 불안을 달래는 심리적 도구로 아이를 착하고, 공부 잘하고, 말 잘 듣는 수호신처럼 머물러 있기를 원하게 된다. 그 결과 학교생활에서는 공부 잘하고 반듯해 보이나 진정한 자신의 감정에 의한 생생하게 살아 있는 삶을 살지 못한다. 이런 학생의 경우 자신의 억압된 공격성을 신체폭력 가해자의 우발적 행동으로 드러나기도 한다.

② 피해자 가족관계

이모양은 표면적으로는 평범한 가족환경에서 자라난 것으로 보여졌다. 그러나 가해자와의 집착적인 공생관계가 신체폭력이 있기까지 오랜 시간 순응해 왔던 이모양의 태도는 심리적으로 부모로부터 분리개별화한 정체성을 충분히 형성하지 못했다고 볼 수 있다.

분리개별화를 주지 못하는 부모의 심리적 특성은 자신의 모자란 것을 자녀나 남편이 보충해 주어 자존심이라는 열차에 무임승차하려는 것이다(안향림, 2002: 33). 그 결과 이모양과 같이 독립된 주체성에 의한 건강한 관계를 하지 못하고 공생기적인 순응적 관계에 끌려다니는 신체폭력 피해자의 중요한 심리적 원인이 되었다.

(3) 피해 · 가해자 학생의 성격 발달

학교신체폭력의 가해자나 피해자 모두 공생기적인 밀착과 집착이 서로를 향한 관심과 사랑으로 느끼게 되는 심리구조를 갖고 있다. 이러한 성격의 핵심에는 부모로부터 분리개별화의 실패로 독립적인 자율성을 획득하지 못한 분리불안이 뿌리 깊게 자리하고 있다. 이 분리불안은 타인과의 관계를 자신의 불안을 달래주는 도구나, 반대로 자신의 불안을 집착적으로 매달리는 모습을 통해 해소하려는 공생기적 욕구를 갖게 된다. 이렇듯 매달리고 매달리게 하는 공생적 관계는 어떤 수단과 방법을 통해서라도 분리되는 것의 병리적 불안 해소를 위해 인생의 모든 에너지를 소진하는 집착적이고 중독적인 성향으로 드러나게 된다. 신체폭력의 심리적 원인은 부모의 모델링적 학습이나 알코올중독, 심리적 스트레스 요인, 인지왜곡 등의 여러 원인적인 이유를 현실적으로 들 수 있다. 그러나 병리적 성격 발달의 근원적 접근에서 볼 때 신체폭력의 심리적 원인은 타인을 자신과 다른 인격체로 볼 수 없는 공생기적 분리불안에 대한 심리구조의 발현이라 할 수 있다. 여기에서 순간적이고 우발적인 폭력현상으로 드러나는 성격장애적 현상이라 볼 수 있다.

① 가해자 박모군

박모군의 성격병리의 특징을 보면 이모양을 향한 집요한 집착과 의심으로 괴롭히는 편집증적인 성향을 보이고 있다. 또한 극단적 이상화로 상대를 집착적으로 좋아하다 자신의 불안을 달래주는 공생관계를 깨뜨리자 순간적으로 상대를 신체폭력의 대상으로 평가절하는 경계선 증상을 보이고 있다. 이러한 박모군의 경계선 성격장애의 행동은 이모양이 자신이 원하는 대로 행동하지 않으면 폭력을 가하고 바로 신경증적으로 돌변하여 죄책감을 느끼며 사과하는 일련의 반복적 행동을 통해 자신의 분리불안을 해소하고자 하는 반항적 욕구가 이성문제와 결탁되어 신체폭력으로까지 이어진 사례로 이해될 수 있다.

② 피해자 이모양

편집증적인 집착과 경계선적인 박모군의 반응을 신체폭력이 있기까지 수동적으로 반응했던 이모양의 행동으로 볼 때 이모양 역시 자신의 주체성이 약하여 의존적이고 피학적인 관계패턴을 갖고 있다. 신체폭력으로까지 이어지지 않았다면 이모양은 박모군과의 관계에서 쉽게 헤어나오기 힘든 심리구조를 갖고 있다. 자신에게 집착적으로 매달리는 남자친구의 반응이 자신을 향한 진실한 사랑으로 믿는 무의식의 코드가 둘의 관계를 유지하게 했기 때문이다.

4) 치료방법

(1) 피해학생

① 지속 노출치료적 접근

피해자 이모양은 박모군에게 갑작스런 충격으로 신체적 폭력의 경험을 갖고 있다. 이미 신체에 경험으로 심어진 상처를 치료하기 위해서는 노출치료를 통해 갑작스런 신체폭력의 충격으로부터 벗어나 현실적 감정을 가질 수 있도록 치료적으로 도울 수 있다. 노출치료는 내담자들이 과도한 공포와 불안을 극복하기 위해 안전한 상태에서 불안을 일으키는 상황을 직면하도록 돕는 불안장애 치료에서 오랫동안 사용되어 왔다. 이러한 노출치료는 상상노출과 실제노출이 있는데 아이의 심상을 활용해 고통스런 폭력사건을 오픈하고 서서히 노출해서 충격적인 외상을 받아들이고 소화시키는 데 목적이 있다. 신체폭력에 의한 공포경험의 치료에 대하여 포아 박사와 코자크 박사에 의하면 공포스러운 심리구조는 다음과 같은 상황일 때 병리적으로 바뀌게 된다고 보았다.

가. 자극요인들 간의 관계가 세계를 정확하게 반영하고 있을 때
나. 생리적인 도피, 회피반응이 무해한 자극체에 의해 촉발될 때
다. 과도하거나 과민하게 촉발된 반응요인이 적응적인 행동을 방해하게 될 때
라. 무해한 자극과 반응요인이 위협적 의미와 잘못 연결될 때

포아 박사와 코자크 박사는 불안장애란 특정한 병리적 구조에 반응하고 있는 상태를 말하며 이 공포구조에 있는 병리적 요인들을 수정하면 불안장애가 경감된다고 제안하였다. 포아 박사와 코자크 박사에 의하면 공포구조의 성공적인 치료로 불안증상을 경감시키기 위해 필수적인 두 가지 조건에 있어, 첫째는 공포구조가 활성화 되어야 한다. 이 공포구조에 대한 수정 없이는 변화를 가져오기가 어렵다. 둘째는 공포구조와 통합되어야 한다. 이렇게 되면 유발하는 정보는 사라지게 된다고 보았다(Edna B. Barbara Olasov Rothbaum, Elizabeth A. Hembee, 조용범 역, 2011: 31).

② 가족치료적 접근

가족은 한 사람의 성격을 만들어 내는 심리적 공장과 같다. 따라서 한 개인의 성격병리를 치료함에 있어 한 개인만을 따로 떼어 심리적 접근을 한다는 것은 한계를 갖는다. 인간은 관계적 존재의 파생물이며, 특히 가족관계 속에서 경험한 상처는 평생을 좌우하는 성격의 핵심정서로 자리 잡게 된다. 피해자 이모양은 자신의 수동적인 성격발달에 있어 가족의 심리적 환경의 영향은 가히 절대적 요소라 할 수 있다. 따라서 가족치료를 병행하여 평소 부모와의 의사소통 방법과 부모의 심리적인 홀딩, 용전을 경험케 하는 가족치료적인 개입이 병행되어지는 것이 효과적이다. 이 과정을 통해 근본적으로 가족의 시스템적인 울타리에서 심리적으로 부모로부터 분리개별화하게 하여 자신의 분리불안을 달래고 주체성을 찾아 수동적인 자기표현에서 자율적이고 독립적인 정체성을 갖게 하는 것이 중요하다. 치료과정은 10회에서 15회 정도를 기본으로 한다.

(2) 가해학생

① 게슈탈트 치료적 접근

가해자의 경우 신체와 감각의 알아차림을 통해 자신의 욕구를 만나게 하여 자신의 행동에 대한 책임적인 존재가 되게 하는 것이 중요하다. 위 사례 가해학생의 경우 성장배경에서 자율성적인 자신의 감정을 충분히 알아차리고 표현하는 데 억압되어 살아왔다. 이러한 자신의 감정이나 욕구를 직면하는 것이 두려운 것이기 때문에 자아를 방어하는 데 많은 에너지를 쓰게 된다. 결과적으로 학교에서는 모범생처럼 공부 잘하는 학생이지만, 심리적으로는 억압된 분노, 억울함 등의 공격성이 인격 안에 통합되지 못하고 외부 현실에 왜곡되어 신체폭력을 일으키는 결과에 이르게 된다. 가해학생의 이러한 억압했던 자신의 부분을 다시 접촉하도록 하여 자신이 체험 영역을 확장시켜 주어 통합되지 못한 왜곡된 공격성을 불러일으킨 폭력성을 인격 안에 통합시키는 게슈탈트적 접근이 필요하다(강갑원, 2012: 200). 이 통합의 체험이 넓어질수록 타인과의 만남도 부분에 집착되지 않고 전체를 볼 수 있으며,

자신을 진정으로 만나고 알아감으로써 타인을 위한 욕구충족 수단으로 관계하던 폭력적 심리구조에서 정서적으로 벗어날 수 있도록 도울 수 있다. 또한 빈 의자 기법을 통해 가해자로서 자신이 피해학생에게 어떤 상처를 주었는지를 상대방 입장에서 공감적으로 경험하게 하여 자신의 행동에 대한 현실적 책임감을 갖게 한다. 치료기간은 10회에서 15회 정도가 적당하다.

② 가족치료적 접근

가해자 역시 편집증적 성격과 경계선적 성격의 발현원인이 가족의 심리적 환경에서 기인한 것이 가장 크게 작용하기 때문에 가족치료적인 접근은 중요하다. 가족치료적 접근에서도 아이의 정서를 심리적으로 양육했던 어머니의 대상관계적인 가족치료적 접근이 병행되어야 한다. 어머니의 분리불안이 아이에게 투사되어 아들이 심리적으로 독립하지 못한 결과를 보여주기 때문이다.

이처럼 자녀의 성격과 관련한 성장은 어머니를 필연적인 존재로 하며 그 어머니의 존재가 어떠했느냐에 따라서 그 아이의 성격모양이 결정되는 이차적 과정에 의한 운명이 귀속된다. 이는 곧 양육자인 어머니에 의해서 아이의 운명이 결정된다는 것을 의미한다. 영아 초기의 36개월의 기간 동안 어머니의 정서상태는 영아에게 자신의 느낌을 만들어 주고, 성격의 정신세계를 만들어 주기 때문에 대상인 어머니의 마음은 자녀에게 있어서는 절대적인 심리적 환경이다. 인간의 출생과 죽음의 과정은 어찌 보면 어머니가 만들어 준 세상에서 태어나 어머니라는 세상 즉, 어머니의 표상(이미지)과 죽을 때까지 함께 살아간다(임종렬, 2001: 10회기). 이런 관점에 가해학생의 자율성 획득을 위한 몸부림이 이성으로부터의 공생기적 욕구를 충족하여 자신의 정체성을 찾고자 하는 방황임을 볼 수 있게 하는 어머니의 심리적 양육의 환경을 제공해 주도록 하는 상담가의 가족치료적 개입이 필요하다.

5) 결론

학교 현장에서 신체폭력은 가장 많은 비율을 차지하는 학교폭력이다. 대응적 조치나 법적인 상황대처와 함께 학교 현장에서 실질적으로 중요한 것은 상담과정에서 어떻게 그들의 심리적인 문제의 원인을 파악하고 상담치료방법을 선택하여 도울 것인가를 학습하는 것이다. 이를 위해 먼저 가해·피해자의 성격병리의 발현 원인과 증상을 관찰할 수 있어야 한다. 그에 따른 치료방법 중 대상관계 이미지를 다루는 가족치료적 접근은 중요한 치료방법이 된다. 또한 신체폭력 가해자의 경우는 공감적 타인 이해를 통한 책임적인 자신이 되게 할 수 있는 게슈탈트적인 빈 의자 기법이나 역할극 같은 치료기법을 병행하여 치료의 효과성을 기대할 수 있다. 또한 피해자의 치료방법에서는 가족치료적 개입과 함께 노출치료적 접근을 통해 자신의 두려움을 노출시키는 점진적 과정을 통해 신체폭력의 두려움에서 실제 상황과 상상의 두려움을 현실적으로 극복해 가도록 도울 수 있다.

2. 금품갈취 강요 사례와 대처법

1) 가해자의 심리적 특성

학교폭력에서의 금품갈취 가해자는 박탈deprivation을 경험한 아이의 세 가지 비행非行 증상을 가지고 있다. 학교폭력에서 가해자는 이전에 피해자이었고, 피해자는 나중에 가해자로 될 여지가 있다. 그 피해의 시작은 학생의 성장기의 모체가 되는 가족 환경을 이해해야 하고 비행의 원인이 되는 상처는 대체로 가족에서부터 시작한다. 금품갈취라는 가해를 한 학생을 치유하려면 우선 박탈을 이해해야 한다. 박탈이라는 것은 무언가를 가지고 있었는데 빼앗겼다고 하는 강한 상실감에서 오는 좌절감정이다. 아이들은 어린 영아 시절부터 사춘기를 지나기까지 많은 좌절을 경험하는데 그 좌절의 낙폭이 갑자기 생겨서 클 때 박탈을 경험한다. 예로 혼자 사랑을 듬뿍 받으며 자라다가 동생이 태어나면서 사랑과 관심을 빼앗겼다고 크게 느끼면 이것은 박탈이 된다. 박탈이 커지면 비행이 된다. 박탈의 큰 세 가지는 거짓말, 폭력, 도벽이다.

(1) 거짓말

거짓말은 한 번 습관을 들이면 고치기가 힘들다. 사실을 말하면 수용이 안 될 것이라고 믿기 때문이다. 비행을 저지르는 학생들의 대부분은 거짓말이 일상화되어 있고 이런 생활의 태도는 수용받지 못했던 경험에서 비롯된다. 또한 사실을 말했을 때 강한 처벌을 받은 불신의 경험이 들어 있다. 어른들은 아이의 거짓을 목격했을 때 그 거짓된 행동에 초점을 맞추어 아이의 거짓에 대한 이유를 이해하려고 노력해야 한다. 아이가 거짓을 말했을 때 어른이 처벌부터 한다면 아이의 거짓은 부정적인 자극을 받기 때문에 거짓말이 더 강화될 수 있다. 때로는 사실을 말하라고 다그치고 사실을 말하면 처벌을 받는 경우가 있기 때문에 아이들은 자신의 받을 처벌을 피하기 위해 습관적으로 거짓말을 하는 아이가 된다.

(2) 폭력

폭력은 빼앗긴 자신의 피해를 보상받으려는 시도이다. 자신이 피해를 입고 자신의 무언가를 빼앗겼다고 하는 피해의식이 불특정 다수에게 투사되어지면 특정인에게 시비를 걸고 자신의 이득을 위해 폭행을 하게 된다. 학교에서의 폭력은 여러 상황에서 발생되지만 금품갈취와 관련된 폭력은 처음에 우연히 시작해서 계획적이고 지속적이 된다.

(3) 도벽

도벽은 박탈을 경험한 아이가 사랑을 훔치는 행위라고 말할 수 있다. 중요한 대상에게 결핍되었던 사랑을 훔치는 행위이다. 중요한 대상은 아이를 양육해 준 부모라고 볼 수 있는데 아이들은 어느 정도 성장할 때까지 부모의 물질적인 후원과 정신적인 지지를 받아야 한다. 매일 음식물을 섭취하지 않으면 배가 고프게 되고 결국에는 몸에 병이 생기는 것처럼 정신적인 결핍도 시간이 지날수록 황폐해지는 성격의 장애를 가질 수 있게 한다. 도벽을 하는 아이들은 마음에 황폐함을 가진 아이들이다. 아이들이 필수적으로 지원받아야 하는 심리적·물리적 지원이 결핍되었을 때에 아이가 할 수 있는 행동은 훔치는 행동으로 방향지어질 가능성이 높다.

2) 폭력과 도벽의 합작품 [금품갈취] 가해자 유형

금품갈취는 학생이 자신의 결핍된 욕구를 해결하기 위해서 혼자 시작하거나 함께 시작하여 이득을 보기 시작하면 끊지 못하고 지속하게 된다. 이것이 지속되면 단순 비행에서 벗어나 큰 범죄가 될 수 있기에 금품갈취는 비행 초반에 그 위험을 인식시켜 줄 필요가 있다. 금품갈취 속에는 자신의 박탈감에 대한 좌절을 해결하기 위한 폭력과 도벽을 함께 만족시킬 수 있는 행위이다. 이것은 자신의 보호자나 사랑받을 대상들에게 받지 못한 사랑을 강제로 빼앗는 행위이다.

(1) 시기심으로 시작된 금품갈취

시기심은 사랑받지 못한 박탈의 또 다른 표현이다. 불특정 다수에게 분노가 있고 모든 좋은 것들을 빼앗고 파괴하고 싶은 마음이다. 클라인M. Klein(1937)은 인간이 유아에서 성인에 이르기까지 극복해야 할 심리적인 감정이 있는데 이것을 시기심이라고 하였다. 시기심은 선을 파괴하는 감정인데 불특정 다수에 대한 시기로 파괴성이면서 폭력과 착취를 일으키는 원인이기도 하다. 질투심이 삼자관계에서 발생한다면 시기심은 모든 관계에서 생산될 수 있는 공격으로 이루어진 파괴성이다. 클라인은 어린 영아 때부터 양육의 질과 수유의 질을 언급하였다. 아이가 엄마의 젖가슴에서 편히 쉬며 양질의 젖을 섭취하고 평화로웠다고 한다면 마음속에 시기심이라는 감정이 적절히 조절될 것이기 때문이다. 사춘기를 지나는 학생들이 폭력을 행사하면서 금품갈취를 할 때는 사회에 대한 분노의 감정, 가족에서의 분노의 감정들이 피해자 학생에게 흘러가는 경우가 많다. 특정 대상에 대한 고려 없이 자신의 결핍된 사랑에 대한 분노의 표시로 다른 학생들의 돈을 빼앗는다. 그 마음속에는 '저 애들은 사랑 받았고 나는 외면 받았다'고 하는 강한 시기심과 소외의 감정이 들어 있는 것이다.

(2) 욕망으로 시작된 금품갈취

클라인의 이론에 의하면 욕망은 엄마의 젖가슴에 대한 아동의 과욕을 말한다. 아이에게 엄마의 젖은 탐욕의 대상이 되는데 젖 먹는 경험이 만족스럽지 않을 때 젖가슴에 대한 강한 욕망이 발생되고 젖가슴을 모두 빨고, 말리고, 비워버리고 싶은 강렬한 비현실적 감정을 갖게 된다. 이런 감정의 경험은 타인을 생각하는 배려 없이 나 자신만의 욕망을 만족시키겠다는 비도덕적인 감정을 갖게 한다. 채워지지 않은 욕망을 가진 학생의 금품갈취는 가정에서 부족한 용돈이나 대우에서 그 감정이 기인하여 외부에서 이것을 채우려고 더욱 비행이 커져가는 것을 볼 수 있다. 가정에서 채우지 못한 욕구는 사회에서 채우려고 하는 욕망이 된다. 부모에게 채움 받지 못한 욕구들은 불특정 타인들에게 빼앗아 내야 하는 욕망의 심리가 된다.

(3) 학습으로 인한 금품갈취

비행을 하는 친구들과 어울리거나 강요에 의해서 금품갈취를 하는 경우이다. 또는 선배들에게 강요를 받아서 돈을 빼앗아 상납해야 하는 경우가 되겠다. 어리석은 충성심을 배우게 되면 옳은 일에 써야 할 충성심을 비행에 사용하게 된다. 가족관계가 튼튼하지 못하거나 친구 사귀는 방법이 없는 아이들이 비행친구를 만났을 때 금품갈취를 학습하는 것은 쉽게 예상할 수 있는 일이다. 친구관계가 빈약한 아이들은 정에 약하기 때문에 비행을 꾀는 친구에게 충성하려는 마음이 있다. 이렇게 되면 친구와 금품갈취에 대한 환상을 의논하게 되고 이런 비행을 실천하게 된다. 함께 하고 싶은 마음에 시작한 친구관계가 다른 학생들의 돈을 빼앗는 시도로부터 서서히 그 범위가 커지게 된다. 임종렬(1998)은 금품갈취의 비행을 저지르는 아이들의 대부분은 부모의 사랑을 훔치는 것이라고 말했다. 부모로부터 충분한 애정이 담긴 적절한 양의 용돈을 공급받지 못한 아이들은 불특정 다수의 학생들로부터 금품을 갈취함으로써 부모에게 받지 못한 애정을 빼앗아 가지려는 간접적인 방법을 동원한다. 그래서 모든 긍정, 부정의 학습은 가정에서부터 시작된다고 할 수 있다. 아이에게 부모가 주는 적절한 양의 용돈을 받고 자율적으로 정해진 시간 동안 스스로 계획해서 돈을 쓸 수 있도록 지도해야 한다. 충분한 용돈을 주지 못하는 부모들은 아이에게 부모들의 형편을 충분히 이해시키고 협조를 요청해야 한다. 아무런 의견도 없이 아이에게 써야 할 용돈을 공급하지 않는 것은 아이의 금품갈취에 대한 부정적 학습을 간접적으로 하는 것과 다름없다.

3) 학교금품갈취 강요 사례

(1) 사건 개요

윤모군은 부족한 것 없는 가정에서 태어나 원하는 것은 부모님께 부탁하면 얻을 수 있는 가정환경 속에서 자랐다. 부모님은 윤모군이 경제적으로 어려움이 없도록 도움을 주셨으나, 외아들이다 보니 기대를 많이 했다. 그 때문에 스트레스를 받아서일까. 윤모군은 습관적으로 친구 물건을 약취하였다. 7월경 윤모군은 같은 반 급우인 이모군과 장모군의 핸드폰을 빌려달라고 하면서 맘대로 사용하였다. 이모군과 장모군이 돌려 달라고 했지만 윤모군은 돌려준다고 약속한 날을 어기기 일쑤였다. 게다가 게임을 하기 위해 이모군에게 이모군의 부모님 주민번호로 게임 아이디를 만들어 달라고 요구했다. 성격이 내성적이고 자기주장이 약했던 이모군은 윤모군에게 강하게 싫다는 말을 하지 못하고 끌려 다니고 있었다. 또한 윤모군은 역시 같은 반 급우인 임모군의 교복 상의를 사전 동의도 받지 않고 가져가서 일주일간을 자기 마음대로 입고 다니다가 교복 주인인 임모군의 강한 요구로 돌려주기도 했다.

그런 가운데 윤모군은 친구인 정모군에게 3만 원을 빌렸다. 정모군의 빚 독촉을 애써 무시했던 윤모군은 정모군에게 한 가지 제안을 했다. 그것은 자신이 핸드폰의 SD카드를 구해서 줄 테니 자신이 진 빚 중에 8천 원을 탕감해 달라는 것이었다. 정모군은 윤모군의 제안을 흔쾌히 동의했다. 그런데 SD카드의 구입방법은 타인의 것을 훔치는 것이었다. 이 사실은 정모군도 알고 있었다. 결국 윤모군은 SD카드를 구하기 위해 같은 반 급우인 박모군의 핸드폰에 있는 SD카드를 빼내 용량이 적은 자신의 SD카드로 바꿔치기 했다. 하지만 바꿔치기한 윤모군의 SD카드에는 윤모군임을 알 수 있는 사진 한 장이 있었다. 이 사진을 본 박모군은 이 사실을 담임교사에게 알리고 담임교사는 조사하는 과정에서 윤모군의 여러 잘못을 파악하여 학생부에 알리게 되었다. 이 사건으로 훔친 학생인 윤모군과 이를 사주하게 된 정모군은 교내 봉사의 처벌에 처하게 되었다.

이 일이 있은 후에도 윤모군의 행동에는 나아진 점이 없었다. 평소에도 남의 물건을 빌린다는 미명하에 본인의 허락 없이 마음대로 가지고 가는 경우가 많았다. 그러던 중 윤모군은 같은 반 급우뿐 아니라 다른 반의 학생들에게도 돈을 빌리고 갚지 않는 경우가 많아졌다. 다른 반 김모군에게는 2회에 걸쳐 돈을 5,000원과 10,000원을 빌린 후 돈을 갚으라는 김모군의 독촉에도 아랑곳하지 않았다. 오히려 자신의 지갑과 옷을 사는 등 갚을 돈이 있었음에도 불구하고 갚지를 않았다. 또한 같은 반 임모군에게는 급하다며 당일 갚을 테니 빌려달라며 5,000원을 빌려간 후 이를 갚을 것을 독촉하는 임모군의 얘기를 이런 저런 핑계를 대고 일주일 넘게 갚지 않았다. 또 송모군에게는 편의점에서 음식을 사먹겠다며 2,000원을 빌린 후 다음날 갚겠다고 했지만 갚지 않고, 갚을 것을 독촉하는 송모군에게 오늘 윤모군 자신의 생일이니 그 돈(2,000원)을 생일 선물로 줬다고 생각하고 퉁 치자고 했다. 그리고 이모군에게는 17,000원을 빌린 후 약속한 다음날에 돈을 갚을 것을 독촉하는 이모군에게 화를 내며 욕설을 퍼부었다. 계속 독촉을 하는 이모군에게 조금씩 조금씩 갚아가다가 잔금이 7,000원 남자 지친 이모군이 돈을 돌려받을 것을 포기하게 되었다.

박모군 역시 윤모군에게 8,000원을 거의 강제로 빌려주게 되었는데 윤모군이 한 달 동안 갚지 않자 박모군이 계속 빚 독촉을 하게 되었다. 그러자 윤모군은 1,000원, 2,000원 조금씩 갚다가 나중에 6,000원 정도를 갚았다. 결국 박모군은 남은 돈을 돌려받을 것을 포기했다. 또한 이모군에게는 3,000원을 빌리고 안 갚는 것은 물론 이를 빌미로 이모군에게 핸드폰을 빌려줄 것을 요구하였다. 돈을 받아야 한다는 생각에 이모군은 핸드폰을 빌려줬는데 윤모군은 이 핸드폰을 제 것인 양 인터넷과 필요한 것을 마음대로 사용하였다. 이모군이 몇 번이고 핸드폰을 돌려달라고 요구했지만 윤모군은 학교가 끝날 때까지 안 돌려주었으며 필요할 때는 빌린 돈을 안 갚는다는 공갈을 하며 이모군의 핸드폰을 마음대로 사용하였다.

이모군은 한번에 2,000원씩 5차례에 걸쳐 돈을 반강제적으로 윤모군에게 빌려주었다. 윤모군에 대한 소문이 안 좋아 안 빌려주려고 했으나 완력을 쓰며 빌려달라는 윤모군의 요구를 거절하기 힘들었다. 이모군은 윤모군이 지갑에 돈이 있어 빌려준 돈을 갚으라고 말하면 윤모군은 지금은 꼭 사용해야 할 곳이 있어서 당장은 갚아 줄 수 없다는 말을 하면서 안 갚았다. 이런 일이 반복적으로 일어났다. 이에 위의 학생들 중 몇 명이 학생부에 가서 직접 위의 사실을 학생부 교사에게 알렸다. 이 사실을 파악한 학생부에서는 윤모군의 부모를 학교로 소환하여 이 사건은 학교폭력에 해당하는 사건임을 주지시키며 학생을 처벌할 것이라는 사실을 알렸다. 하지만 학폭위가 개최되면 윤모 학생의 학폭위 결과 내용이 학교생활기록부에 기재가 되어 대학입시에 어려움이 있으니 타 학교로 전학을 갈 것을 요구하였다.

윤모군의 부모님은 학생에게 관심이 매우 많은 분들이었다. 윤모군이 외동아들이다 보니 어려서부터 학생이 원하는 것은 대부분 다 들어주었다. 용돈도 떨어지지 않게 넉넉히 주었다. 이런 일은 윤모군이 고등학생이 되어서도 변함이 없었다. 하지만 윤모군의 부모님들은 윤모군이 이상행동을 한다는 것을 고등학생이 되어서야 조금씩 파악하기 시작했다. 7월에 있던 사건은 윤모군의 부모님에게는 큰 충격으로 다가왔다. 그 후로 윤모군의 어머니는 윤모군이 어딜 가든 항상 어머니께 전화를 해서 소재지를 알리게 할 정도로 윤모군의 동선에 대해 하루종일 파악을 할 정도였다. 어머니는 심지어 윤모군이 도서관에서 공부할 때도 전화를 해서 윤모군이 지금 도서관에 있음을 입증할 수 있게 했다. 윤모군이 외동아들이고 공부도 상위권에 들어 나름 만족하고 있었던 부모님의 기대와는 달리, 윤모군의 학교생활은 그리 모범적이지 않았다. 윤모군은 워낙 과외와 학원을 많이 다녀서 선행학습이 되어 있었다. 거기다 머리가 좋아서 성적은 항상 상위권을 유지하고 있었다. 그러니 학교에서 하는 수업이 윤모군에게는 귀로 잘 들어오지 않았다. 수업 태도가 나쁘니 자연적으로 선생님으로부터 지적당하는 횟수도 많아지고 윤모군은 문제아 아닌 문제아로 규정받게 되었다.

4) 치료방법

(1) 가해자 치료

① 정신분석 단기치료 & 역할극

단기(10~15회) 정신분석 치료는 학생의 감정을 위주로 수용과 분석을 함께 진행하는 상담치료이다. 이 과정에서는 현재 문제를 만든 것에서부터 시작하여 그 원인이 되는 학생의 성장과정과 자신의 기억 속에 남아 있는 과거 상처의 박탈에 대해 면밀히 면담하고 분석한다. 또한 그 박탈감에 대해 말하게 하고 과거에 맺힌 감정을 애도하고 해소하도록 돕는다. 또한 자신의 한 행동이 피해를 입은 학생에게 때로는 일생의 씻을 수 없는 큰 상처가 될 수 있음을 주지시켜야 한다. 금품갈취를 상습화하는 박탈의 뿌리는 깊기 때문에 인성을 진실하게 다루는 전문적인 상담 접근이 필요하다.

② 용전[containment]의 경험

상담가나 멘토를 통한 불안 수용의 경험을 말하는데 면담 상담을 통해 이런 편안함을 제공할 수 있다. 흔히 공감이라고 하는 상담 형태에서 용전을 하게 되는데 용전은 아이가 가지고 있는 신체적, 정신적, 무의식적 분위기의 모든 것을 담아주는 역할을 하는 것이다. 아이가 꺼내 놓는 생각들을 잘 정리하고 쉽게 풀어서 다시 아이에게 돌려주고 상담가가 잘 이해했음을 전해주고 아이의 불안한 분위기를 수용하고 있음을 전달해 주는 것이다. 그래서 용전은 내담자인 학생의 속에서 올라오는 마음을 읽어주고 담아주는 것이 중요하다.

용전: 담아주기 과정

상담가 ◀————▶ 학생

가. 학생의 말을 요약　나. 학생의 심정을 읽어줌　다. 분위기를 안전하게 받아줌

가. 학생의 말을 요약

용전의 과정은 경청에서부터 시작되는데 금품갈취로 상담에 의뢰되어서 상담가나 선생님에게 상담을 받는 경우 아이들은 자신의 죄의식이나 수치심을 숨기기 위해서 과장된 반항이나 침묵, 빈정거리는 말투 등을 사용할 수 있다. 이때에 상담가는 아이의 그런 불안한 상황을 인정하고 그런 분위기를 흡수하며 받아주어야 한다. 비언어적인 몸의 태도를 받아주는 것부터 해서 아이가 숨기고 억압하고 있는 긴장감 등을 받아주며 담아주어야 한다. 상담가의 이렇게 용전하는 태도는 아이에게 편안함과 안전함을 주면서 치유가 일어나고 마음을 열게 된다. 이 용전: 담아주기 과정은 학생이 전달하는 말을 요약해서 돌려주는 것에 중요한 의미가 있다. 학생 스스로 소화시키거나 정리되지 않은 생각들을 상담가가 듣고서 정리된 생각으로 말을 돌려주면 학생 스스로 자신의 지각을 새롭게 이해하며 생각을 정리할 수 있게 된다. 생각을 소화시키는 과정이 일어난다고 할 수 있다. 그래서 상담과정에 학생의 치유와 변화를 이루어 내기 위해서는 받아주는 과정이 필수적이라고 할 수 있겠고 상담가와 선생님들은 철저히 수용하는 담아주기의 훈련을 준비할 필요가 있다.

나. 학생의 심정을 읽어줌

상담을 받고 있는 학생의 생각을 잘 담아서 돌려줄 뿐 아니라 학생의 심정(감정들)을 읽어 담아주는 것은 아이 존재 자체를 받아주는 것이나 다름이 없다. 흔히 문제학생을 처리하고 다시는 문제를 저지르지 않은 학생으로 만들기 위해 어떤 빠른 해결책을 찾으려고 하는 경우가 있다. 하지만 조금만 생각해 보면 학생의 문제는 하루 이틀에 걸친 문제가 아니라 장시간에 걸쳐서 이루어진 인격적인 속성과 관련된 행위의 문제임을 알 수 있다. 이런 문제들을 어떤 기술로 단숨에 해결하려는 태도는 일련의 학교폭력에 대한 이해의 부족이라고 할 수 있다. 도리어 단계적으로 학생들의 내면의 감정들을 만나주고 이해함으로써서 이들의 자율성을 움직이도록 도모하는 것이 근본적인 학교폭력, 금품갈취 비행의 해결책이 될 것이다. 그래서 상담을 하는 상담가나 선생님들은 상담 면접과정에서 학생의 심정을 파악하는 데 주력해야 한다. 외로움을 느끼는지, 억울함을 느끼는지, 죄책감을 느끼는지 정확한 심리 상황을 파악하여 그 느낌을 담아서 돌려주는 것이다.

예 면담 : 그러니까 철수가 영수에게 돈을 갈취하고 나오면서 죄책감이 들고 두렵기도 했지만 다른 친구들에게 우쭐한 마음에 강한 척하려고 욕설도 하고 했다는 거지? 선생님이 네 감정을 잘 이해했니?(상담가가 담아서 돌려준 감정: 죄책감, 두려움, 우쭐한, 강한 척)

위와 같은 용전의 태도는 학생에게 그동안 이해받지 못했던 심정의 응어리를 풀어지게 하고 선생님을 믿게 하는 신뢰의 입구가 될 수 있다. 심정을 깊게 이해받으면 다른 비행의 방법으로 자신을 표현하는 전달하는 방식이 크게 줄어들 수 있다.

다. 분위기를 안전하게 받아줌

분위기를 잘 수용하고 넘어가는 과정은 용전의 과정으로서 치유를 이끌어 내는 중요한 것이다. 상담 장면에서 분위기는 서로 무의식적인 어떤 메시지들을 보내고 받는 비언어적인 것이기에 상담가가 상담시간에 어떤 분위기의 안전함을 제공하느냐 하는 것은 다음 상담의 성취 가능성을 담보하는 것이다. 죄책감이나 수치심이 많은 학생들은 상담 장면에서 몸을 많이 꿈틀거리거나 뒤척이는데 이런 태도들을 잘 못 반항으로 이해하여 혼을 내거나 처벌하면 마음의 문은 닫히게 되고 상담은 종료된다. 결국 학생을 혼내서는 아무런 자율성의 움직임도 얻지 못할 뿐 아니라 불신하는 상태로 관계가 이루어지기 때문에 장기적인 아이의 변화를 이끌어 내기는 더욱 어렵게 된다.

③ 홀딩holding의 경험

홀딩은 안아주는 경험이라고 할 수 있다. 특히 상담 장면에서는 심리적 안아주기를 말하는데 비행에 빠진 학생은 처벌 이전에 선생님의 따스한 지지나 심리적 자원이 될 수 있는 품의 경험이 필요하다. 안아주는 상담가를 통한 안김 받는 경험은 박탈을 벗어날 수 있는 아주 중요한 경험이다. 앞서 언급한 용전과 동시에 이루어져야 할 홀딩의 기술은 심리적 안아주기 기술이라고 할 수 있다. 안아주기의 감정이 상담가의 마음속에서 나와야 하는 것이고 내담자인 학생을 진심으로 이해하며 품어주는 감정의 진실이 배어나야 한다. 안아주기를 받은 학생은 자신이 보호받고 있다고 느끼며 학교나 사회를 바라보는 관점도 많이 달라진다. 학생은 심리적인 품의 느낌이 풍요롭고 자신에게 호의적인 세상으로 사회를 인식하게 된다. 결국 반사회적인 아이는 품의 결함이고 안아주기의 결함을 사회로 향한 불만표출이라고 보아야 할 것이다.

예 안아주기의 예) 네 힘든 부모님 얘기를 들으니 선생님도 속상하고 마음이 아프고 안타깝구나. 너에게 위로를 하고 싶어.

④ 자신의 욕구를 현실에서 만족하기

자신의 욕구를 현실에서 적절히 표현하지 못하는 학생은 비정상적인 방법으로 자신의 욕구를 해결하려 한다. 이런 학생들 대부분은 자신의 솔직한 진심을 부모에게 표현하지 못한다. 부모에게 자신의 감정을 솔직히 말하면 더 힘든 일이 벌어질 것이고 부모가 화를 낼 것이라는 두려움이 있기 때문이다. 그래서 의사소통 중에 아주 중요한 자신의 감정을 전달하는 것에 실패하게 되고 자신의 욕구들이 억압되어 폭발하는 것이다. 상담과정에서 상담가는 이런 학생들에게 의사소통 훈련을 시켜야 하는데 적절한 용어와 적당한 감정을 가지고 부모에게 말과 감정을 표현하고 전달하는 훈련을 시켜야 한다. 처음에는 어색해 하지만 시간이 지나면서 자신의 감정과 의사를 적절하게 표현할 수 있는 자기 주장 능력을 가지게 된다.

또한 자신의 욕구를 조절할 수 있을 뿐 아니라 타인들에게 적절한 요구를 해서 도움을 받는 기술도 가르쳐야 한다. 현실에서 받아들여질 수 있는 것들이 한계가 있다는 현실인식을 가르치면서 자신의 욕구가 과도한 것은 아닌지, 현실에서 이룰 수 없는 환상은 아닌지 탐색해 보아야 한다. 이런 욕구들을 적절히 해소하는 방법으로 시간을 정해서 운동을 한다든지 취미활동으로 연계시키는 것도 좋은 방법이다. 자신의 욕구를 적절히 처리하는 방법을 배우지 못하면 학생은 다른 학생들에게 비행을 통해서 금전을 착취하거나 폭력을 통해 자신의 분풀이를 하는 경우가 생길 수 있다. 그래서 학생의 욕구는 언제나 현실에서 받아들여지는 방법으로 이루어질 수 있도록 교육받고 훈련되어야 한다.

(2) 피해자 치료

① 역할극을 통한 자신의 권한지키기 훈련

피해를 입는 학생들은 자신을 주장하고 지키는 기술이 부족함을 보인다. 말을 통해 자신의 입장을 서술하고 표현하여서 상대에게 논리적으로 맞서거나 설득하지 못하는 약점을 가지고 있다. 그래서 이런 학생들에게 상담 장면에서의 역할극 훈련은 새로운 인간관계를 경험하는 계기가 될 수 있다. 역할극은 다양한 기법들이 있지만 상담에서 쉽게 사용할 수 있는 기술은 빈 의자 요법이 있다. 게슈탈트 요법에서 많이 사용하는 심리치료 기법으로서 빈 의자를 번갈아 앉으면서 자신의 속에 있는 분열된 양상의 입장을 표현하는 것이다. 이렇게 함으로써 피해를 입은 학생은 자신의 입장과 가해자인 상대방의 입장 속에 들어가 다른 지각의 위치를 경험하게 된다.

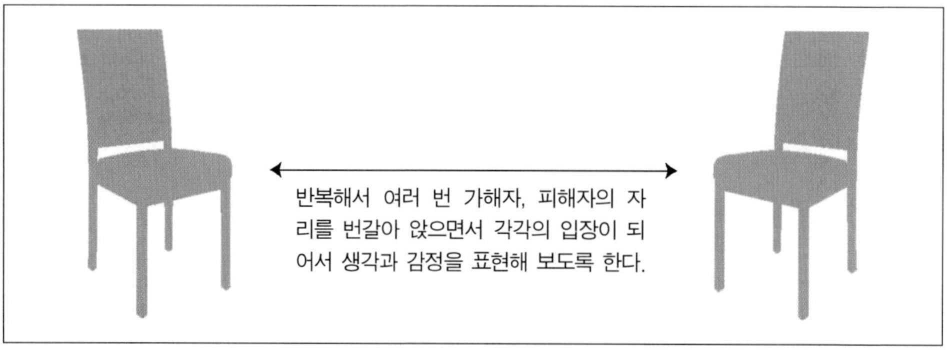

그림 4-1 빈 의자 요법

② 자기 주장 훈련

자기 주장은 건강한 공격성의 표현이기도 한다. 위니콧 D. W. Winnicott(1993)은 건강한 공격성은 인간에게 생명에너지라고 하였다. 비록 문제를 가진 학생들이지만 공격성을 잘 인격 속에 흡수할 수 있다면 그 공격성은 개인의 자신을 나타내고 주장하는 능력이 된다고 하는 것이다. 반대로 공격성이 없거나 자기 주장이 억눌려진 학생들을 잠재적인 문제아로 진단하였다. 자신의 주장을 정확히 하는 것은 바른 인격의 필수 요소이다.

상담 장면에서의 자기 주장은 피해자가 가해자 앞에서 그때 마땅히 거절하거나 표현해야 했던 말과 감정을 표현해 보는 것이다. 자신의 억눌린 감정들은 마음속에서 상처가 되어 병이 될 수 있다. 억눌린 감정을 상담가나 선생님 앞에서 표현해 본다면 이것은 시원한 해소 경험이 된다. 상담가는 학생의 어둔한 말을 함께 만들어서 합리적으로 대응할 수 있도록 과거 상처의 현장을 떠올리면서 대응에 어울리는 말을 하도록 유도한다. 또한 억눌렸던 화나거나 분한 감정들을 표출하도록 격려받는다. 피해를 입은 학생은 이런 과정을 통해서 자신의 억눌린 자아가 펴지고 자신감을 가지게 된다. 피해학생들은 어떤 상황에서도 자신을 보호할 수 있는 말을 준비할 수 있어야 하고 감정의 의사표현을 적절히 표현해야 반복되는 피해자의 자리를 벗어날 수 있다.

③ 비합리적 피해의식의 인지치료

마음속에 가치관을 형성하고 있는 믿고 있는 믿음이라는 것은 아주 중요하다. 폭력이나 금품갈취를 당하고도 오랜 시간 동안 숨기고 부모에게 말하지 못하는 학생들이 많이 있다. 이런 학생들의 신념 안에는 늘 참는 게 미덕이라고 비합리적인 생각으로 만들어진 착한 아이라고 생각하는 신념이 있다. 이런 학생들은 자신을 해치는 것이나 빼앗기는 것으로부터 자신을 보호해야 하는 것을 배워야 하고 먼저 마음속에 신념들을 수정해야 한다. 어린 시절부터 학습을 통해 형성된 신념에는 비합리적인 신념들이 많이 있기 때문에 상담가는 현실에 부응할 수 있는 합리적인 신념을 학생과 토론하고 나누고 수정해야 할 필요성이 있다. 신념은 부모의 강력한 명령과 인정을 받는 믿음과 관련이 있기 때문에 이에 대한 접근은 신중하고 점진적이어야 한다.

④ 가족치료

가족 속에서 희생양의 역할을 하고 있지 않은지 역기능 관계를 찾아서 가족 상호 간의 피드백을 수정해 주어야 한다. 대화방법이나 태도에 대한 변화가 있어야 한다. 가족치료는 피해학생이나 가해학생 모두 받아야 하고 가족 속에서 지속되는 지지와 반영이 학생들의 마음에 상처를 치료할 수 있도록 도와야 한다. 가족 속에는 보이지 않는 거미줄 같은 비언어적 의사소통이 존재한다. 말은 안하더라도 가족들 상호 간의 표정이나 분위기 등은 말보다 더 큰 영향을 끼칠 수 있다.

가. 가족의 작은 변화 시도

가족치료는 그 전제가 모든 체계에 적용되는 관계체계로서의 가족으로 규칙과 원칙을 가지고 있음을 말하고 있다. 가족체계란 관계된 개인들의 집단으로 규정되며 어떤 한 사람의 변화가 전체 가족의 변화를 가져올 수 있고 상호 연결된 영향들이 서로 연쇄적인 반응을 일으킨다는 것을 알아야 한다. 그래서 학교폭력의 피해를 입었거나 가해를 했던 학생들의 가족 속에서 그 어떤 행동이라도 가족이 변화에 참여하여 이전과는 다른 무엇을 하도록 상담가는 권면하고 촉진시켜야 할 것이다.

나. 가족규칙의 일관성

가족 내에서의 규칙은 일관성이 있어야 한다. 상황에 따라 부모가 일방적으로 정해 놓은 규칙들을 바꾼다면 아이는 가정의 규칙을 무시할 뿐 아니라 학교 교칙까지도 신뢰하지 않는 태도를 가질 수 있다. 예로 귀가시간의 일정한 합의는 중요하다. 어느 날은 부모가 늦은 귀가를 모른 체 넘어가고 또 다른 어떤 날에는 아이의 늦은 귀가를 가지고 화를 낸다면 아이는 스스로 혼란스럽고 규칙에 대한 부정적인 시각을 배우게 된다. 그래서 가족규칙은 지킬 만하고 일관성이 있는지 조사하여 적절한 지킬 만한 현실적 규칙으로 바꾸어 주어야 한다.

다. 가족경계에 대해 다루기

가족 중에 건강하지 못한 역기능 가족들은 가족구성원 간의 경계에 있어서 극단적으로 '밀착'을 하거나 '유리'된 형태의 유형을 갖게 된다. 서로 밀착이 강하면 가족구성원 서로에게 지나친 관여와 간섭이 이루어지기 때문에 감정적인 싸움이 자주 일어날 수 있다. 또한 유리된 가족구조는 가족구성원 간 정이 없기 때문에 각자의 삶을 살고 정서지원을 필요로 할 때 서로 지지와 반영을 해 줄 수 없는 상황이 된다. 비행에 관련된 학생들은 보통 이런 가족구성원의 시스템에 관련되어진 경우가 많다.

라. 가족구조에 대해 다루기

가족구조는 가족구성원의 조직을 이루어 가는 눈에 보이지 않는 시스템이요 특성이다. 미뉴친Minuchin(1974)은 집단과 구성원의 건강을 기능화하기 위해서 가족조직의 중요성을 강조하였다. 부모의 위치에 자녀가 자리하고 있지는 않은지 살펴야 하고 사이가 좋지 않은 부모 중에 1인이 아이와 결탁하여 편을 나누고 있지는 않은지 등의 가족구성원 각자의 위치를 바로 잡아 주어야 한다. 부모는 부모의 자리에 위치하여 부모역할을 수행하여야 하고 아이는 자녀의 위치에서 이에 맞는 역할을 수행하여야 역기능의 문제가 생기지 않을 수 있다. 상담가는 가족 상호 간의 말과 행동의 문제들을 언급하여 가족들에게 문제를 인식시킬 필요가 있고 가족 상호 간에 부정적 감정패턴, 긍정적 감정패턴이 어떻게 흘러가는지를 파악해야 한다. 특히 문제를 일으키는 자녀인 학생에게로 비난이 돌려지는 것이 있다면 이것을 학생 개인의 문제로 볼 것이 아니라 전체 가족의 책임이요 시스템의 결과라는 것을 인식시켜 줄 필요가 있다.

마. 가족의 의사소통 다루기

가족의 의사소통은 크게 두 가지로 볼 수 있는데 첫째는 가족 간의 사실적인 정보나 의견을 제시하는 측면이고, 둘째는 관계적인 의사소통으로서 감정이 많이 관련되어 있는 측면이다. 가족 상호 간의 대화는 추측이나 가정에 의해서 추론하여 대화해서는 안 되고 분명한 정보전달이 이루어지도록 해야 한다. 또한 자녀가 부모에게 자신의 감정을 표현할 수 있고 자신의 논리를 전달할 수 있도록 개방된 대화의 장이 마련되어야 한다. 이를 위해서 학교폭력과 관련된 가족상담에서는 가족 상호 간의 의사소통이 어떻게 이루어지는지 조사하고 수정해 나가는 노력을 해야 할 것이다. 또한 가족들은 역기능적이고 부정적인 가족문제를 잘 바꾸려 하지 않는다. 이런 태도를 '항상성'이라고 하는데 이 부정적인 항상성을 변화시키도록 상담가는 인내를 가지고 격려해야 할 것이다.

5) 결론

비행을 하는 학생은 그 비행의 증후 원인이 드러나고 치료되어져야 한다. 그렇지 않으면 새로운 현재의 문제행동 증후가 옛 문제행동의 증후를 대신할 수 있는 여지는 늘 있게 마련이다. 비행을 일으키는 학생들을 위한 상담의 과업은 비행을 제거하는 것보다는 비행의 원인을 제거하는 데 초점이 맞추어져야 할 것이다. 비행의 원인은 어린 시절부터 성장한 박탈이나 상처, 가족관계 속에서의 힘들었던 응어리에 기인하는 경우가 대부분이다.

위에서 살펴본 대로 금품갈취를 가해한 학생이나 금품갈취를 당한 학생이나 두 상반된 학생들의 마음 상태는 박탈이라고 하는 비슷한 심리 상황을 가지고 있다. 엄밀히 따지면 서로가 피해자인 것이다. 현실적 비행에 대한 내용은 응당 책임을 지고 처벌을 감수해야 하겠지만 이런 비행들이 지속되지 않도록 상담치료가 반드시 병행되어져야 한다.

오랜 시간을 아동과 학생들의 교정치료에 종사한 아이크혼August Aichhorn(1925)은 아직 성인이 되지 않은 모든 학생들은 반사회적인 경향을 갖고 있으며 자신들의 본능의 만족을 얻기 위해서 직접적인 방법을 시도한다고 보았다. 이 행동은 아직 미숙한 학생이기에 이해받을 만하고 기다려 줄 만한 상황일 뿐만 아니라 교육 현장에서 이런 학생들을 사회적인 적응의 상태로 치료하고 만들어 내는 교정의 일을 담당해야 함을 주장하였다.

금품갈취를 하는 학생들에게 명확한 행동적 기준을 가르치고 법적인 책임 소재를 분명하게 하는 것은 중요하다. 하지만 이와 병행하여 금품갈취를 하는 학생의 내면에 있는 시기심, 탐욕이라는 정서 이해가 무엇보다 중요하다. 이런 감정들을 이해하지 못하면 금품갈취를 하는 학생의 행동에만 처벌을 하고 그런 행동이 나오기까지의 원인과 과정을 도외시할 수 있기 때문이다. 채워도 지속해서 올라오는 마음의 시기와 탐욕은 치료의 대상이지 처벌의 대상은 아니다. 상담가와 선생님은 가족들과 함께 모여서 문제학생의 가족 속에서의 위치와 역할을 찾아보고 작은 변화라도 가족의 지지를 요청해야 할 것이다. 가족 속에서 의사소통이 이루어지고 정서적 지지를 받는다면 외부에 나가서 금품갈취를 해야 할 필요가 없어지기 때문이다. 병도 깊어지면 만성화되는 것처럼 비행도 깊어지면 학생이 반사회적인 인격이 될 수 있다. 반사회적인 사회문제들이 크게 대두되는 현실에서 학생들을 현실에 적절히 적응시키기 위해서 상담의 역할은 중대하다고 할 수 있다.

훈련된 임상상담가는 비행을 일으키는 학생들을 상담할 때 신뢰 있는 태도를 견지한다. 불안한 분위기와 감정, 태도를 표출하는 학생의 언어들을 잘 담아주고 수용해 준다. 담아주기가 잘 이루어지면 학생은 치유되기 시작한다. 마음에 갈등과 불안이 사라지기 시작하고 상담가에 대한 믿음을 보이게 된다. 상담가에 대한 믿음은 사회를 향한 긍정적인 믿음이 된다. 또한 상담가의 긍정적인 피드백과 심리적 안아주기의 태도는 학생을 든든하게 만들어 줄 수 있다. 불안한 마음이 사라지면서 상담가에게 지지받는 든든함은 학생 스스로 과거의 습관인 금품갈취 같은 비행행동을 멀리하게 되는 마음을 심어주게 된다. 그리고 자신의 미래에 희망을 품을 수 있는 가능성을 열게 된다. 아직 미숙한 학생들에게 학교와 선생님들은 상담을 통해서 희망의 끈이 될 수 있다.

CHAPTER 05

집단따돌림과 대처방법

최근 '학교폭력'에 대한 아동 및 청소년들의 사회적 · 개인적 관심이 높아짐에 따라서 가해자 및 피해자 청소년들의 현황과 실태에 대한 원인을 다양한 각도와 방법으로 접근하려한다. 최근 교육과학기술부(2012)가 조사한 학교폭력 피해 실태 조사에 따르면 6개월 간 6명 중 1명은 학교폭력의 경험이 있다라고 보고되었다.

학교라는 공간은 아동 및 청소년기에 있어서 가족을 제외한 제2의 관계형성이 시작되는 곳이다. 그렇기 때문에 학교생활은 사회관계와 인격형성에 있어서 중요한 경험의 장이라 할 수 있다.

아동 및 청소년들의 집단따돌림을 이해하기 전 먼저 또래집단에 대해 정확하게 이해하고 있어야 한다.

또래집단peer group은 비슷한 환경과 성적이 상위권, 좋아하는 분야가 같은 또래 친구들이 자신들만의 우정이라는 이름으로 결속된 집단이라 볼 수 있다. 따라서 이들 집단 안에서는 모든 개인이 비슷한 위치에서 상호작용을 한다. 다시 말해 평등(수평적)한 관계에 있다. 그렇기 때문에 자신의 감정이나 고민들을 서로 공유하고 더 쉽게 공감함으로써 다른 집단보다 결속력이 강하다. 예를 들면 공부를 같이하거나 봉사 동아리에 함께 가입하는 긍정적인 측면의 압력이 있는 반면 또래 사이에 유행하는 옷(메이커 의류), 고가의 제품(스마트폰, 노트북, 오토바이), 좋아하는 가수(솔로가수, 그룹) 등을 가져야만 자신들의 집단에 소속될 수 있다.

다시 말해, 또래집단에서의 모든 관계는 그 누구의 간섭이나 형식과 틀에 얽매이지 않고, 자유로운 분위기에서 형성된다. 현재 청소년들이 관심가지는 주제(유행하고 있는 머리스타일, 화장하는 방법, 성형 트렌드 등)나 즉흥적으로 흥미보이는 내용(이성관계 등)들을 다양한 messenger와 매체를 통하여 그들의 관계가 유지된다.

청소년들의 또래집단은 자신들만의 규율과 추구하는 가치를 가지고 있기 때문에 소규모로 구성되는 집단이라 볼 수 있다. 그렇기 때문에 그들의 결속력은 매우 강하지만 서로의 관심과 흥미에 의해 일시적으로 구성되었다 금방 흩어지는 집단들이 대부분이다.

따라서 이 장에서는 학교폭력의 한 유형으로 집단따돌림의 전반적인 이해에 대해 살펴볼 것이다. 또한 집단따돌림의 문제들과 각 문제들에 따라서 음악치료 안에서의 대처방법들에 대해 알아보고자 한다.

1. 집단따돌림의 이해

1) 집단따돌림의 개념

현재 많은 학자들과 이론가들에 의해 집단따돌림의 정의와 개념들이 전해지고 있다. 올베우스Olweus(1994)는 따돌림을 대인관계 내에서 특정인을 두고 공격적인 행동과 고의적인 괴롭힘, 반복적이고 지속적으로 일어나는 행동을 의미한다고 보았다.

국내 집단따돌림에 관한 연구에서 권준모(1999)는 공개적인 자리에서 다수가 특정 학생을 대상으로 부정적인 명칭을 부과해 지속적으로 소속집단에서 소외시키는 행동으로 정의한다.

일본에서도 '이지메'라는 개념을 사용하고 있다. 이지메란 전체 집단구성원이 한 사람에게 제재를 가하는 행동으로 자신의 집단행동이나 사고방식에서 조금이라도 벗어나면 학대를 가하는 행위이다(모기 유따까, 1996).

2) 집단따돌림의 유형

집단따돌림의 유형은 크게 두 가지로 구분할 수 있다.

첫 번째로 가해집단이다. 이들은 친구, 교사, 부모 등 자신의 주변 사람들에게 있어 공격적인 성향을 보인다. 특히 폭력적인 행동에 있어서 긍정적인 반응(자신의 말을 듣지 않으면 때려도 괜찮다)을 보이며 타인에게 있어 공감하거나 배려하는 능력이 낮다. 오히려 타인에게 명령하거나 그들을 지배하려는 충동적인 행동을 나타낸다(Rigby, 1993).

두 번째로 피해집단이다. 이들은 집단 또는 개인으로부터 모욕과 구타를 당하면 보복하지 않고 그 집단에게 복종하는 반응을 보인다. 피해집단 학생들의 특징은 수줍음을 많이 타고 조용한 성격을 가지고 있다. 주위 반응으로부터 불안해하며 사소한 부분에 있어 민감한 반응과 조심스러운 모습을 보인다.

이들 자신을 실패자로 생각한다. 자신에게 주어진 상황을 거부하려 하거나 신체적·정신적으로 위축된 모습을 보여 몸을 움츠리거나 사람들 앞에 나서는 것을 두려워하며 자신을 바보로 생각한다.

3) 집단따돌림 유형과 성별

집단따돌림 현상에서 가해자, 피해자 남학생과 여학생 모두에게 적용된다. 하지만 집단따돌림을 하거나 당할 때 유형은 남자와 여자 간 차이를 보인다.

집단따돌림에 노출된 성별에서 여학생보다 남학생이 많다. 이는 남에게 자신의 현재 모습을 보이고 싶은 욕구가 반영된 것으로 보인다. 남학생의 경우 가해자가 피해자를 직접적인 따돌림으로 괴롭힌다. 예를 들어 많은 학생들 앞에서 구타를 하거나 거부감을 주는 심부름을 시키는 행동을 보인다. 이는 남학생들의 신체적인 힘과 자신을 남에게 보여주고 싶은 사회적 욕망을 반영한 것으로 나타난다.

반면 여학생의 경우 피해자에게 간접적인 따돌림을 시킨다. 예를 들어 혼자 점심을 먹게 한다거나 친구들과의 대화에 참여시키지 않고 혼자 있도록 지시한다. 이는 사회적 고립이나 소문을 통해 누군가에게 상처를 줄 수 있음을 반영한다.

4) 집단따돌림의 문제들(청소년들이 가지는 문제들)

청소년들 사이에서 생각되는 문제들에 대해 여러 방식들과 사례 안에서 살펴볼 것이다.

사 례

17세 여아로 고등학교 1학년에 재학 중인 H는 소극적인 성격을 가졌다. 1남 2녀 중 막내로 H의 부모님은 해외 출장으로 일주일에 삼일 정도밖에 집에 들어오시지 않는다.

집에서는 부모님과 형제들에게 자신의 감정을 잘 표현하기도 하고 재미있는 이야기도 잘한다고 한다. 그러나 다른 사람들이 있는 자리에서는 웃지도 않고 몸이 경직된다고 한다. 또한 H는 말수가 적고 남 앞에 나서거나 친구들이 많이 모인 자리에서 말을 잘 하지 못하고 머뭇거리는 행동을 자주 보인다고 이야기하였다. 어렸을 때는 사람들 앞에서 노래도 잘 부르고 춤도 잘 추었다고 한다. 그러나 초등학교 올라가서 책을 읽는 중에 반 친구들로부터 웃음거리가 된 후부터 사람들이 웃는 것을 보면 불안한 마음이 생긴다고 한다. 왠지 자신을 보고 비웃는 것 같고 자신에 대해 이야기하는 것 같다고 이야기하였다.

새로운 학급에 올라갈 때마다 친구들이 이야기하는 것에 있어 거절을 한 적이 없다고 이야기했다. 그리고 친구들이 좋아하거나 먹고 싶어 하는 것을 사주기 시작하면서 그 친구들과 같이 이야기할 수 있게 되었다고 한다.

H는 그런 친구들이 없어지고 혼자 외로워질까 봐 두렵다고 이야기했다. 혼자 밥을 먹고 혼자 앉아 있는 것이 무섭다고 한다.

▶ 청소년기에 직면하는 중요한 과제 중 하나가 정체성을 찾는 것이다.
우리는 흔히 '사춘기'라고도 말한다.
아동기에서 성인기의 중간 단계로 신체적, 정신적 혼란이 크게 일어난다.
또한 아동도 성인도 아닌 중간 단계에서 소속감을 상실하기도 한다.

내 친구가 되려면 우리랑 같은 메이커를 입어야 돼. …
(담배를 핀다거나 비속어를 사용하는 언어) 너도 한번 해 봐. …
(신발, 가방, 핸드폰 등) 넌 이런 것도 없니?
넌 누구한테 과외 받니?
(오토바이를 탄다거나, 모텔에 들어감) 넌 이런 것도 안 해 봤니? 촌스럽게 …

현재 청소년들에게 있어 가장 문제가 되는 부분이다. 자기 자신을 모든 기준으로 두고 맞추려 한다. 그로 인해 잦은 갈등과 낮은 자존감 등 다양한 문제들이 생길 수 있다.

(1) 학습된 환경

따돌림을 받게 되는 원인 중 하나는 이미 학습되어진 자신의 환경에 영향을 받는다. 아동 및 청소년들은 경험을 통해 자신감을 얻고 자신의 능력을 점차 발전시켜 나간다.

친구를 사귀는 데 있어 긍정적인 경험을 한 청소년들은 새로운 학급에 올라가서도 아무런 문제 없이 새로운 친구들과 인사하고 지내게 된다. 반면 친구를 사귀는 데 있어 부정적인 경험을 한 청소년에게는 새로운 학급에서의 생활이 많이 힘들

것이다. 그 학생에게는 환경과 친구들에 대한 정보와 익숙함이 먼저일 것이다. 그 후 친구들과 인사를 하게 되는 과정이 있을 것이다. 그러나 이런 과정을 거치는 동안 친구들과 말도 못하고 움츠린 모습과 시선을 피하는 것들로 오해를 받고 학급 친구들과 의사소통 자체를 포기하게 된다.

(2) 소속감을 갖기 위해

아직 정체성이 확립되지 않은 아동 및 청소년들은 자신의 모습을 인정받기를 원하면서도 어떤 행동을 할 때 주위의 시선을 많이 의식한다. 청소년들은 안정감을 느끼기 위해서 그룹에 소속되길 원한다. 자신이 행동하는 것에 있어서 주위 친구들이 어떻게 볼 것인지, 자신에 대해 어떻게 이야기할 것인지에 대해 청소년들은 자신의 또래가 주는 영향력에 매우 민감하게 반응을 보인다. 예를 들면 서클 가입, 그 집단 친구들을 사귀기 위해 다른 친구들을 괴롭히는 데 동조하는 모습을 보인다.

(3) 가족관계

아동 및 청소년에게 있어 가족은 정체성 확립하는 과정에서 중요한 역할을 한다. 가장 가깝게 부모의 영향을 많이 받으며 때로는 형제·자매들에 의해 자신만의 정체성을 만들어 가는 모습을 보인다.

그러나 부모와 자녀 간 또는 형제간의 관계가 부족할수록 청소년들은 자신의 정체성을 찾기 위해 또래집단에 순응하려는 모습을 보인다(Weissman & Klerman, 1977). 이런 모습은 청소년에 있어서 자신과 가장 소통이 잘 되는 또래집단을 통해 자신의 정체성을 찾으려는 이유에서다. 또한 요즘 학생들의 가정은 맞벌이 부모들이 늘어나고 부모의 잦은 출장으로 혼자 지내는 시간이 늘어남으로 인해 자신의 마음을 가장 편안하게 이야기할 수 있는 또래집단에 의존하게 된다.

(4) 잘못된 생각

아동 및 청소년들은 '자신의 생각대로 모든 것이 결정된다'라는 잘못된 생각들을 가지고 있다. 이는 자신이 좋아하는 아이돌 스타의 영향과 매스컴에서 보여지는 부분에 청소년들은 쉽게 마음이 흔들린다. 또한 다양한 친구들, 자신이 소속되고 싶어 하는 곳에서 원하는 것을 해야지만 그들 속에 들어갈 수 있다라고 생각한다. 예를 들면 그들이 즐겨 입는 의류(메이커), 명품 학용품, 신발, 가방, 고액과외나 학원 등을 가져야만 친구가 될 수 있다라고 생각한다.

(5) 부족한 표현

아동 및 청소년들은 자신의 생각이나 입장을 언어로 표현하는 것이 미흡하다. 대인관계에서 자신이 느낀 감정과 생각한 부분을 표현하거나 무슨 일을 결정하는 과정에서 스스로 선택하는 방법을 모르기 때문에 자신의 의지보다는 보기에 좋은 쪽이나 힘이 있는 다수 쪽으로 기울게 된다.

예를 들면 친구들과 영화를 보러갈 때 자신이 보고 싶은 영화가 아니더라도 다른 친구들이 보러 가자고 이야기할 때 그냥 가는 학생들, 친구들을 괴롭힐 때 자신의 뜻과 상관없이 동조하고 있는 학생들을 볼 수 있다.

▶ 선생님들은 청소년들에게 있어 위와 같이 다양한 문제들이 있다는 것을 인식하고 있어야 된다. 학교 선생님에서 보여지는 학생들과 친구들 사이에서 보여지는 학생들이 다름도 생각해야 될 것이다. 특히 선생님들은 학생들을 편견 없이 보는 것(가정 형편, 성적, 부모님의 직업 등)도 필요하다.

2. 집단따돌림(왕따, 은따)의 대처방법

1) 수용과 경청의 방법

다양한 문제들을 겪고 있는 청소년들에게 스스로 긍정적인 방법들을 찾을 수 있도록 도움이 필요하다. 따라서 또래집단 안에서 다른 사람들과 의사소통할 때 의견을 수용하고 경청하는 방법과 행동들을 여러 각도에서 배워야 한다.

(1) 좋은 점(장점)을 찾아보자.

자신이 속한 집단이 자신 또는 다른 친구들에게 긍정적인 영향을 줄 수 있는지에 대해 생각해 본다. 또는 자신이 가지고 있는 장점들을 이야기해 보고 그것을 얼마큼 잘 발전시키고 있는지 이야기해 본다. 이 방법은 친구들과 함께 좋은 경험에 대해 이야기하면서 부정적인 생각보다는 긍정적인 생각을 할 수 있다.

예를 들면 자신이 부족한 과목이 무엇인지 파악한 후 친구들과 과목을 정해 스터디 모임을 만드는 것이다. 이 스터디 모임을 통해 마음 맞는 친구들끼리 공부를 하면서 성적도 오르고 친밀감도 높일 수 있다.

운동을 좋아하는 친구들끼리 주말마다 운동을 하면서 몸도 좋아지고 같은 취미를 즐김으로써 유대관계에 도움을 줄 수 있다. 친구들의 격려로 인해 학생회에 출마할 수도 있고, 성적이 떨어져 힘들어할 때 친구들의 격려로 인해 위안을 얻게 된다.

(2) 자신감을 주어라.

청소년들은 사람을 쉽게 판단하고 자신만의 이미지화로 각인시켜 사람들을 대한다. 그렇기 때문에 청소년들은 정확하지 않은 소문, 보여지는 이미지 등 다양한 문제들로 인해 힘들어하거나 소극적인 모습을 많이 보인다.

자신 스스로 또는 다른 사람들에게 자신감을 주거나 받는 경험을 통해 긍정적인 영향을 얻을 수도, 줄 수도 있다.

예를 들어 자신이 잘 할 수 있는 일을 하루에 한 가지 생각해 본다. 또는 다른 사람들로부터 칭찬이나 장점을 듣게 되면 자신도 모르게 같은 일을 할 때마다 자신감을 가질 수 있다. 이런 방법들로 인해 단점보다는 장점을 이야기해 줌으로써 자신도 자신감을 얻고 다른 친구들에게도 자신감을 줄 수 있다.

(3) 새로운 행동에 도전해 보자.

청소년들이 생각하는 친구 사귀는 방법은 친구들이 좋아하는 것을 해야 된다라고 생각한다. 그런 청소년들에게 진짜 자신이 원하는 것에 대해 생각해 보라고 권유하고 싶다.

친구를 사귀기 위해서 하기 싫은 행동을 하고, 옳지 않은 행동과 먹기 싫은 것을 웃으면서 먹는 행동은 그만 내려놓고 자신에게 긍정적인 영향을 줄 수 있는 것들을 찾고 도전해 보길 원한다. 자신이 원하는 삶을 살기를 원한다면 새로운 행동을 도전하고 그 행동에 있어서 분석하는 것이 필요하다.

예를 들면 그 행동을 했을 때 주변 사람들에게 부정적인 영향을 미칠 것인가? 그렇다면 나에게는 어떤 긍정적인 영향을 줄 것인가? 등을 통해 나와 다른 사람을 같이 생각하는 훈련을 할 수 있고, 새로운 행동에 도전하는 일이 나쁜 것만은 아니라 긍정적인 행동으로 바뀌어 갈 수 있다는 것을 배워간다.

2) 다른 프로그램과 함께 할 수 있는 방법

프로그램 진행 시 상담자(치료자)는 쉬운 일이 아니다. 많은 사례와 경험이 필요하다. 특히 같은 사례라 하더라도 심리를 다루는 부분에서는 활동방법에서부터 학생들이 받아들이고 변화되는 모습까지 다르게 적용된다. 가장 중요한 것은 한 명의 학생을 있는 그대로 바라보고 진심으로 그의 말을 듣고 공감해 주려는 마음이다.

아동 및 청소년들과 함께 할 수 있는 미술, 음악, 요리 프로그램들에 대해 살펴볼 것이다.

(1) 자신감을 주는 활동

따돌림을 받은 피해자들을 보면 자존감이 많이 부족하다. 특히 활동 중 '나는 왜 이렇게 못났을까요?, 난 할 수 있는 게 없나 봐요.'라고 이야기한다. 이런 모습들로 인해 스스로 열등감에 빠져 자신을 더 힘들게 하는 경우다. 대부분 이런 친구들은 자신의 장점을 찾지 않고 단점만 보려 한다.

이런 청소년들과 함께 할 수 있는 활동은 자신의 매력을 스스로 찾을 수 있도록 하는 것이다. 예를 들어 음악치료 활동 중 자신의 매력을 가사로 만들어 부를 수 있게 하거나, 미술치료나 요리치료 활동에서는 자신의 매력 있는 얼굴 또는 신체를 만들거나 그려 봄으로써 나의 매력에 대해 생각해 볼 수 있게 된다. 그리고 집단활동에서는 자신의 매력보다 친구들의 매력을 한 가지씩 이야기해 줌으로써 내가 아닌 다른 사람들이 이야기해 주었을 때 자신감이 더 생길 수 있다.

예 가사 만들기, 가사 토론하기, 나의 매력(장점) 만들기

(2) 긍정적인 마음을 주는 활동(성취감)

따돌림을 경험한 청소년들은 긍정적인 경험에 신체적(가슴 두근거림, 소변 또는 대변) · 심리적(불안, 두려움) 불편함을 느낀다. 따라서 청소년들에게 있어 자신이 소속된 집단에서 활동하는 경험(긍정적인 과정)과 마쳤을 때의 성취감을 느낄 수 있도록 해야 한다.

긍정적인 과정이라 함은 그룹 원들 또는 자신이 그 활동을 위해 연습했던 시간들을 의미한다. 연습을 통해 서로 맞추려고 노력하게 된다. 또한 성취감이라 함은 연습하고 노력했던 시간들로부터 얻어진 결과를 말한다. 예를 들면 운동이 될 수도 있고, 연주, 합창 또는 영상을 만드는 활동 등이 있을 수 있을 것이다. 지속적이지는 않지만 스스로가 집단에 소속되어 함께 한다는 것은 학생들에게 있어 큰 의미를 부여할 수 있다.

예 악기 연주하기, 나의 뮤직 비디오, 석고 작업, 그룹 핑거페인팅, 식재료를 이용한 계절 표현하기

(3) 두려움을 감소시키는 활동

따돌림을 경험한 청소년들은 보편적인 흐름보다는 자기 자신이 생각하는 것을 현실화하는 작업이 필요하다.

예를 들면 특정 상황이나 주제를 주고 만약에 ○○○가 된다면, ○○에게 하고 싶은 말, 듣고 싶은 말… 이라는 전제를 붙여 활동을 하도록 해본다.

이 방법은 실제 상황이 아니기 때문에 다양한 생각들이 나올 수 있고, 자신이 동경했던 삶을 표현할 수 있다. 이때 선생님들은 그 친구들이 어떤 가치를 갖는지 생각하게 하고, 스스로 자신의 삶을 어떻게 이끌지에 대해 결정할 수 있도록 격려하는 것이 필요하다.

예 나의 인생 스토리, 콜라주, 가사 만들기, 음악 콜라주, 무쌈 만들기

3) 활동 시 고려할 사항

대상자에 맞추어 프로그램을 계획할 때 대상자가 받는 효과는 크다.

(1) 악기 및 재료 선정

활동 시 청소년들이 쓰는 악기 준비에 있어서 치료사는 미리 준비되어진 것이 좋은지, 청소년들이 집적 악기를 선택하여 준비하도록 하는 것이 좋은지 구별하기 쉽지 않다. 이 부분은 치료사들마다 다르며 어떤 대상자(청소년)가 참여하느냐에 따라서 달라질 수 있기 때문이다.

그러나 분명한 것은 활동이 타악기 연주라 한다면 많은 타악기 중 악기 소리를 탐색한 후 청소년이 직접 악기를 선택할 수 있도록 악기 선정에 기회를 제공해야 된다. 핸드벨 연주 역시 특별한 목적이 있는 것이 아니면 많은 음정들 가운데 청소년이 직접 선정할 수 있도록 기회를 제공해 주는 것이 좋다. 그 이유는 학생마다 다양한 성격을 가지고 있는데 악기를 선택하고 연주하는 모습을 보아야 그 학생을 파악할 수 있기 때문이다.

요리치료 시 프로그램에 따라 다르게 적용되지만 재료들 중 자신이 표현하고 싶은 재료를 선정하도록 하는 것이 좋다. 그 이유는 입모양이라 하더라도 자신이 생각하고 느낀 것은 다르기 때문이다. 따라서 치료사가 아닌 청소년들이 표현하고 싶은 재료를 선택할 때 표현력과 창의력이 잘 나타날 수 있다.

(2) 수용능력

청소년들과 활동할 때 치료사는 어느 정도까지 수용하고 받아주어야 하는지 고민할 때가 있다. 그러나 치료사는 언제나 청소년 편에 서서 이겨 나갈 수 있도록 함께 격려해 주고, 용기 낼 수 있도록 도와주어야 한다. 청소년들은 본질적으로 자신의 행동과 감정을 온전하게 수용받기를 원한다(De Backer, 1993; Flower, 1993).

따라서 음악활동을 계획할 때 청소년에게 맞는 음악을 선곡해야 된다. 그래서 대상자를 조사할 때 정확한 정보와 환경에 대한 자료를 많이 알수록 음악을 선곡할 때 참고가 될 수 있다. 치료사가 선곡한 음악을 통해 청소년들은 자신을 이해해 주고 함께 공감해 준다고 믿기 때문에 치료사는 음악 선택에 신경을 써야 된다.

다른 프로그램의 경우 언어적 지지와 함께 비언어적 수용도 같이 해줄 수 있다. 여기에서 주의할 점은 내담자에게 필요한 수용과 지지만 해주는 것이 좋다.

(3) 활동구조

청소년들과 함께 하는 활동에서는 체계적이고 구조적인 방식으로 자신의 정서에 맞게 표현하는 것이 필요하다. 맥페란McFerran(2003)은 청소년들과 함께하는 활동에서 구조화(시간적 순서, 목적 없이 하는 활동)되지 않으면 그들에게 아무런 의미가 없고 혼자만의 공간에 갇혀 있는 사람처럼 불안감과 초조함을 느낄 수 있다.

따라서 치료사는 활동 전 오늘 활동에 대한 간략한 소개와 '왜 이 활동이 필요한지' 이야기해 주는 것도 좋은 방법 중 하나일 것이다. 음악이 청소년들에게 편안함을 제공해 주는 이유는 자연스럽게 활동을 예측할 수 있다는 것이다. 예를 들면 마칠 때의 코드 진행을 듣고 '음악이 끝나겠구나'를 알 수 있다. 또한 음악의 흐름이 빠르면 악기활동과 같이 움직임이 많은 활동을 하겠구나라는 것을 예상할 수 있게 만든다.

(4) 강화제

우리는 음악과 친밀한 관계를 맺고 있어서 음악이 사람에게 긍정적인 영향을 미친다고 생각하지 않는다. 그저 당연하게 생각하거나 없으면 허전한 존재라고 생각하는 정도일 것이다. 그러나 음악은 가장 가까이에서 큰 힘이 되어 주는 역할을 한다.

힘든 청소년들에게 아무리 위로의 말을 해주어도 금방 잊어버리지만 그때 음악을 들려주고 그 가사로부터 위안을 받도록 했을 때 그 학생이 받는 위로는 몇 배가 될 수 있다. 그리고 음악을 들을 때면 자신이 경험한 좋은 기억과 나쁜 기억이 떠오르는 이유도 마찬가지다.

이처럼 음악은 청소년들뿐만 아니라 누구에게나 큰 힘과 위로가 될 수 있다. 따라서 음악 한 곡이 다른 사람에게 좋은 영향과 불쾌한 영향을 줄 수 있다.

3. 결론

앞에서 설명한 문제들은 청소년들에게 있어 가장 고민되는 부분일 것이다. 불완전한 정체성으로 인해 청소년 자기 자신을 모든 기준에 맞추게 하려 하기 때문에 친구와의 갈등과 자존감 저하의 문제들이 발생하게 된다. 이러한 문제들의 가장 큰 피해자는 자기 자신이 될 수도 있고 옆에 있는 친구가 될 수 있다. 따라서 우리는 이 장에서 집단따돌림에 대한 전반적 이해와 청소년들이 가지는 문제점 및 다양한 프로그램을 통해 함께 공유할 수 있는 활용법에 대해 설명했다. 가장 먼저 그들(가해자 또는 피해자)과 소통하기 위해서는 진심으로 그들을 이해하는 마음이 필요하다. 그들이 무엇을 원하고 있는지, 어떤 말을 하기 위해 그러한 행동을 했는지, 현재 심정은 어떤지에 대해 자유롭게 표현할 수 있도록 지지와 격려, 들으려는 자세가 필요하다. 많은 프로그램(음악치료, 미술치료, 요리치료, 아로마 치료)을 통해 청소년들에게 그 시간이 너에게는 의미 있고 도움 되는 것을 인식할 수 있도록 도와주어야 된다. 또한 활동을 통해 자신의 생각을 정리할 수 있도록 충분한 시간을 주어야 하며, 청소년 입장에서 그들의 눈으로 표현할 수 있도록 새로운 방식들을 활용해 보는 것도 좋은 방법이 될 것이다.

CHAPTER 06

사이버폭력 및 사이버(게임, 음란물, 스마트폰 등)중독

1. 사이버폭력

1) 사이버폭력의 정의

사이버폭력이란 인터넷, 휴대전화 등 정보통신기기를 이용하여 학생들이 특정 학생들을 대상으로 지속적인·반복적으로 심리적 공격을 가하거나, 특정 학생과 관련된 개인정보 또는 허위사실을 유포하여 상대방이 고통을 느끼도록 하는 일체의 행위를 말한다.

2) 사이버폭력의 원인

2011년 컴퓨터교육학회 논문지에서 사이버폭력에 영향을 미치는 변인들 간의 구조관계를 조절의지, 사회적

정체성, 규범의식을 사이버폭력에 영향을 미치는 변인으로 설정하고, 인터넷의 주요한 속성인 익명성이 이러한 변인들과 사이버폭력 행위에 미치는 영향을 분석하였다. 분석결과, 정체성, 규범의식은 사이버폭력에 직접적인 원인으로 나타났다. 익명 상황은 사이버폭력과 직접적으로 영향관계는 없었으나 정체성과 규범의식에 영향을 미치므로 사이버폭력에 간접적으로 영향을 미치는 것으로 나타났다. 즉, 익명 상황은 정체성을 왜곡시키고 규범의식을 떨어뜨리는 원인이며, 이로 인해 사이버폭력행위가 유발되는 것으로 예측되었다.

3) 청소년의 폭력피해경험, 사이버폭력 가해행동의 관련성

학교폭력이 사이버상으로 빠르게 확장되면서 현실폭력과 사이버폭력이 혼재하는 현상이 일어나고 있다. 2012년 한국아동복지학회에서는 청소년 폭력피해경험과 사이버폭력 가해행동의 관련성을 갖고 청소년이 사이버폭력에 이르게 되는 경로를 경기도와 충청북도, 전라북도에 거주하는 중·고등학교 재학생 1,303명을 대상으로, 자기기입식 설문지를 사용하여 수집한 자료를 구조방정식 모형으로 분석하였다.

구체적으로 폭력 피해 청소년이 시간이 지나면서 가해자가 되는 메커니즘과 현실에서의 피해경험이 사이버상에서의 가해행동으로 진행되는 과정에서 폭력피해경험이 높은 청소년이 사이버상의 폭력 사용에 아무런 제지가 없고 허용적일수록 다시 폭력으로 갈등을 해결하려 하는 폭력의 상호성을 확인하였다. 이렇듯 개인의 폭력에 대한 태도가 현실폭력은 물론, 사이버상에서도 폭력피해경험이 가해행동의 위험요인으로 작용함을 알 수 있었다.

또한 사이버폭력의 무차별성이 문제로 지적되고 있어 청소년의 사이버폭력 대상을 아는 사람과 모르는 사람으로 구분하여서도 살펴보았다. 연구결과, 청소년의 폭력에 대한 태도는 폭력피해경험(가정폭력, 학교폭력, 사이버폭력피해경험)과 불특정인과 특정인에 대한 사이버폭력 가해행동 관계에서 일정 부분 매개 역할을 하는 것으로 확인되었다.

4) 청소년의 사이버폭력 피해경험과 정서조절

사이버폭력은 청소년들이 경험하고 있는 가장 심각한 문제 중 하나이다. 2012년 한국진로상담학회 학술지는 청소년들 중 얼마나 많은 학생들이 사이버폭력을 경험하고 있으며, 그 빈도는 어느 정도인지 살펴보고, 사이버폭력의 피해를 입은 학생들이 느끼는 부정적 감정과 대응방식, 사이버폭력 특징별로 나타나는 부정적 감정의 정도를 살펴보았다. 청소년의 사이버폭력 피해경험이 스트레스를 유발하고 정서조절에 미치는 영향을 서울경기지역 초·중·고등학교에 재학하는 664명을 대상으로 사이버폭력 경험 빈도, 경험한 감정, 대응방식, 유형별 감정 정도, 정서조절 능력을 묻는 설문을 실시하였다.

그 결과, 총 응답자 664명 중 35.7%가 지금까지 사이버폭력을 경험한 것으로 나타났다. 사이버폭력 피해자들이 가장 많이 느낀 감정은 짜증나는 감정이었으며, 화난, 당황한 등의 감정을 느끼는 것으로 나타났다.

가장 많이 보인 행동반응은 신경 쓰지 않고 무시하는 것이었으나, 상대방에게 똑같은 방법으로 복수하거나 다른 사람에게 사이버폭력을 가했다는 학생 또한 20% 이상이었다.

그리고 채팅과 같은 상호작용 공간에서의 폭력보다는 일방적으로 댓글이 달리는 등의 폭력이 더 화가 나도록 만드는 것으로 나타났다. 사이버폭력 피해경험 후 스트레스에 통계적으로 유의한 영향을 미치는 변인으로 계속 떠올림과 긍정적 재평가가 선정되었다.

5) 사이버폭력의 피해자 지원에 대한 개선방안

사이버 공간에서의 폭력이 최근 그 정도를 더해가고 있으며 이는 피해자에게 극심한 정신적 고통을 초래할 뿐만 아니라 건전한 사이버문화를 저해하고 있다.

2012년 한국컴퓨터정보학회지에서 사이버범죄는 비대면성, 익명성, 무제약성,

증거 확보의 어려움 등을 특징으로 하며, 이러한 사이버범죄 중 사이버폭력은 사이버모욕, 사이버명예훼손, 사이버스토킹, 사이버음란물유포 등의 형태로 나타나는데 이에 대한 실질적인 대책이 미흡하여 사이버폭력의 특징 및 실태에 대한 대책으로 실정법상의 사이버모욕죄의 신설, 인터넷실명제의 도입, ISP의 책임의식 강화 및 형사처분을 위한 관련 입법이 필요하며, 보다 근본적인 대책으로 네티즌의 자정노력과 피해예방을 위한 체계적인 교육 및 홍보가 이루어져야 한다고 하였다.

2. 사이버(게임, 음란물, 스마트폰)중독

1) 중독의 정의

중독addiction이란? 라틴어 어원은 addicere으로 "양도하거나 굴복하는 것"이다. 고대 로마법정에서 중독자addict는 잡혀서 감금된 노예나 주인에게 넘겨진 사람으로 노예들은 어떤 사물들에 대한 소유권을 잃어버린 사람이 아니라, 자기 자신들에 대한 소유권을 상실한 사람들이다. 대부분의 경우 중독자들은 의식적으로 그렇게 하려는 의도 없이, 그들의 통제를 넘어 유전적이고 환경적인 요인들의 결과로서 그들 스스로 그 무엇에 노예가 된다.

중독은 너무나 많은 부작용과 고통이 있음에도 불구하고 중독에서 벗어나지 못하는 이유를 설명하기 위해서, 영적 전통spiritual traditions에서는 애착attachment이라는 말을 사용했다.

고대 프랑스어로 아따슈attache는 "그 무엇에 못을 박는다"는 뜻이 있고 우리나라 말로 그 무엇에 '인 박힌다'는 뜻이다.

즉, 중독이란 어떤 물질, 대상, 사람이나 행위에 인이 박힌다는 의미이다. 인이 박히면 욕망이 그 무엇에 예속되면서 중독이 일어나는데, 그 과정을 애착이라 한다. 애착은 욕망을 노예로 삼아 중독상태를 창조한다.

2) 게임, 미디어 중독 현황

요즘은 다섯 살짜리도 인터넷을 할 줄 아는 정도의 시대이다. 세계 최고의 초고속 인터넷 통신망을 자랑하는 우리나라에서 인터넷은 마치 '숨 쉬는 공기'와 같이 우리 곁에 자리 잡고 있다. 심리학적인 관점에서 보면, 사이버 공간은 '자기표현과 인간관계가 동시에 이루어지는 심리적 공간'이라 할 수 있다(황상민, 2004). 개인은 이 공간에서 숨으려고 하기보다는 될 수 있는 대로 표현하려고 한다. 이 공간에서는 또 다른 나의 역할이 또 다른 방식으로 나를 표현하고, 또 다른 나의 삶을 만들어 간다. 이렇게 사이버 공간에서 개인은 새로운 자신의 모습을 창출해 내고, 또 그렇게 창출한 '나'를 알려서 새로운 관계를 형성해 간다. 그러다 보면 인터넷상의 가상의 공간이 현실에서 이루지 못한 꿈을 이룰 수 있는 기회의 장이 되기도 한다.

정체성의 혼란을 겪는 청소년 시기에는 이러한 과제를 함께 나눌 수 있는 또래집단이 매우 중요하다(나은영, 2006), 청소년은 또래집단과 몸이 떨어져 있을 때도 인터넷을 통해 채팅을 하고 게임을 즐기기도 하는 등 끊임없이 교류를 한다. 이처럼 시공간을 초월하여 또래집단과 마음을 연결할 수 있는 고리가 된 인터넷은 청소년에게 매우 중요한 의사소통 수단이 되고 있다. 또한 청소년은 생활에서 받은 스트레스를 인터넷 게임에 대한 몰입으로 풀기도 한다. 특히 과도한 입시경쟁 속에 억눌린 열정과 억제된 욕구를 인터넷 게임이라는 탈출구를 통해 해소하려는 모습을 자주 볼 수 있다. 이렇듯 인터넷은 현실에서 잠시 벗어나 쉴 수 있는 공간이 될 수도 있지만, 그 도가 지나치면 현실에서 도피하려는 경로로 악용될 수 있다. 인터넷 중독 경향의 마음에는 어떤 탈출 욕구가 반드시 존재한다. 인터넷에 빠져드는 사람은 우울하고 외로운 상태이며 자격지심이 있고 불안과 걱정에 시달리면서 감정을 억누르고 있는 상태에 처한 경우가 많다. 더군다나 인터넷의 익명성은 자신의 정체를 드러내지 않고 욕구를 마음껏 드러낼 수 있는 기회도 제공해 준다. 그러나 컴퓨터를 끄고 나면, 현실세계의 문제가 되살아나고, 상황은 더 어렵게 느껴진다. 우울함이 깊어지고 외로움이 심해지며 가족이나 친구를 소홀히 했다는 생각에 죄책감이 더해진다. 이렇게 되면 컴퓨터를 껐을 때의 고통을 겪고 싶지 않아서라도 더 오래 온라인에 머물고 싶어 한다. 이것이 바로 인터넷 중독이다.

(1) 인터넷 중독 정도에 따른 형태적 특성

① 인터넷 이용시간이다. 인터넷 중독의 정도가 심할수록 하루 평균 인터넷 이용시간이 긴 것으로 나타났다. ② 인터넷을 주로 이용하는 장소다. 인터넷을 이용하는 주 장소는 집인 경우가 가장 많았지만, 인터넷 중독 정도가 심할수록 PC방에서 이용하는 비율(고위험 사용자군 11.6%, 잠재적 위험 사용자군 7,9%, 일반 사용자군 3.8%)이 높게 나타났다. ③ 인터넷을 이용하는 주요 목적이다. 인터넷 중독 정도가 심할수록 게임을 더 많이 하는 것으로 나타났다(고위험 사용자군 72.5%, 잠재적 위험 사용자군 56.8%, 일반 사용자군 42.4%). ④ 인터넷 이용 관련 비용 지출이다. 인터넷 중독 정도가 심할수록 인터넷 이용 관련 비용 지출이 많아지는 것으로 특히 고위험 사용자군은 일반 사용자군에 비해 4배 정도의 금액을 지출하는 것으로 나타났다. ⑤ 인터넷 커뮤니티 활동이다. 고위험 사용자군과 잠재적 위험 사용자군은 각각 4.2개의 커뮤니티에서 활동하고 있어 일반 사용자군에 비해 많은 것으로 나타났다. ⑥ 온라인 게임 이용이다. 고위험 사용자군의 온라인게임 이용 비율은 84.8%로 잠재적 위험 사용자군(76.4%)과 일반 사용자군(62.6%)에 비해 높았으며, 고위험 사용자군은 주 평균 8.3시간, 잠재적 위험 사용자군은 7.1시간, 일반 사용자군은 3.5시간을 이용하는 것으로 나타났다. 특히 청소년의 경우는 고위험 사용자군이 주 평균 9.3시간 동안 온라인 게임을 이용하는 것으로 나타나 중독 정도가 더욱 심각하였다. 인터넷 중독 정도가 심할수록 온라인 게임에서처럼 현실에서 실현하고 싶은 욕구 정도와 게임 세계에 소속감을 느끼는 정도가 높은 것으로 나타났다. 또한 인터넷 중독 정도가 심할수록 온라인 게임 조절 가능 정도에 대한 평가도 낮게 나타났다. 즉, 인터넷 중독의 정도가 심각할수록 온라인 게임을 줄이거나 적절하게 조절하는 것을 어려워한다는 것을 알 수 있다. ⑦ 메신저와 온라인 채팅 전용 사이트를 통한 채팅시간은 인터넷 중독 정도가 심할수록 길어지는 것으로 나타났다. 그리고 자신의 온라인

채팅 조절 정도에 대해서도 중독 정도가 심할수록 사용 조절이 안 된다고 응답한 비율이 높게 나타났다.

(2) 인터넷 이용에 따른 인식적 특성

① 고위험 사용자군은 인터넷 이용에 대한 긍정적인 인식이 높은 반면, 부정적인 인식은 낮은 것으로 나타났다. ② 인터넷 이용에 대해 주변 사람이 통제하려고 할 때의 고위험 사용자군(42.1%)과 잠재적 위험 사용자군(49.5%)은 짜증을 내는 정서적 반응이 가장 많았고, 일반 사용자군은 감정적 반응을 하지 않는다는 비율(35.8%)이 나타났다. 자신의 인터넷 이용에 대한 통제 시 행동적 반응으로 일반 사용자군은 바로 컴퓨터를 끈다는 비율(42.3%)이 높았지만, 고위험 사용자군과 잠재적 위험 사용자군은 무시하고 계속 사용하거나 투덜거린다는 비율이 높게 나타났다. 이는 인터넷의 과도한 사용이 가족 간의 불화를 이끌 수 있다는 것을 예측하게 하는 부분이다. ③ 인터넷 이용에 따른 부정적인 영향에 대해 모든 사용자군에 수면 부족 등의 건강 악화(고위험 사용자군 67.3%, 잠재적 위험 사용자군 55.1%, 일반 사용자군 56.4%)라고 반응한 비율이 가장 높았다. ④ 인터넷상의 교류에 의한 실제 생활의 변화에 대해 고위험 사용자군은 현실에서의 대인관계는 더욱 줄어들고(15.3%), 인터넷상에서 다양한 사람들과의 만남으로 대인관계 폭이 넓어졌다(36.7%). ⑤ 인터넷 이용에 대한 자가진단 결과, 고위험 사용자군과 잠재적 위험 사용자군의 경우 자신의 인터넷 이용이 심각한 편이라는 응답이 높게 나타나 인터넷 이용에 문제가 있음을 스스로 인정하고 있음을 알 수 있다(김혜수, 2006). 그러나 청소년 고위험 사용자군의 경우 자신의 인터넷 이용이 심각하지 않다고 응답한 비율(80.2%)이 잠재적 위험 사용자군(29.0%)보다 월등히 높아 스스로의 심각성을 자각하지 못하고 있는 것으로 나타났다.

청소년의 경우 인터넷 중독 수준이 높을수록 학습이라는 장기적인 만족보다 인터넷을 하고 싶은 즉각적인 만족을 더 추구하게 된다. 또한 이러한 충동을 억제하지 못하여 인터넷에 몰입하게 되면 결국 학습결손이 이루어지는 결과를 초래할 수 있다. 특히 온라인 게임이 주는 오락과 대인관계 형성이라는 즐거움은 입시라는 현실로부터의 탈출구 역할을 하여 이에 더욱 집착하게 하는 양상을 낳는다. 심각한 경우 인터넷 중독은 ADHD, 우울, 불안장애(사회공포증) 등 정신병적으로도 문제를 일으키며 병원에서 치료받아야 하는 질병이 되기도 한다(김남희 외, 2008).

게임 관련 사이버 범죄도 점점 늘어나고 있는 상황이다(김성벽, 2006). 남의 명의를 도용한다거나 게임 아이템 불법 현금 거래, 해킹 등의 인터넷 범죄 건수가 2001년에는 5,052건에 불과했으나 2005년에는 3만 7,828건에 이르고 있는 것으로 나타났다. 그런 의미에서 이제부터라도 바람직한 인터넷 사용을 위한 감독과 교육이 절실하며 인터넷 사용 교육은 자기통제력을 길러 주는 방향으로 이루어져야 한다(나은영, 2006). 따라서 인터넷 사용자 스스로가 자기 내부에서 인터넷을 통제할 수 있는 능력을 지닐 수 있도록 하는 데 초점을 맞춘 훈련을 실시하는 것이 바람직하다.

(3) 게임문화의 부작용

청소년들에게 온라인 게임을 하는 이유를 물어 보면 대부분 "재미있으니까요."라고 답변한다(양철진, 2006). 하지만 실제로 게임을 하는 게이머의 내면에는 또 다른 욕구들이 내재되어 있다는 것을 간과해서는 안 된다. 한 연구에 따르면, 온라인 게임을 하는 청소년의 내면에는 지위 향상의 욕구, 관계의 욕구, 한탕주의 욕구가 숨어 있다(성육숙, 이소희, 2003). 여기서는 이러한 욕구들과 관련된 게임문화와 그것이 초래할 수 있는 부작용을 살펴보고자 한다.

① 지위 향상의 욕구다. 게임을 하는 사람이라면 누구나 가상세계에서 최고가 되어 하고 싶은 대로 다 하면서 제대로 살아보고 싶은 마음이 있는 것이다. 하지만 지존을 향한 꿈을 이루려면 엄청난 시간과 돈을 투자하며 게임에 매달려야 한다. 일상생활을 포기한 채 밤늦게까지 컴퓨터 앞에 앉아 있게 하는 요인이 되고 있다.

② 관계의 욕구다. 게임은 단순한 공통적인 관심사 이상의, 서로의 생존을 위해

의지하는 관계형성의 장이다. 참여자는 새로운 사회적 관계나 사회적 상호작용 속에서 새로운 자신의 모습을 창조하는 경험을 하게 된다. 조직에 가입하는 이유가 공동체를 위한 이익추구라기보다는 조직을 통해서 싸움을 잘하고자 하거나 싸움을 할 때 도움을 얻고자 하는 등의 현실적인 이익을 추구하기 위한 것이라는 점도 간과할 수 없다(양철진, 2006).

③ 한탕주의 욕구다. 이 욕구는 게임의 아이템과 관련이 된다. 리니지는 생존을 위해서 기본적인 장비들이 필요한데, 여기에는 각종 일반 아이템(고기, 물, 약, 주문서, 마법 막대, 반지), 무기(검, 창, 활, 도끼), 방어구(투구, 방패, 갑옷, 망토, 신발), 기타 아이템(아데나, 양초, 램프, 래넌, 배표 등)들이 있다. 대부분의 아이템들은 상인에게 아데나(돈)를 주고 구입하지만, 고급 아이템들은 모두 전투를 통해 얻게 된다. 결국 아이템은 곧 그 사회에서 얼마나 생존능력이 있는가를 보여주는 것이다. 내가 남보다 더 잘 살기 위해서는 남보다 더 좋고 강한 아이템을 가져야 한다(황상민, 2004). 만일 희귀한 아이템을 가지고 있으면 다른 캐릭터와 싸워서 이길 수도 있고 현실에서 비싼 값에 팔 수도 있다(성육순, 이소희, 2003). 이런 시스템이 혹시나 내게 좋은 아이템이 떨어지지 않을까 하는 한탕주의 욕구를 부추겨 허황된 꿈을 가지고 계속 게임에 몰입하게 만들기도 한다. 그러다 보면 돈벌이 목적으로 게임에 몰두하기도 하고, 심한 경우 아이템을 빼앗기 위해 해킹이나 절도를 하거나 돈만 받고 아이템을 넘겨주지 않는 사기행위를 하기도 한다(윤길준, 2001). 온라인 게임상에서 폭력성 문제로 대두되고 있는 'PK피케이, player killing'도 아이템 획득과 관련이 된다. PK는 게임상에서 다른 이용자의 캐릭터를 죽이는 살인행위다. 사실 PK 자체의 폭력성도 문제이지만 PK가 현실로까지 이어질 경우(일명 '현피') 더욱 문제가 된다. 현피란 '현실'의 앞글자인 '현(現)'과 PK의 앞글자인 '피(P)'의 합성어다. 즉, 온라인상에서 시비가 붙은 사람들이 결투를 신청하고 실제로 만나 다투는 행위를 말한다.

그들의 사이버 세계에서는 새로운 방식으로 의미 있는 관계를 맺고 그 속에서 현실과는 다른 자기만의 개성을 새로이 설계하고 또 새롭게 표출한다. 통합된 자기감이 발달할 수 있으며, 현실에서 접할 수 없는 다양한 역할과 인간관계를 경험할 수 있는 장이 된다. 그들은 게임에서의 경험이 가상의 경험이라고 결코 비하하지 않는다. 그들에게는 진짜 경험인지 아닌지를 가리는 것보다 자신이 경험하는 것이 무엇인가를 아는 것이 더 중요하다. 또한 그들은 사이버 공간에서 일어나는 일이 현실과 유사한 모습을 가질 수 있음은 인정하지만 현실과는 다른 의미를 가진다고 생각한다. 그 도가 지나칠 경우 다양한 부작용이 생길 수 있다는 점이다. 그리고 그 부작용은 게임을 하는 당사자에게 가장 먼저 다가온다는 사실이다.

3) 청소년 게임, 미디어 중독 요인

(1) 인터넷 자체의 매력

편리성, 익명성, 현실 탈출이 사이버 공간의 주된 특성임과 동시에, 사이버 공간에 들어온 이용자는 접근 가능성, 통제감, 흥미감을 만끽할 수 있다는 것이다. 이 외에도 영Young은 사회적 지지와 숨은 성격적 문제의 발현, 인정 욕구, 성적인 만족 추구, 사회적 영향력 등을 사이버 공간의 대표적 특성이라고 지적하였다.

(2) 이용자의 개인 특성

이용자의 개인 특성은 성격적 특성과 인구통계학적 특성으로 나눌 수 있다. 먼저 성격적 특성을 살펴보면, 영Young과 로저스Rogers는 이미 심각한 정서적 문제나 자아존중감이 낮은 사람, 이전에 중독 경험이 있었던 사람, 자신의 정체감에 불만이 있는 사람 등이 인터넷 중독이 쉽다고 지적하였다. 또 인터넷에 과도하게 몰입하는 사람은 일반인보다 부정적인 일이 일어날 것을 더욱 크게 생각하며 걱정하는 인지적 왜곡의 경향을 보인다. 이들은 과일반화, 이분법적 사적 왜곡, 부정적 사건의 극대화, 선택적 추상과 같이 우울, 낮은 자아존중감을 가진 사람이 보이는 왜곡된 인지를 보인다.

(3) 환경적 요인

우선 영(1998)은 가족 내에서 인터넷 중독 환자로 진단되는 것은 실질적으로 문제를 일으킨 자녀이지만, 진짜 문제는 바로 그 가족 내에 있을 수 있다는 점을 지적하였다. 또래의 영향력 또한 청소년에게서 빼놓을 수 없는 주요 변인(천정웅, 2000)으로, 정상적인 또래관계가 이루어지지 못하고 사회적 고립이 될 경우, 청소년은 비행에 음주문제, 우울증에 이르기까지 여러 가지 문제행동 및 부적응을 일으킬 수 있다.

① 자신과 유사한 갈등을 겪고 있는 친구를 통해 동정적인 피드백과 정서적 안정감을 제공받음으로써 사회적 지원과 안정감을 찾게 된다. ② 급격한 변화를 겪는 청소년기에는 자신의 경험과 행동을 판단하는 데 기준이 되는 준거집단이 더 필요하게 되는데, 또래집단이 바로 준거집단의 역할을 한다. ③ 청소년은 여러 형태의 또래집단에 참여함으로써 상호성, 협동심 등 보다 성숙한 인간관계를 형성할 기회를 갖게 된다. ④ 또래와의 상호작용을 통해 격려 받음으로써 자신의 정체감을 추구하는 과정에서 또래집단이 중요한 역할을 한다(천정웅, 2000). 그밖에 건전한 놀이문화 및 가족과의 여가활동의 결여(박부진, 2000), 적절한 통제력을 배양해 주는 양육 문화의 부재(성윤순, 2000), 정부 차원의 적극적인 정보화 주도정책에 따른 갑작스러운 인터넷 보급률 상승, 이윤만 추구하는 인터넷 기업의 영향(김성천, 2002) 등의 사회문화적 요인이 인터넷 중독을 부추기는 요인이 될 수 있다.

4) 증상 및 공존병리

(1) 진단기준

행동 중독의 한 유형인 인터넷 중독은 물질 사용에 따른 중독과 마찬가지로 금단, 내성 증상을 보이는 심리적 장애로서, 심각한 사회적, 정신적, 신체적 및 금전적 장애를 초래하는 현상이다. '병리적 인터넷 사용' 인터넷 중독에는 두 가지 뚜렷이 구분되는 유형이 있다. '특수한 병리적 인터넷 사용'과 '일반화된 병리적 인터넷 사용'이 그것이다. 특수한 병리적 인터넷 사용은 인터넷의 특수한 기능에만 의존하는 것이다. 예를 들어, 온라인 섹스 서비스, 온라인 주식 거래, 온라인 도박, 온라인 경매 서비스 등을 과다 사용하거나 남용하는 행위다. 인터넷이 없더라도 다른 경로를 통해 충분히 존재할 수 있는 병리 현상이다. 일반화된 병리적 인터넷 사용은 일반적이고 다차원적인 인터넷 과다사용을 말한다. 즉, 뚜렷한 목적 없이 온라인상에서 많은 시간을 보내는 것이다. 온라인을 통해 사회적 접촉과 강화를 얻으려는 욕구에서 인터넷에 병리적으로 집착하는 현상이다. 일반화된 병리적 인터넷 사용자는 인터넷에 소모되는 시간 때문에 현실생활에서 자신의 책임을 미루는 경향이 있어 생활 기능상에 심각한 문제를 초래할 수 있다. 인터넷 자체에 대한 중독성에 대해서는 일반화된 병리적 인터넷 사용의 경우가 더욱더 심각한 문제를 가지고 있다고 볼 수 있다.

(2) 증상

인터넷에 대한 강박적인 사고, 인터넷 사용을 멈출 수 없음, 내성, 충동 통제 감소, 인터넷을 자신의 유일한 친구라고 느끼면서 사회적으로 철수함, 자신의 인터넷 사용을 타인에게는 비밀로 해야 한다고 생각하면서 온라인 사용에 대해 죄책감을 느끼는 등의 증상을 나타낸다(Davis, 2001; Young, 1999). 또한 금단 현상과 내성은 중독을 결정짓는 중요한 근거이다.

① 금단 현상

금단 현상은 어떠한 물질을 사용하지 않으면 특징적인 금단 증후군이 나타나거나 이러한 금단 현상을 없애기 위해 같은 물질이나 유사한 물질이 필요한 경우를 말한다(권석만, 2006). 과도하게 인터넷을 사용하던 사람이 인터넷을 사용하지 않게 되면 특정한 금단 현상이 나타난다. 인터넷 중독의 특징적인 금단 현상으로는 초조, 불안, 강박적인 사고, 환상이나 백일몽, 손가락의 수의적 또는 불수의적 자판 두드리기 등을 들 수 있다. 접속하기 전에는 긴장이 고조되었다가 접속 후에는 긴장이 순간적으로 해소되면서 심지어 쾌감을 느끼는 경우도 있다(조찬신, 2000).

② 내성

내성이란 중독성 물질을 사용하면 할수록 그 효과가 감소하는 현상을 말한다. 인터넷도 사용하면 할수록 더욱더 몰입하게 되고, 같은 정도의 만족을 얻기 위해서는 사용시간을 늘려야 하는 내성이 생긴다,

③ 일상생활 장애

인터넷 중독은 일상생활에 심각한 장애를 초래한다. 직장인은 업무능률이 현저히 떨어져 직장을 잃기도 하고, 학생은 학업성적이 저조해지고 심하면 학교를 그만두기도 한다. 또한 인터넷에 빠져 혼자 있는 시간이 많아지며 친구를 만나지 않고 다른 취미활동에도 무관심해진다. 가족과 보내는 시간이 줄어들고 가족과도 멀어진다. 청소년의 경우 부모와 대립하다가 가출을 하기도 하고, 성인은 배우자와 갈등을 일으켜 별거나 이혼으로 이어지기도 한다(조찬식, 2002).

④ 현실지각력 상실 및 범죄

가상과 현실을 구별하지 못하는 증상은 인터넷 중독의 심각한 부분이다. 사용시간을 정확하게 알지 못하는 것이다. 게임에 과도하게 몰입된 중독자는 현실과 가상세계를 혼동하여 실생활에서 게임에서 나타난 폭력성이 그대로 현실에서도 나타나 강도, 자살, 살인 등의 강력 범죄로 연결되기도 한다. 인터넷상의 아바타를 마치 자신의 분신처럼 여기는 인터넷 사용자들은 아이템의 가치를 엄청나게 높이 간주한다. 타인의 계정 도용은 해킹 등의 방법으로 타인의 아이디와 패스워드를 알아내어 상대방의 계정에서 아이템을 훔쳐 가는 것이다. 사기는 아이템을 팔겠다고 해 놓고는 돈만 챙기고 물건을 주지 않는 경우이고, 폭력은 아이템을 뺏기 위해 현실의 아이템 주인을 협박하거나 폭력을 휘두르는 것이다. 또한 절도는 아이템을 현금으로

사기 위해 부모의 돈을 훔치거나 도둑질을 하는 경우를 말한다. 이러한 행위들은 궁극적으로는 사이버 세상을 위한 행동이라지만 절대로 사이버 세상에서 일어나는 행동은 아니다. 실제 세상에서 일어나는 명백한 범법행위다(황상민, 2004).

⑤ **신체적 증상**

인터넷 중독은 게임에 과도하게 몰두한 청소년들이 공통적으로 호소한 증상으로 어깨 결림, 피로, 소화불량, 요통 등으로 다양하였다. 게임중독은 수면장애를 유발하는 경우가 대부분이다. 또한 장기간 컴퓨터 화면을 보기 때문에 눈이 건조해지거나 충혈되는 증상이 나타나기도 한다. 심하면 시력이 저하되어 근시가 될 수도 있다. 불안정한 자세가 지속되어 척추에 부담이 가고 목 근육과 인대가 늘어나는 거북목 증후군이 발생할 수 있다. 영양결핍증, 체력 저하, 손목 결림, 팔꿈치 관절에 생기는 통증인 테니스 엘보, 요통, 위장장애 등을 들 수 있다. 심한 인터넷 게임 중독은 심혈관에 무리를 주어 죽음에까지 이를 수 있다.

⑥ **정신병리**

게임중독에 걸리면 강박이나 심리적인 불안상태에 빠질 수 있고 성격이 폭력적으로 변하는 경우도 있다. 인터넷 중독은 ADHD를 비롯하여 우울증, 사회공포증, 강박장애, 충동통제장애 등과 같은 정신병리를 심화시키는 경향이 있는 것으로 알려져 있다.

한 연구에 의하면 어떤 게임 장르를 즐겨 하느냐에 따라 나타나는 병리적 증상이 다르다고 한다. 즉, 롤플레이 게임RPG을 즐겨 하는 청소년들은 1인 슈팅 게임FPS에 비해 외현화된 행동문제는 낮지만, 우울증 등 심리적 고통이나 불안정 등 내적인 정서문제는 높은 것으로 나타났다. FPS 게임은 충동적인 청소년이 조급함과 충동성을 충족시키기 위해 하는 반면, RPG는 사회적으로 위축과 심적 고통을 겪는 청소년이 고통스러운 현실이나 부정적 정서를 피하기 위해 몰두할 가능성이 높은 것으로 그 이유를 추정할 수 있다.

5) 청소년 게임, 미디어 중독 치료적 접근

(1) 인지행동치료 관점에서 본 인터넷 중독

인지치료 접근은 부정적인 정서에 영향을 주는 역기능적인 인지구조를 변화시켜서 인간의 부정적인 감정이나 행동을 감소시키거나 변화시키는 치료방법이다(Beck, 1976).

인지행동적 관점에 따르면, 사람이 특별한 상황을 해석하는 인지방식은 그들의 감정, 동기 및 행동에 영향을 준다. 여기서 말하는 중독적인 행동에 대한 습관이란 갈망이나 욕구와 관련된 것으로서, 갈망이 일어나면 충동적이 되고 이전에 했던 행동을 자동적으로 반복하게 되는 것을 의미한다. 인터넷 중독자의 신념체계에서 인터넷을 사용하면 내적인 긴장이 감소될 것이다. 인터넷에 대해 가지는 내적인 가치체계나 믿음 때문에 사람은 인터넷을 습관적으로 사용하게 된다는 것이다. 인터넷 중독자들이 갖고 있는 신념에 대해 일반적인 핵심 신념과 구체적인 중독적 신념으로 다음과 같이 설명하였다. 불쾌한 감정이나 스트레스를 받는 상황에서 벗어나는 유일한 방법은 인터넷을 사용하는 것이다. 나는 심리적으로 어떤 문제만 있으면 항상 인터넷을 사용해야 한다. 이러한 중독적 신념은 다음과 같은 핵심 믿음 또는 신념에 뿌리를 두고 있다.

즉, '능력'과 관련된 핵심 믿음으로부터 중독적 신념이 촉발될 수 있다. 이러한 핵심 믿음에는 '나는 무능력하다, 열등하다, 약하다, 무기력하다, 실패자다'라는 사고가 있다. 또 다른 핵심 믿음은 '사랑과 인정'에 관련된 것으로서, '나는 사랑받을 가치가 없다, 아무도 나를 좋아하지 않는다, 다른 사람에게 거부당할 것이다'라는 핵심 신념으로부터 중독적 신념이 활성화된다. 대부분의 인터넷 중독 청소년들은 한결같이 인터넷이 없으면 살맛이 안 난다고 이야기하였으며, 성인 인터넷 중독자들은 대체로 자신의 가족, 직업, 결혼상황에 대해 부정적으로 지각하고 있었다. 이러한 과정을 거쳐 중독자들은 자신이 부정적으로 해석한 상황에 대한 도피수단으로 인터넷을 선택하게 된다.

핵심 신념은 인터넷을 사용하는 사람들의 가장 밑바닥에 있는 신념을 말하는데, 이러한 신념은 표면에 잘 나타나 있지 않다. 그러나 중독적 신념은 인터넷을 사용할 때마다 작동하며 발견하기 쉽다. 중독적 신념의 작동 경로는 예측 신념이 활성화된 후 인터넷 사용에 대한 갈망상태가 나타나고, 다시 인터넷 사용에 대한 촉진 신념이 활성화되는 것으로 이어진다. 촉진 신념과 더불어 중독자가 갖게 되는 대응적 신념은 갈등 신념이다.

중독자의 인터넷 사용 여부는 갈등 신념의 정도에 따라 다르다. 내담자가 인터넷 사용에 대한 허용과 통제 사이에서 갈등하고 있다면 심리적으로 불편감을 느낄 것이고, 이러한 불편감에서 벗어나기 위해 역설적으로 다시 인터넷을 사용하게 될 수 있다. 이때 고위험 상황에 처하게 되면 앞서 설명한 중독적 신념들이 활성화되면서 중독으로 이행될 가능성이 높아지게 된다(채규만, 박중규, 2002).

(2) 대상관계이론의 관점에서 본 인터넷 중독

인터넷 중독 문제는 청소년과 부모와의 관계문제에서 비롯되는 경우가 많으며, 사례개념화를 할 때에도 매우 유용하게 적용되었다.

대상관계이론에서 대상은 애정 또는 애착관계가 형성되는 사람을 지칭하는 것이다. 또한 관계는 그것이 내면적인 것이든 외면적인 것이든 실제하는 것이든 상상 속에 존재하는 것이든 간에 한 개인이 다른 사람과 갖는 상호작용을 의미한다.

마스터슨Masterson(1993)은 성인이 된 후에도 유기불안과 관련된 정서를 해결하지 못하게 되면 이 상실된 대상을 채우기 위해 필사적으로 대상을 대체할 수 있는 뭔가에 매달리게 되고, 이 대체물이 약물이나 다른 중독성 물질 또는 행위가 될 경우 중독이라고 부르게 된다고 하였다. 이처럼 대상관계이론에서는 중독의 원인을 중독자의 내면화된 대상관계의 문제로 이해하고 있음을 알 수 있다.

위니콧Winnicott(1984)은 초기 유아-어머니 관계에서 만약 유아에 대한 어머니의 적응이 충분하지 못할 경우, 유아에게 방어반응을 일으키게 하고, 이것은 유아의 존재함을 방해하고 소멸시킨다고 하였다. 이 방어반응이 환경에 순응하는 것이며,

이를 거짓 자기false self라고 명명하였다.

마스터슨 역시 대상 상실 및 유기와 관련된 해결되지 못한 정서는 개인을 자기 자신으로 살지 못하게 하고 환경에 순응하게 만드는데, 이러한 삶의 태도를 '거짓 자기'라고 하였다. 마스터슨은 거짓 자기가 삶을 지배하면 자아존중감이 현격하게 저하되는데, 이것은 자신의 삶이 의미 없고 공허하게 느껴지기 때문이라고 설명하면서, 이런 개인은 자신의 진짜 문제를 회피할 수 있는 껍데기 속으로 철수하여, 자신의 삶을 망친 현실적 문제들을 부인한다고 하였다.

또한 거짓 자기는 이러한 삶에 대한 공허감과 무력감, 우울증을 막아줄 다양한 병적 행위에 몰두하는데, 이러한 자기파괴적인 방식의 회피가 그 개인에게는 마치 '마약'과도 같은 것이 될 수 있다는 것이다. 거짓 자기는 실제로 개인으로 하여금 마약이나 술 또는 학대행위를 하도록 유혹하며, 어떤 경우에는 수동적이 되거나 과도한 백일몽, 무분별한 쇼핑, 과식 또는 만족감 없는 성관계 등의 막다른 행위를 탐닉하게 된다.

중독 대상들의 일차적인 역할은 독립과 자기표현에 관련된 공포의 회피, 즉 유기 우울증의 회피 역할만 할 뿐이다(Masterson, 1993).

청소년은 자아발달을 이루어 가는 과정에서 일차적 환경인 가정의 중요한 대상과 안정되고 일관된 관계, 즉 대상 항상성을 제대로 발달시킬 수 없게 되었을 때 공허감과 무력감, 분리splitting를 경험하며, 이차적 환경인 친구관계 속에서 자신의 대상항상성을 발달시켜 나가려고 한다.

이때 인터넷은 청소년이 친구관계에 소속되는 것을 촉진하는 역할을 하게 된다. 즉, 사이버 공간은 청소년에게 견고하게 보듬어주는 또 하나의 환경을 제공하는 역할을 하기 때문에 청소년의 관계 문제가 부적응적일수록 인터넷에 중독적으로 빠져들 가능성이 높아진다고 볼 수 있다. 대상관계이론의 접근으로 인터넷 중독 내담자를 상담할 때의 핵심은 내담자로 하여금 자신의 삶을 진실하게 되돌아볼 수 있고 자신의 내적인 상처와 왜곡을 성찰하며 그 속에서 자신의 '참 자기'를 자각할 수 있도록 한다.

위니캇은 어머니가 유아에 대해 충분히 적응해 줌으로써 '안아주는 환경'을 제공하게 되며, 이 안아주는 환경이 유아의 타고난 잠재력과 존재의 연속성을 지원하게 된다고 하였다.

이때 유아는 자신의 삶을 자발적으로 의미 있고 생생하게 경험하고 창의적으로 살아갈 수 있는데 이것이 '참 자기true self'다. 따라서 중독자가 자신의 참 자기를 자각한다는 것은 거짓 자기의 삶 즉, 대상 상실의 고통과 버려짐에 대해 불안을 회피하려고 무언가에 중독되는 것으로는 삶의 문제를 해결할 수 없음을 자각하게 하는 것이며, 이러한 고통스러운 감정들을 극복하고 진정한 참 자기로 살 때만이 자신의 삶에서 진정한 의미를 찾을 수 있다는 것을 자각하는 것이다.

물론 이러한 참 자기의 자각이 오랜 세월 지속되어 온 대상상실 및 유기불안과 같은 부정적인 감정들을 일시에 해결해 줄 수는 없겠지만, 이러한 자각을 통해서 자신의 중독의 원인을 이해하고 회복에 대한 올바른 노력을 전개해 감으로써 점차적으로 중독 대상에 대한 정서적 의존성을 줄일 수 있을 것이다.

(3) 인터넷 탈중독 과정

① **각성 전 단계** : 게임의 부작용을 그대로 경험하면서 '저항하기' 반응을 주로 보이는 상태

예 가족 중 누군가가 게임을 그만하라고 하면 반발하거나 화를 내는 등의 반응을 보인 경우

② **각성 단계** : 게임을 과도하게 하면서도 조절의 동기의 자각을 못하는 상황에서 주변에 적극적 개입 또는 어떤 계기를 통해 자발적으로 자신과 주변을 돌아보는 단계

③ **시행착오 단계** : 방황과 타협의 시기

예 부모 몰래 게임을 하거나, 게임행동을 조절하려고 마음을 먹었는데 함께 게임을 하던 친구의 눈치가 보여서 쉽사리 게임으로부터 손을 떼지 못하는 것

– 주변으로부터 지속적인 모니터링(점검하기)이 이루어짐

예 게임을 하면서도 자기 생활을 잘 조절하는 친구들의 모습을 보면서, 참여자들은 게임행동 조절에 긍정적인 영향 받음.

– 스스로 유혹 견디기(의지적 조절의 시작)

④ **실행 단계**: 본격적으로 자신의 게임행동을 조절하기로 결심

– 결심하기: 방황하기, 타협하기, 견디기의 반응을 보였던 참여자들은 목표 의식과 의지가 생겨나면서 변화하겠다는 결심을 하는 과정

– 대안행동을 찾아 실천하기: 애완동물 기르기, 컴퓨터를 다른 곳에 둠으로써 물리적 거리를 유지하기, 동생들의 컴퓨터 시간 지킴이의 역할하기, 각각 집에서 게임을 하는 것 대신 친구와 밖에서 만나서 쇼핑을 하거나 놀러 다니기, 운동하기, 게임시간 지킴 이 역할을 주변 사람들에게 부탁하기

⑤ **유지 단계**: 대안행동의 지속적 유지, 게임에 대한 욕구와 흥미의 감소

(4) 인터넷 탈중독을 위한 효과적인 대처방안

- 인터넷보다 더 즐거운 여가활동을 찾아보자.
- 한 달에 적어도 한 번은 가족과 시간을 보낼 즐거운 일을 만들어 보자.
- 가정에서 인터넷 사용 일지를 모든 가족이 기록하고 토론하자.
- 가족들과 긍정적인 대화를 나누도록 노력하자.
- 일주일에 한 번은 TV나 인터넷을 꺼 보자.
- 가족 홈페이지나 커뮤니티를 구성하여 가족의 역사를 만들어 가자.
- 자신의 강점을 찾고 개발하자.
- 꿈과 현재 모습의 거리를 확인하자.
- 가족 중에 인터넷을 과다하게 사용하는 구성원이 있다면 가족 모두의 문제로 인식하자.

CHAPTER 07

언어폭력 및 교사에게 욕설 및 폭행하는 학생 사례와 대처법

1. 언어폭력 사례와 대처법

1) 언어폭력의 정의

(1) 언어폭력이란

말하는 사람의 언어적 표현이 듣는 사람에게 매우 폭력적이거나 공격적인 느낌을 주게 됨으로써 상대방의 자아개념을 손상시키는 부정적 표현을 일삼는 행위를 말한다(Infante & Wigiey, 1986).

또한 언어폭력은 학교 내외에서 동료나 선후배들을 상대로 놀림이나 비난, 조롱, 심한 욕설, 헐뜯기 등의 행위로서 타인에게 욕설을 한다거나, 상대가 갖고 있는 신체상의 약점이나 특징을 과장·확대·선전하거나 성격, 행동상의 약점을 이용하여 별명을 부르거나 놀리고 조롱함으로써 피해학생의 자존심을 상하게 하여 정신적 피해를 주는 행위를 말한다.

(2) 사례

사례 1

한 여고생이 스마트폰 메신저인 카카오톡에서 집단따돌림과 욕설 공격을 받고 스스로 목숨을 끊은 사건이 일어났다.

스마트폰을 이용한 언어폭력이 새로운 형태의 폭력으로 등장한 것이다. 경찰에 따르면 카톡방이 열리고 한 명이 '공격'이라고 하면 그때부터 남학생 16명이 피해자에게 수도 없이 욕설을 퍼부었다고 한다. 이들 남학생 중에는 영문도 모른 채 집단 폭언에 참가했다고 한다. '사이버 언어폭력'과 '카톡 왕따'가 한 여고생을 죽음에 이르게 한 것이다(부산일보).

● 사전 예방 지도

그룹채팅과 같이 또래집단에서 벌어지는 사이버상의 언어폭력과 왕따는 현실 속의 언어폭력과 왕따보다 훨씬 심각할 수 있다. 사이버 공간에서의 언어폭력이나 왕따는 일반적인 폭력과는 달리 익명성이 있다는 것이 특징인데 직접 대면하지 않고 행해지다 보니 심한 말과 비난, 욕설 등이 일어난다. 또 동시다발적인 폭력이 한 학생에게 집중될 수 있기 때문에 피해를 받는 학생 입장에서의 심리적 충격은 더 클 수 있다. 선생님이나 부모에게 이 사실을 빨리 알리고 조치를 취하는 것이 가장 효과적인 대처법이다. 그리고 수신차단 및 무시를 하는 방법도 효과적인 방법이다. 하지만 피해학생은 따돌림 사실을 알리는 대신 혼자서 맞서려는 경향을 보인다.

사례 2

2012년 4월 26일 서울의 한 외고 학부모들과 학교 관계자의 말을 종합하면, 이 학교는 4월 12일 학교폭력대책자치위원회를 열고 지난 1년 동안 같은 반 학생들에게 언어폭력 등을 행사한 것으로 드러난 유학반 학생 12명 가운데 4명에게 '출석정지'와 '3주 내 강제전학' 조치를 결정했다. 피해학생과 목격자들의 진술서를 보면, 한 피해학생은 "수업시간에 OOO으로부터 '애미가 창녀인 새끼가.'라는 욕설을 교실에서 들었다. 또 전 시간에는 OO으로부터 '애는 완전 정신병자잖아', '너 정신병자 맞잖아?'라는 소리를 들었다"고 진술했다. 이 학생은 "그들은 저를 가지고 또 다시 '찌질이'라 놀리며 등 뒤에서 들어 올려서 공중에서 흔들었다"며"그것이 싫다고 분명히 거부했으나 낄낄대며 계속했고 머리와 다리, 어깨를 치고 찌르며 웃어, 너무 창피하고 모욕감이 들었고 아팠으며 참담했다"고 적었다. 이 학생은 급식실 등에서도 공개 망신을 당하자 점심을 굶기 시작했고, 스트레스로 통학버스에 타면 배가 아파오는 과민성 대장염에 시달리기도 했다.

올해 초에는 가해학생들이 한 여학생에게 학교 버스에서 "여기에 너 좋아하는 애 아무도 없으니까 내려, 나가"라고 공개적으로 조롱했다는 증언도 나왔다. 이를 목격한 한 학생은 진술서에서 "같은 반 성실한 학우들에게는 언어적, 정신적 피해를 주는 것이 그 무리들의 일상"이라고 밝혔다. 페이스북 등을 이용한 사이버폭력도 있었다(학교폭력예방 및 대책).

● 사안 해결

아이들은 아직 사회성이 발달하지 않았기 때문에 자기중심적이다. 그러나 고학년이 되어서도 공감능력과 사회성이 부족하고 다른 아이들보다 좀 더 눈에 띄게 이기적으로 행동하거나 말하는 아이들은 또래집단뿐만 아니라 후일 사회생활에서도 적응이 어렵다. 청소년기는 개인의 정체성이 확립되어 가는 과정에 있는 시기로 또래 영향이 그 어느 때보다 중요하다. 또래집단에 속하고, 또래에게서 인정받는 것이 생사를 결정할 만큼 삶의 중대한 가치기준이 된다. 따라서 다수의 성원들이 어떠한 일에 찬성하거나 가담하게 될 때, 그 일에 동참하지 않을 경우 배척당할 위험이 있기 때문에 집단행동에 참여하기도 한다(이성식, 전신현, 2000). 그래서 언어폭력 상황극을 통해서 서로 입장을 바꿔서 경험하게 하여 언어폭력을 당했을 때 감정과 가해했을 때 감정을 서로 나눠 보게 함으로써 언어폭력이 좋은 감정을 불러일으키지 않는다는 인식을 시켜 줌으로써 언어폭력을 줄이는 데 효과가 있다. 그리고 피해자들은 선생님이나 엄마에게 고자질을 잘하거나, 잘난 척 유창하게 상대에게 말을 하거나, 비싼 물건을 가지고 자랑을 늘어놓는 행동을 할 때 언어폭력의 타깃이 된다. 습관적 언어폭력은 학교에서 뿐만 아니라 가정, 사회에서도 일반적으로 쓰이게 되어 학생들의 인격적 발달에 장애를 가져올 수 있다. 가정에서, 사회에서 언어폭력에 대한 교육을 실시하거나 제재방안을 마련한다.

(3) 기타 일반적인 언어폭력 예

① 성격공격으로 상대의 성격을 부정적으로 말한다.

예 네 성격은 구제불능이야!

② 상대의 능력을 부정적으로 말함으로써 능력에 대한 공격을 한다.

예 공부도 못하는 주제에 망나니짓을 하다니!

③ 배경공격으로 상대의 집안 배경을 공격하는 표현을 사용한다.

예 쌍놈의 집안 자식이니 그렇지!

④ 상대의 모습이나 옷차림을 부정적으로 표현하는 외형적 공격을 한다.

예 호박에 줄긋는다고 수박 되냐?

⑤ 기타 여러 공격 형태인 저주, 희롱, 조롱, 협박, 욕설 같은 것을 사용한다.

예 벼락을 맞을 놈 같으니!, 너희 부모님이 그렇게 시키더냐?

⑥ 또한 정보통신상의 언어폭력은 핸드폰 문자서비스를 이용한 언어폭력과 인터넷 사용에 의한 악성 댓글 등 블로그나 트위터 등을 이용한 인신공격을 한다.

2) 언어폭력의 증가 원인

무언가족 및 가정해체의 증가로 인해 가정교육의 기능 약화가 일어나고 입시 위주의 학교교육으로 인한 충분한 인성교육의 부재와 가치관 혼란 및 비도덕적인 사회풍토가 맞물려 언어적 순화를 통한 인간성 교육이 상실되고 또한 감정을 드러내는 충동성 조절의 실패로 언어에서 폭력성이 드러나게 되었다.

3) 학생들의 언어폭력에 대한 의식 부족

언어폭력이 협박, 공갈, 명예훼손 등의 학교폭력 내용에 포함되어 있음에도 언어폭력의 심각성에 대한 이해가 부족함으로 인해 학교 내에서 언어폭력으로 인한 피해 사례가 증가하고 있다.

언어폭력을 당한 피해학생들이 호소하는 내용을 살펴보면, 언어폭력의 결과가 피해학생의 마음속에 깊은 상처로 남게 되고 자신의 신체나 외모에 대한 부정적인 인식 및 올바르지 못한 성의식을 갖게 되는 등 정신적인 측면의 피해가 큰 것으로 나타났다. 언어폭력은 언어를 사용한 폭력으로 신체적인 폭력에 비해 외형상 어떤 상처를 남기지는 않지만, 그 피해는 외형적인 상처보다 훨씬 심각한 문제가 야기될 수 있다는 측면에서 주의를 기울일 필요가 있다.

4) 학교 내 언어폭력 실태

(1) 교사의 언어폭력 실태

남・여교사가 무의식적 또는 습관적으로 행하는 언어폭력이 많은데 언어폭력 교사의 연령대는 40대, 30대, 50대, 20대 순으로 30~40대 선생님이 다른 연령층의 교사보다 많이 행사하는 것으로 나타났다. 학생들이 교사로부터 언어폭력을 당하는 장소는 교실, 운동장, 교무실 순으로 교사가 행하는 언어폭력의 내용은 주로 학생 비하적인 발언이 대다수였다. 예를 들면, 병신, 이 새끼들, 개새끼, 미친년, 죽여버려, 쌍놈의 새끼 등이다.

이러한 교사의 언어폭력의 문제점은 학생들에게 불신감을 주어 학교에 오기 싫어하는 원인을 제공하기도 하고 학생의 반항심을 유발하여 교사의 지시에 불응하는 자세를 보이게 됨은 물론이고 학생들은 교사를 모방하여 죄책감 없이 언어폭력을 행사하게 되었다.

교사들 또한 학생 체벌금지에 따라 교사의 지도방법이 언어폭력으로 전환되는 문제점이 대두되었다.

(2) 학생 간의 언어폭력 실태

학생들의 언어폭력은 쉬는 시간 교실, 화장실, 복도, 하굣길, PC방, 오락실 순으로 많이 나타나 교실에서 가장 많은 언어폭력이 이루어지고 있음을 알 수 있었고 언어폭력의 내용은 구체적 욕설, 놀림, 비하발언, 부모님 모독 등의 순으로 행사되고 있었으며, 언어폭력을 당한 이유를 조사한 결과에 따르면 '아무런 이유 없이'에 대한 응답이 높게 나타나 청소년 사이에서 무분별하게 난무하고 있는 상황이다. 또한 정보통신매체를 이용한 언어폭력이 급격하게 증가하고 있다.

(3) 문제점

언어폭력적 행동을 자기과시의 수단으로 사용하고 대부분의 언어폭력을 가해하는 학생들은 그에 대한 심각성을 별로 느끼지 못하고 있으므로 많은 학생들이 언어폭력을 사용함으로써 피해학생들의 심리적·정서적인 문제로 발전할 수 있음을 인식하지 못하였다. 이러한 상황에서 학생들의 언어폭력을 예방·지도할 수 있는 구제적인 지도 자료가 요구됨은 물론이고 습관적 언어폭력은 학교에서 뿐만 아니라 가정·사회에서도 일반적으로 쓰이게 되어 학생들의 인격적 발달에 장애를 가져올 수 있다. 현재 핸드폰 문자, 인터넷상에서 이루어지는 언어폭력에 대한 제재 방안이 모색되어야 한다.

5) 언어폭력 예방 및 대책

학교는 조·종례시간 및 교과시간을 활용한 언어폭력 예방교육을 실시하고 교사의 언어폭력 예방을 위한 정기적 연수를 실시하고 자녀의 언어폭력 예방을 위한 학부모 연수 추진과 언어폭력 예방을 위한 학교공동체 토론을 전개하고 학생자치회 중심의 고운말 쓰기 실천 캠페인을 전개하며 상습적 언어폭력 교사에 대한 관리자의 상담지도와 더불어 언어폭력 가해학생에 대한 학교 교칙 적용 강화(그린마일리지-상벌점제)하거나 학교별 특성에 맞는 다양한 언어폭력 예방 교육프로그램을 운영할 수 있다.

6) 언어폭력 예방 교육프로그램 운영

(1) 친구 이해 프로그램: 친구 칭찬의 글쓰기

(2) Wee센터 심리상담 연계지도: 고운말 쓰기 실천기간을 하루, 1주일, 1개월, 100일 등의 단계를 설정하여 달성한 학생들을 격려하고 욕설 없는 청정학급 인증제

(3) 분기별 학교폭력 설문조사 시 욕설 없는 학급을 추천 받아 학교장이 인증함

(4) 학교 및 학급 특색에 맞는 고운 인사말 나누기

2. 교사에게 욕설, 반항, 폭행하는 학생 사례와 대처법

1) 교권 침해 사례

최근 일선 학교에서 학생이나 학부모의 폭언, 폭행 등으로 교사들이 다치거나 정신적 피해를 입는 등 교권 침해 사례가 크게 증가하고 있는 것으로 나타났다.

10일 교육부에 따르면 지난 2009년 한 해 동안 1,570건이었던 교권 침해 사례 건수는 2010년 2,226건, 2011년 4,801건 등으로 2년 새 3배 이상 급증했다. 또 지난해에는 1학기에만 무려 4,482건의 교권 침해 사례가 발생해 2011년 연간 발생한 교권 침해 건수에 육박했다.

한국교원단체총연합회(교총)에 접수된 교권 침해 사례도 점점 늘고 있다. 지난해 교총에 접수된 교권 침해 사례는 모두 335건에 달해 2011년의 287건보다 23.7% 증가한 것으로 나타났다. 한국교총에 신고된 교권 침해 사례를 유형별로 분석한 결과 절반에 가까운 158건(47.2%)이 '학생과 학부모의 폭행 · 폭언 등 부당행위,' 특히 교사의 학생 지도에 불응한 학생 및 학부모의 폭행 · 폭언이 109건에 달했다. 김무성 교총 대변인논총에 "학력 위주의 교육 풍토로 인해 기본예절과 배려 등 인성교육이 취약해져 갈수록 교권 침해 사례가 급증하고 있다"며 "공교육과 교사에 대한 신뢰가 땅에 떨어진 것도 이유 중 하나"라고 말했다(문화일보).

A학교에서는 한 학생이 자율학습시간에 전날 방과 후 수업을 잘 들었냐고 질문하는 담임교사에게 이유 없이 짜증을 내며 급기야 교사의 팔 부위를 후려치는 사건이 벌어졌다.

B학교 학생은 여교사의 치마 속을 휴대전화 동영상으로 촬영하는가 하면, C학교 학생은 잘못된 언행을 지적하는 교사에게 입에 담지 못할 심한 욕설을 하며 싸우자고 대들었다. D학교에서는 무단결석을 하다가 오랜만에 등교를 한 학생의 아버지가 교실로 들어와 아이를 강제로 끌고 나가려 하는 등 행패를 부리고 이를 제지하는 교사에게 폭언을 퍼붓기도 했다(경인일보).

2012년 5월에는 부산의 한 중학교에서 여교사 박모(53)씨가 복장이 불량한 2학년 김모(15) 양을 꾸짖다 폭행을 당했다. 수업을 마치고 3층 복도를 내려오던 박 교사는 김 양의 불량한 복장 상태를 나무랐고 이 과정에서 김 양이 욕설을 하며 박 교사의 뺨 등을 여러 차례 때렸고 실신한 박 교사는 인근 병원으로 후송됐다.

같은 해 11월에도 부산의 한 중학교에서 여교사 C(53)씨가 수업 중 종이비행기를 날리며 떠드는 D(15) 군에게 "조용히 하라"고 지적을 했다가 폭행을 당하는 일이 발생하기도 했다.

2012년 6월 경기 고양시의 한 실업계 고교에서도 학생이 흡연 사실을 추궁하던 생활지도 교사를 폭행했다. 이 학교 2학년 유모(17) 군은 흡연측정기로 담배를 피운 사실을 확인하려던 김모(40) 교사를 10m 뒤에서 따라가다 갑자기 달려들어 넘어뜨리고 얼굴과 머리를 주먹으로 때려 전치 2주의 상해를 입혔다(국민연합뉴스).

2) 교권 강화 방침

서울시교육청은 교권 침해 문제를 전담하는 기구를 상설화해 2013년 3월부터 본격 운영하는 한편, 일선 학교에도 교권보호에 관한 위원회를 구성하도록 하였다. 서울시교육청 관계자는 "학생 인권 문제만큼이나 교권보호도 교육계의 중요한 현안이다"며 "교과부에서도 교권침해 전담기구 설치를 적극 권장하고 있다"고 했다.

모든 교사들이 존중받고 학생들의 학습권을 지켜주기 위한 '행복한 학교 만들기' 프로젝트, 그 자세한 내용을 서울시교육청 교원정책과 김유대 장학사가 문답식으로 정리하였다.

Q 학습권과 교육권을 보호하기 위해 적극적으로 지원에 나선 이유가 있나요?

A 수업 중에 교권을 침해하는 경우가 많이 있었어요. 특정 학생 때문에 교사도 수업을 더 이상 진행하기 힘들고 다른 학생도 수업을 제대로 받을 수 없죠. 대다수의 학생들을 보호하기 위해서는 교사들의 수업권을 보호해야 합니다.

Q 어떻게 보호할 계획인가요? 세부적인 추진 내용을 말씀해 주세요. 먼저 수업 중 교사의 정당한 지시에도 불구하고 반복적으로 불응하는 학생은 어떻게 되나요?

A 5단계로 처리절차가 진행됩니다. 일단 수업담당 교사가 훈계를 하거나 생각의자에 앉아서 수업을 받게 하죠. 그래도 안 되면 각 학교에서 선임한 '교권보호책임관'이 해당 학생을 교실 밖으로 격리시킵니다. 학급분위기를 안정시키고 수업을 진행하기 위해서죠. 세 번째 단계는 학생과 학부모 면담이 이뤄져요. 전문상담교사나 담임교사가 방과후 성찰교실과 Wee클래스를 통해 상담하죠. 만약 학생이 이런 절차에도 불구하고 지속적으로 수업을 방해한다면 선도위원회가 개최된 후 학교 내 봉사, 사회봉사, 출석정지 등의 징계를 받게 됩니다.

단계	내용	비고
1단계 교실 내 지도	• 교사의 훈계 • 교실 뒤에 서서 수업 생각의자에 앉아서 수업	- 수업담당 교사 지도
2단계 즉시격리	• 교실 밖 격리 • 학교별 '교권보호책임관' 지정 운영	- '교권보호책임관'이 해당 학생 즉시격리 긴급호출벨 활용(권장)
3단계 학생 학부모 면담 및 교육	• 교육 프 로그램 운영 - 방과후 성찰교실, Wee글래스 학생, 학부모 면담, 외부 멘토 면담	- 해당 교사, 담임교사, 전문상담(교)사 등
1단계 선도위원회 개최	사안의 경중에 따라 징계 결정	- 사설조사 및 관련 자료 수집
5단계 징계	• 단계적 징계	- 학교내봉사, 사회봉사, 특별교육이수 출석정지, 퇴학(고) 등

그림 7-1 정당한 지도 반복적 불응 사안처리절차

Q '교권보호책임관'은 뭔가요? 누가 맡게 되고 어떤 일을 하는 건지 궁금합니다.

A 학교 교직원 중에서 임명합니다. 이 분들이 하는 역할은 학생으로부터 교권 침해에 해당하는 사안이 발생했을 때 서로 격리시키는 일을 합니다. 학교에 교내 긴급호출벨(SOS)을 눌러 교권보호책임관을 호출하도록 하면 효과가 높을 겁니다. 호출벨은 학교 사각지대나 복도에 설치해 학교 안전사고, 학교폭력, 교권 침해 등과 같은 상황이 발생했을 때 빨리 해결하기 위해 만든 것으로 각 학교에 설치를 권장하고 있습니다.

Q 심각한 수준으로 교권을 침해하는 학생은 '학교장 추천 전학'이 가능하다고 하던데요.

A 교사에게 폭언, 폭행 등 심각한 교권침해를 하는 경우에 해당되는데요. 학생의 교육상 교육환경을 바꿔 줄 필요가 있다고 인정되면 학교교권보호위원회 심의를 거쳐 '학교장 추천 전학' 조치를 취하게 됩니다. 하지만 교권을 심각하게 침해했다고 해서 무조건 전학을 보내는 건 아닙니다. 학교 선도위원회에서 징계 여부와 학교장 추천 전학을 검토해야 하는지를 심의한 다음, 학교교권보호위원회에서 다시 한 번 논의하고 그 결과를 검토해 학교장이 최종적으로 결정합니다. 학생을 전학시킨다고 해서 능사는 아니지만 학교에서 충분한 상담과 지도를 해도 효과가 없다고 판단되는 경우 교육환경을 새롭게 바꿔 주는 겁니다.

Q 만약 해당 학생이 전학가기를 싫어하고 학부모가 불만이 있다면 어떻게 되나요?

A 학부모가 서울시교육청 교권보호위원회에 조정 신청을 7일 이내에 할 수 있습니다. 학교장 추천 전학 조정 신청은 서울시교육청 교권보호위원회가 설치 운영되는 2013년 5월 6일부터 가능합니다.

Q 학교교권보호위원회와 시교육청 교권보호위원회는 어떤 사람으로 구성되고 뭐가 다르나요?

A 학교교권보호위원회는 각 초·중·고등학교의 교원, 학부모, 지역사회 인사 등 5명에서 10명 정도로 구성해 운영합니다. 이들은 교권 침해 학생에 대해 전학을 보내야 할 정도로 심각한 사안인지, 선도위원회에서 지도할 수 있는 정도인지 등을 심의하는 기구입니다. 물론 심의했다고 해서 끝나는 것은 아니고 심의결과를 참고해 학교장이 전학 여부를 최종 결정합니다. 시교육청 교권보호위원은 시·도의회 의원, 본청 교육청 국장급 공무원, 학생생활지도 경력 15년 이상 교원, 학교폭력대책자치위원회 위원 등 전문인들을 임명하거나 위탁해 운영할 예정입니다.

단계	내용	지원
1단계 즉시격리	• 피해교사 : 보호 및 안전조치 • 교권 침해 학생 : 즉시격리	– 교권보호책임관 해상 학생 즉시격리
2단계 사설조사 및 관련 자료수집	• 시기, 내용, 관련 학생 상황 파악 • 교권침해학생 조사, 주변 학생 진술	– 피해교사 상담, 치유 ※ 희망 시 지정기 전보 실시
3단계 선도위원회 개최 및 징계	• 학생, 학부모 의견 진술 • 징계 수위 및 학교교권보호 위원회 심의요청 여부 결정	– 해당 학생 : 징계, 상담 교육, 치유(Wee센터 교육 앰뷸런스 투입)
4단계 학교교권 보호위원회 심의	• 학교교권보호위원회 개최 • '학교장 추천 전학' 요청 여부 심의	– 선도위원회 관련 자료 검토
5단계 학교장 추천 전학	• 학교장 최종 판단	– 교육청(지역교육청 포함) : 전 관련 행정 지원

그림 7-2 학생의 심각한 교권 침해 사안처리절차

Q 학습권과 교육권을 함께 존중하는 행복한 학교 만들기, 마지막 추진내용인 학부모가 심각하게 교권을 침해할 때 피해교원을 어떻게 지원하는지 알려주세요.

A 학부모의 폭언, 폭행 등 심각한 교권 침해 피해교원은 관련 법률에 따라 보호받을 수 있도록 교육청에서 지원합니다. 학부모의 교권침해는 학교전담경찰관과 협력해 대처하게 되고, 심각한 피해나 부당한 요구를 할 땐 서울시교육청 교육법률지원단의 지원을 받을 수 있습니다.

근거

- 교육지원 향상을 위한 특별법 제2조(교원에 대한 예우)
  ② 국가지방자치단체, 그밖의 공공단체는 교원이 학생에 대한 교육과 지도를 할 때 그 권위를 존중받을 수 있도록 특별히 배려하여야 한다.
- 형법 제136조(공무집행방해) 제257조(상해) 제260조(폭행) 제307조(명예훼손)

Q 최근 들어 교권의 절망적인 추락에 대해 이야기하는 교육 현장의 목소리가 많다고 알고 있습니다. 앞으로 어떻게 내다보고 있으신가요?

A 네, 맞습니다. 대다수 학생의 학습권을 존중하고 교사의 수업권 또한 함께 존중해야 한다는 것이 시교육청의 입장입니다. 한쪽만 주장하는 게 아니라 균형을 맞추는 거죠. 교권보호뿐 아니라 학생들이 편안한 교실에서 공부할 수 있도록 돕는 겁니다. 학습권이나 교권을 다 존중하면 학교는 평화로워진다고 생각해요. 앞으로 교사와 학생이 서로 존중하며 아름다운 학교문화를 만들어 갔으면 하는 바람입니다(서울교육행복정책).

3) 교사에게 폭력적 행동을 보이는 아이 예시를 통한 대처방법

현수는 중학교 2학년으로 또래 아이들에 비해 키가 크고 덩치도 좋은 편이다. 평소 수업시간에 툭툭 농담을 던지다가 여러 교사에게 지적을 당하거나 혼이 났다. 하지만 현수는 자신이 던지는 농담에 친구들이 키득거리는 것을 즐기며 점점 강도가 심해지고 있다. 현수는 종종 수업시간에 핸드폰을 사용하거나 엎드려 자는 등 수업을 방해하는 행동을 자주 한다. 현수는 수업을 방해했을 때 불러서 혼을 내는 선생님에게 말대꾸하면서 대들기도 한다. 심지어 영어수업 시간에 핸드폰으로 딴짓을 하는 현수를 꾸짖는 여교사를 손으로 밀치는 상황까지 발생하였다. 교실에서 학생들이 보는 앞에서 폭행을 당한 여교사는 심한 정신적 충격을 받아서 수업에 들어가지 못하고 교직에 대한 회의감을 느끼는 등 외상 후 스트레스 장애 증상을 보이고 있다.

- **핸드폰 내놓으라고**

(수업시간에 핸드폰을 만지는 학생을 향해 여교사가) "김현수, 핸드폰 가지고 나와."

"네? 저요? 저 핸드폰 안 가지고 놀았는데요."

"야, 너 지금 책상 위에 있는 거 핸드폰 아니야? 얼른 가지고 나와."

"어? 이거 핸드폰 아니고 휴대폰인데. 낄낄."

(여기저기서 아이들이 키득거린다.)

"야, 너 그걸 말이라고 해? 빨리 가지고 안 나와!"

(핸드폰을 들고 앞으로 나온 후 손으로 꽉 쥐고 놓지 않는다.)

"손 벌리고 핸드폰 내놔."

"싫어요. 왜 제 핸드폰 가지고 그래요."

(핸드폰을 뺏으려는 여교사를 뿌리치며 팔로 크게 밀쳐 버린다.)

• "신고할 거예요" 선생님을 협박하는 학생

(학생부장 교사가 현수를 따로 불러서) "야, 학생이 어디 선생님을 밀치고 그래. 너 뭐하는 녀석이야? 어?"

"밀친 거 아니에요. 그냥 핸드폰 잡고 있다가 놓은 거예요."

"계속 둘러댈 거야? 너 도대체 태도가 왜 이렇게 불량해. 너도 맞아야 정신이 들겠냐?"

"때리세요. 때리면 저도 경찰에 신고할 거예요."

"뭐, 뭐라고? 너 정말....."

• 폭행당한 교사와 동료 교사의 대화

(동료 교사가 눈물을 훔치는 김 교사를 다독이면서) "김 선생님, 몸은 어때요? 좀 괜찮아졌어요?"

"몸이 아픈 것보다 너무 수치스러워서 교실에 들어갈 수가 없어요."

"그래도 어쩌겠어. 김 선생님이 힘을 내야지. 다른 아이들이 김 선생님을 기다리고 있잖아. 얼른 마음을 추슬러야지."

"저 정말 더 이상 못하겠어요. 교실에서 아이들한테 이런 우스운 모습이나 보이고. 이런 상태로는 도저히 수업을 할 수가 없어요. 흑흑."

(1) 교사의 대처

현수의 담임교사는 다른 동료 교사로부터 평소 현수의 수업태도가 좋지 않다고 들은 적이 있다. 하지만 이때까지만 해도 현수가 단순히 수업에 집중하지 않고 딴짓을 하는 정도라고 생각했다. 담임교사가 수업할 때는 열심히 집중하지 않는 정도였기에 현수에게 그냥 다른 수업시간에 좀 더 집중해서 열심히 공부하라고 다그치는 정도로 얘기했다. 그런데 영어를 가르치는 동료 여선생님이 현수로부터 폭행을 당했다는 이야기를 듣고 매우 놀랐다. 이때부터 담임교사는 현수의 문제 상황을 자세히 살펴보기 시작했다. 다른 과목 선생님들에게 현수에 대해서 자세히 물어보니 이 사건만큼은 아니어도 가끔 선생님에게 심하게 대들며 폭력적인 행동을 보인 경우가 종종 있었다는 이야기를 듣게 되었다. 주로 현수가 여자 선생님이나 엄하지 않은 선생님의 수업 때 매우 심하게 수업을 방해하고 대드는 모습을 보이고 있다는 사실도 알게 되었다. 담임교사는 현수를 따로 불러서 영어수업 시간에 왜 그렇게 했는지 물었다. 현수는 자신이 밀친 것이 아니라 선생님이 핸드폰을 뺏다가 넘어진 것이라고 계속 둘러댔다. 그리고 왜 다른 애들도 수업시간에 핸드폰을 가지고 노는데 자기에게만 뭐라고 하는지 모르겠다며 오히려 화를 내기도 했다. 또 담임교사가 평소 여러 수업시간에 왜 집중하지 않고 장난을 치며 수업을 방해하는지 물었더니, 이미 다 배운 내용이라 수업이 재미없어서 그냥 딴 짓을 한 것이라고 대답했다. 문제의 심각성을 느낀 담임교사는 현수의 행동을 심각하게 생각하지 않는 것처럼 보였다. 현수의 부모는 현수의 학업성적도 좋은 편이고 친구관계도 원만하다고 이야기하면서 현수의 행동을 심각하게 여기지 않는 것 같았다. 담임교사가 혼자서 현수의 문제를 대처하기 어려워 학생부장 교사에게 도움을 요청하였다. 하지만 학생부장 교사와의 면담에서도 현수의 반항적인 태도는 계속되었다. 심지어 자신을 때리면 경찰에 신고하겠다고 학생부장 교사를 협박하기도 했다.

(2) 교사의 대처방법 분석

① 잘한 점

- 일어난 문제상황에 대한 현수에 입장을 들어 보고자 노력했다.
- 현수의 문제행동에 대해 다른 교사의 의견을 들어 보았다.
- 현수가 저지른 교사에 대한 폭력행동에 대하여 부모님께 알려서 도움을 요청하였다.
- 현수의 문제에 대처하기 위해 주변 동료 교사에게 도움을 구하였다.

② 개선할 점

- 현수의 부모님과 전화 통화만이 아니라 직접 학교에서 만나서 문제의 심각성을 자세하게 알리는 것이 필요하다.
- 평소에 현수의 수업태도 및 학교생활에 대해 좀 더 관심을 가지고 지켜보는 노력이 필요하다.
- 현수에게 교사 및 다른 사람들과 원만하게 의사소통하면서 관계 맺는 방법에 대하여 가르쳐줄 필요가 있다.
- 현수가 자신의 행동이 매우 심각한 것임을 스스로 깨닫도록 자기가 한 문제 행동의 책임과 처벌에 대해 분명하게 알려 주어야 한다.

(3) 상담적 접근

① 일반적으로 할 수 있는 관심과 배려

현수가 수업시간에 교사들에게 대들거나 수업을 방해하는 이유가 무엇인지 살펴보아야 한다. 현수는 자신이 선생님 앞에서도 대들면서 말대꾸할 수 있는 사람이라는 것을 다른 친구들에게 보여 주기 위해서 의식적으로 문제행동을 반복하는 것일 수 있다.

자신이 수업시간에 농담이나 말대꾸 등을 할 때 다른 친구들이 웃으면서 자신을 바라보는 것으로 스스로가 뿌듯함을 느끼기도 하는 것 같다. 또한 다른 사람과 올바르게 관계 맺는 방법에 대해 잘못된 인식을 가지고 있을 수 있다. 다른 사람의 감정이나 상황을 고려하면서 자신의 생각이나 느낌을 적절하게 전달하는 방법을 잘 모르고 있다. 따라서 주변 사람들과 원만하게 의사소통하고 긍정적인 관계를 형성하는 방법에 대한 학습이 필요하다.

② 감정적으로 대하지 않기

현수와 같이 교사에게 대들거나 폭력적인 행동을 보이는 경우, 교사들은 매우 당황하게 되고 감정적으로 흥분할 수 있다.

반항적인 행동을 하는 학생을 대할 때 교사가 같이 흥분하여 감정적으로 대할 경우, 문제상황은 오히려 악화될 수 있다. 따라서 교사가 최대한 침착함을 유지하고 일어난 문제상황을 차분하게 이해하고 대응하려고 노력해야 한다. 자신도 모르는 사이에 흥분하여 감정적으로 대할 것 같다면 잠시 모든 행동을 멈추고 아무런 말도 하지 말고 기다려 보는 것도 도움이 될 수 있다.

감정을 침착하게 유지하려는 교사의 행동은 폭력적인 행동을 보이는 학생에게도 지금 자신의 행동을 돌아보게 할 수 있다. 만약 교사가 폭력적인 행동에 대해 마찬가지로 폭력적으로 대처한다면 더욱 곤란한 상황이 이어질 것이다. 혹 폭력에 대한 교사의 반응이 지나칠 경우, 교사 스스로 자기 내면에 대한 탐색이 필요할 수 있다.

③ 강화와 처벌의 분명한 기준 알려주기

중학생의 경우 인지적, 정서적, 신체적으로 완벽하게 성숙하지 않은 상태다. 학교 및 일상생활에서 필요한 사회적 규범이나 기본예절에 대하여 인지적인 이해를 하고 있지만, 정서적으로 충분히 내면화되지 않은 상태이기에 자신이 아는 것과 행동하는 것 간에 차이가 나타나는 경우가 있다.

자신의 행동이 잘못인 줄 알면서도 문제행동을 반복하는 경우도 많지만, 의외로 자신이 하는 행동이 잘못인지조차 모르고 하는 경우도 꽤 많다. 이때 교사나 부모는 학생의 행동에 대해 그것이 왜 문제가 되는지 분명하게 구분해 주어야 한다.

이를테면 아이가 함부로 쓰레기를 버리는 경우 단순히 쓰레기를 바닥에 버리면 안 된다는 기초 질서 차원이 아니라, 사람과 사람이 공존하는 사회라는 공간 안에서 지켜야 할 인간관계적인 신뢰와 행동이라는 차원에 문제가 된다는 점을 설명해 주어야 한다. 예를 들어, 사람들이 서로 만나서 의견이 충돌할 경우 자신이 하고 싶은 말만 일방적으로 표현하는 것보다는 상대방의 입장에서 이해해 보기 위해 노력하는 것이 더 좋은 방법임을 알려주는 것이다, 이 과정에서 필요하다면 올바른 행동의 빈도를 높이고 잘못된 행동을 수정하기 위해 적절한 수준의 강화나 처벌을 활용하는 것도 좋다.

④ 체계적인 학급 규칙 정하기

학생들의 폭력적인 행동을 줄이고 바람직한 학급 분위기를 만들기 위해서는 체계적인 학급 규칙을 정하여 활용하는 것이 도움이 된다. 교사는 학생들의 긍정적인 행동 변화를 이루기 위해서 행동수정의 원리를 이용하여 구체적인 학급 규칙 및 운영방침을 정할 수 있다.

학급 규칙을 정할 때는 가급적 구체적인 내용으로 작성하고, 잘 지켰을 때의 보상이나 잘 지키지 못했을 때의 처벌에 대해서 자세하게 기술해야 한다. 학급 규칙 및 운영방침을 정할 때 교사가 일방적으로 주도하기보다는 학생들과 함께 상의하여 정하는 것이 실제 운영에 있어 좀 더 효과적일 것이다.

⑤ 생활 장면에서 인성교육하기

인격적 소양을 키우고 바람직한 인성을 갖추도록 꾸준히 교육하는 것도 중요하다. 매년 학교 현장에서는 인성교육을 외치고 있지만 실제적인 효과를 크게 거두지 못하고 있다. 생각해 보면, 인성교육을 외치면서 정작 무엇을 어떻게 가르쳐야 할 것인지에 대해서 뚜렷한 대책이 없는 것이 한 원인일 수 있다. 아직까지도 효과적인 인성교육을 위한 지침서나 지도방법을 찾아보기가 어려운 것이 이를 말해 준다.

최근 창의성 교육과 인성교육을 통합하여 실제 생활 장면에서 교육하도록 하는 창의, 인성 프로그램이 학교 현장에서 강조되고 있다.

실제 생활 장면을 중심으로 이루어지는 인성교육은 교실에서만 이루어지던 형식적인 교육활동에서 벗어나 학생들이 실제로 공감하고 느낄 수 있게 하기에 학생들에게 많은 도움을 줄 수 있다.

가능하다면 학교에서 이루어지는 창의적 체험활동(야영, 현장학습, 봉사활동 등)을 계획할 때 학생들의 인성적 측면의 성장을 촉진할 수 있도록 다양한 상담적 요소를 포함하여 실제로 운영하면 좋을 것이다.

⑥ 의사소통 기술 익히기

현수와 같은 문제를 지닌 학생들의 경우 사람들과 올바르게 의사소통하는 기술을 익힐 필요가 있다. 자기가 표현하고 싶은 마음을 전달할 때 잘못된 의사소통 기술로 인해 진심과는 다르게 오해를 받는 경우가 생길 수 있기 때문이다.

의사소통 능력의 향상을 위해 활용할 수 있는 전략으로는 '나-전달법'과 반영적 경청을 들 수 있다. 우선 나-전달법의 경우 매우 유명한 기법이지만 실제로 이 기법을 시도하면서는 어려움을 겪기도 한다. 단순히 '네가 ~해서 나는 ~한 마음(생각)이 들어.'의 나-전달법 형식에 치중하여 대화하다 보면 오히려 어색한 의사소통이 이루어질 수 있다. 나-전달법을 교실에서 적용하면서 중요하게 생각할 것은 바로 교사의 상태나 감정을 있는 그대로 학생들에게 전달함으로써 현재의 문제상황을 재점검하도록 도와주는 것이다. 교사는 이 과정을 통해 문제의 해결이 학생의 입장에서 자연스럽게 이루어지도록 도와주는 역할을 하면 된다.

다음으로 반영적 경청을 살펴보자. 문제를 일으키는 학생들 대부분은 자신에게도 어려움과 아픔이 있는데 사람들이 이를 알아주지 않아서 불만이라고 생각한다.

이런 학생들에게 상담 장면에서 필요한 것은 문제상황의 원인이 된 행동을 비난하거나 논리를 동원하여 설득하는 것이 아니다. '너도 많이 속상했겠구나.', '너도 힘들었겠네.'와 같이 단지 학생의 마음을 이해하고 어루만져 주는 반영적 경청이 필요하다.

교사를 향해 폭력적인 행동을 보이는 학생에 대해 나-전달법과 반영적 경청을 한다는 것은 분명 쉽지 않을 것이다. 하지만 이를 꾸준히 활용하여 학생과 의사소통한다면 학생 스스로 자신의 문제를 깨닫고 변화하는 데 큰 도움이 될 것이다.

⑦ 에너지의 방향 바꿔 주기

현수와 같은 문제를 나타내는 아이들은 자신의 에너지를 주로 폭력적으로 표출하고 있다. 다시 말해서, 에너지의 방향이 폭력적인 성향을 나타내고 있는 것이다.

중학교 시기에는 에너지가 충만한데 이를 폭력적으로 표출함으로써 많은 문제가 발생하게 된다. 따라서 이러한 아이들에게 정당한 방법으로 자신의 에너지를 건강하게 표출하는 방법을 안내해 주면 도움이 될 수 있다.

예를 들어, 학급에서 가장 힘이 센 아이에게 학급 리더를 맡기는 것과 같은 방법이 있다. 힘이 센 아이가 그동안 아이들을 때리거나 괴롭히는 방향으로 사용했던 자신의 에너지를 학급 리더로서 아이들을 긍정적으로 통솔하는 데 사용하게 하는 것이다. 꼭 학급 리더가 아니더라도 폭력적인 행동으로 향하는 에너지의 방향을 돌릴 수 있는 적절한 역할을 제시하는 것으로도 효과를 볼 수 있다.

이는 상반행동 강화의 원리로서, 교사가 학급의 상황과 아이의 특성을 잘 고려하여 사용한다면 매우 좋은 전략이 될 것이다. 또한 에너지의 방향을 바꾸기 위한 다른 방법으로 역경치료를 들 수 있다.

문제행동을 보이는 아이에게 아주 혐오스럽거나 무시하는 말을 해 아이의 분노를 폭발시켜서 아이가 자신에 대한 평가가 틀렸다는 것을 증명하기 위해 좋은 쪽으로 행동하도록 이끄는 방법이다.

학급에 있는 폭력적인 행동을 보이는 아이에게 교사가 '역시 너는 모든 일을 폭력으로 해결하는구나. 너는 폭력을 사용하지 않으면 친구들로부터 절대 인정받지 못할 거야.'와 같은 반응을 보이는 것이다. 그러면 아이는 '아니에요. 저도 폭력을 쓰지 않고도 친구들로부터 인정받을 수 있어요. 한번 해 보일 테니 지켜보세요.'와 같은 반응을 이끌어 낼 수 있다. 단, 이 방법은 매우 위험할 수도 있으니 실제로 적용하기 전에 반드시 전문가의 충분한 조언과 교사 스스로 많은 준비가 필요하다.

CHAPTER 08

왕따와 폭력으로 인한 자살충동 학생 사례와 대처법

1. 왕따(따돌림)의 이해

1) 따돌림의 정의

학교 내외에서 2명 이상의 학생들이 특정인이나 특정 집단의 학생들을 대상으로 지속적이거나 반복적으로 신체적 또는 심리적 공격을 가하여 상대방이 고통을 느끼도록 하는 일체의 행위를 말한다. 따돌림은 지배형, 공격형, 조롱형, 소외형, 장난형으로 구분될 수 있다. 지배형은 상대방을 물리적, 언어적으로 공격하거나 위협하는 유형으로 때리거나 차기, 시비 걸기 등으로, 조롱형은 상대방의 신체적 결함을 흉보거나 놀리는 행위로 별명 부르기 등으로, 소외형은 집단으로부터 친구를 배제하는 행위로 놀아주지 않기, 친하게 지내는 친구 따돌리기 등으로, 장난형은 일종의 놀이 형태로써 돈을 감춘다거나 일 못하게 방해하기 등으로 구분될 수 있다.

2) 왕따의 환경적 요인

최근 들어 학교폭력의 심각성이 주요한 사회문제로 대두되었다. 특히 전 세계적으로 문제시되고 있는 학교폭력 유형 중 하나가 집단따돌림이다. 한 학생에게 지속적, 반복적으로 이루어진다는 것과 힘의 불균형에 의한 대인관계가 존재한다는 것이 단순 폭력과 따돌림 행동과의 차이라 할 수 있다(곽금주, 1999a, b). 이와 같은 현상은 각 나라마다 그 원인과 특징에 차이가 있고 세계 각 나라마다 고유 용어가 있다. 예를 들어, 일본은 이지메 ijime, 중국은 링구르 lingru라는 용어를 사용하고 있으며, 우리나라에서는 왕따 Wang-ta라는 용어를 사용한다.

(1) 학교환경

우리나라의 학생들은 한 교실에서 1년 단위로 같은 학급 학생들과 생활하며, 담임교사도 1년 동안 지속되는 교육환경에서 거의 하루 종일 생활하는 편이다. 또한 개개인의 성향은 덜 중시되고, 집단의 화합과 일치가 더 중요한 가치규범으로 자신과는 다르거나 특이한 것을 인정하지 않으려는 의식이 생겨나기 쉽다. 따라서 우리나라에서는 한 학급 학생 전체가 한 명을 무시하고 배척하는 현상이나, 전교생에게서 소외되는 전따와 같은 현상도 생겨나게 되는 것이다. 또한 학교 내에서의 권위주의적 문화와 의사소통 방식 역시 중요한 영향을 끼치는 원인으로 볼 수 있다. 입시위주의 교육풍토 내에서는 개인의 자율성과 창의성이 존중되기 힘들뿐더러 교사들의 태도 역시 획일적이고 권위적이기 쉽다. 그러한 학교 분위기에서 사실상 많은 학생들은 개인의 자율권과 선택권을 침해당하는 경우가 많다. 그리고 학업과 입시위주의 교육으로 어릴 때부터 경쟁에 익숙해져 협동의 분위기보다는 남보다 앞서야 한다는 의식이 키워지다 보니 목표나 욕구의 좌절이 자신보다 약한 타인에 대한 공격성으로 삐뚤어지게 표출되는 것이다.

(2) 가정환경

학교폭력에 관한 집단을 분석해 보니 부부갈등과 관련한 다른 연구에서 남학생의 경우 공격적 피해자가 다른 집단에 비해 어머니에 대한 아버지의 공격성에 많이 노출되었다(박보경, 도현심, 2002)고 보고되고, 가정에서 부부갈등을 많이 경험할수록 학교에서 또래 가해행동을 더 많이 하는 것을 알 수 있었다. 또한 어머니의 애정은 피해와 부정적인 상관관계를 가지며(전재천, 2000), 피해학생 및 가해학생 모두 어머니의 거부적이고 통제적인 양육행동과 관련이 있었다(안재진, 이경님, 2002). 어머니의 거부 및 제재로 인한 좌절감은 다른 사람에 대한 공격성이나 적대감의 형태로 나타나 또래 가해행동의 유발 가능성을 높일 수 있다(김석진, 1999). 다른 청소년 문제와 마찬가지로 왕따 및 학교폭력에도 부모의 양육행동이나 가정환경 요인이 중요하게 작용하므로 이러한 부분을 적극적으로 고려하여 부모교육이나 면담을 동시에 이루어지도록 해야 한다.

(3) 지역적 환경

같은 학급의 친구를 따돌림 해 본 경험은 농촌 아동이 도시 아동보다 더 많은 것으로 나타났는데, 이러한 차이는 첫째, 농촌 아동이 수년간 같은 학급에서 생활하게 됨으로써 친구 개개인에 대한 장단점을 잘 알게 되기 때문에 따돌림을 더 많이 한다는 것, 둘째, 농촌 아동들은 친구와 지내는 시간, 특히 놀이활동이 더 빈번하여 서로 간에 갈등을 일으킬 소지가 많은 것, 셋째, 두 집단 간에 왕따에 대한 개념이 다를 수 있다는 것, 넷째, 가정환경 요인 중 농촌 지역에 취약계층의 자녀, 즉 경제적 형편이 매우 어렵거나 조부모 가정의 아동들이 많은 것이 왕따가 더 자주 일어나는 원인으로 작용할 수 있다(김연순, 박분희, 2004).

또한 우리나라는 학군에 따라 부모의 사회 · 경제적 지위에 차이가 크고 학업에 관련된 학교 분위기 차이도 크다.

(4) 문화적 환경 - 집단주의

청소년기는 개인의 정체성이 확립되어 가는 과정에 있는 시기로 또래 영향이 그 어느 때보다 중요하다. 또래집단에 속하고, 또래에게서 인정받는 것이 삶의 절대적 가치기준이 된다. 따라서 다수의 성원들이 어떠한 일에 찬성하거나 가담하게 될 때, 그 일에 동참하지 않을 경우 배척당할 위험이 있기 때문에 집단행동에 참여하기도 한다(이성식, 전신현, 2000).

집단주의 문화는 요즘 학교폭력에서 가장 큰 비중을 차지하고 있는 왕따 현상을 설명하는 데 중요한 원인이 된다.

호프스테드Hofstede(1991)의 문화연구의 기본 틀에 의하면, 우리나라는 집단주의 문화 유형에 속하며 관계중심적 가치 때문에 개개인의 개성이나 자기 주장 능력이 덜 중시되고 타인과의 유대감이나 집단 전체가 합의하는 집단적 의사결정을 중시하게 되므로 집단사고를 통해 왕따에 대한 암묵적인 합의가 이루어진다. 이와 같은 또래 압력은 가해자에 더욱 동조하는 방관자를 만들며, 동조에 가담하는 참가자 수가 많아질수록 동조 경향 역시 강해지는(아송삭, 전신현, 2000) 악순환을 낳게 된다. 많은 응답자가 자신들이 오히려 왕따를 당할까 봐 두려워 따돌림에 가담한다고 대답했다.

3) 왕따 구성원의 특성

왕따 현상은 크게 가해자, 피해자로 구성된다. 이 외에 피해경험도 있고 가해경험도 있는 유형(가해-피해자)과 어디에도 속하지 않는 유형(방관자)이 포함된다. 이와 같은 왕따 구성원이 가해자, 피해자, 가해-피해자, 방관자의 특성을 살펴보면 다음과 같다.

(1) 가해자의 특성

따돌림 가해자들은 급우나 학생들을 대상으로 폭력을 즐기는 것으로 보이기도 하는데 그들은 공격적 행동을 통해 자신의 위상을 높이려는 과시욕과 좌절을 해소하려 한다. 그들은 자신의 공격적인 행동으로 피해 입는 학생에 대해 죄의식을 전혀 갖지 않고 자신과는 무관하게 생각하며, 감정이입이 전혀 일어나지 않는 특징을 지닌다. 또한, 열악한 가정환경에서 성장한 경우가 많은데, 반항심이나 지배욕구가 비교적 강한 편이고 양육태도가 지나치게 허용적이거나 사랑이 일방적으로 부족 또는 물리적인 처벌을 가하는 부모 밑에서 자란 경우도 이에 속한다. 그들의 가해 행동 뒤에는 자신이 필요한 물건이나 돈 같은 긍정적인 이익이 제공되기 때문인데, 국내에서는 최근 학교 수행평가 점수가 학교 성적에 반영되는 비율이 높아짐에 따라 자신의 숙제를 시키는 가해행동이 확산되고 있다. 또한 왕따 가해자들은 일반적으로 약물복용, 흡연, 유흥업소 출입, 마약, 폭력과 같은 비행에 연루된 경우가 많은데 경우에 따라서는 성인이 된 후에도 계속적인 비행과 연루되어 범법자가 되는 경우도 있다(곽금주, 1999a, b). 학생들이 가해해동을 하는 이유는 1970년대 말까지는 물리적 이득을 얻기 위한 목적이 주된 것이었으나, 근래에는 또래 간의 우월성을 드러내 보이고 또래 지지를 통해 또래에 대한 지배력을 강화·유지하기 위한 수단으로 가해행동을 하는 것으로 나타났다.

(2) 피해자의 특성

외국과 마찬가지로 우리나라의 왕따 피해자도 크게 두 가지 유형으로 분류할 수 있다. 유약하고 수동적인 태도를 보이는 학생들과 잘난 척하고 타인을 무시하는 학생들이 그것이다(김용태, 박한샘, 1997). 유약하고 수동적인 태도를 보이는 피해자는 부모의 지나친 보호를 받으며 자신들의 의견보다는 어른들의 생각을 중요시하는 특성을 갖고 있으나, 특정 문화가 추구하는 긍정적인 인간상이 실제로는 아이들이 또래에게서 소외를 당하거나 공격의 대상이 된다(Schwartz, 2000). 반면에 잘난 척하고 타인을 무시하는 태도를 보이는 피해자는 타인에 대한 배려심이 부족하고 이기적이며, 자신의 일방적인 태도가 주위와 어울리지 못하고 충돌함으로써 다수에게서 외면당한다는 사실을 인식하지 못한다. 스스로가 지닌 경쟁적이고 공격적인 태도가 주변을 자극하여 대결 국면을 형성한다. 하지만 공격행동의 피해자보다 더 심각한 유형의 피해자는 자신들이 당하는 피해를 스스로의 탓으로 귀인하는 피해자들이다(Hodge & Canter, 1998). 주변에 친한 친구들이 없는 이러한 유형의 피해자는 다른 집단에 비해 불안, 우울, 자존감 저하, 학교 부적응 및 자살로 이어지는 위험을 나타낼 수 있다.

(3) 가해자면서 피해자의 특성

가해-피해집단은 강하고 단호하며 일반적으로 학급에서 가장 인기가 없으며 타인들을 가해하여 동시에 자신이 피해당하는 것을 불평하는 집단으로 단순 피해나 가해집단에 비해 가해-피해집단은 주관적인 심리적 불편감이 크고, 스스로에 대한 문제의식도 강한 것으로 나타났다(곽금주, 2000). 또한 부모나 교사 모두 이들에 대해 비행, 공격성, 외현화 문제 등이 다른 집단에 비해 높다고 보고하여 가해-피해집단이 학교 장면에서 뿐만 아니라 가족과 같은 가정환경에서도 적응상의 문제들을 심각하게 겪고 있음을 알 수 있다(김영신, 2001).

(4) 방관자의 특성

폭력에 직접적으로 관련되는 가해-피해학생들만이 심리적 · 사회적 위험에 노출되어 있는 것이 아니다. 폭력을 목격한 아동은 폭력행동을 대리학습할 수 있으며(Eron, 1997), 대인관계에 대해 왜곡된 인식을 가질 수 있다. 왕따 현상에서 가해자와 피해자 이외에 중요한 역할을 하는 집단이 방관자들이다. 이들이 또래 압력에 의해 자신의 신념과 배치되는 행동을 지속적으로 경험했을 경우, 만성화된 무력감으로 자존감이나 자기효능감이 저하될 수 있다. 그리고 힘 있는 공격적인 모델을 통해 폭력과 긍정적인 결과들을 연합시키는 신념을 발달시키기도 한다(이성식, 전신현, 2000).

(5) 따돌림 구성원의 참여자 역할

왕따에 참여하는 집단구성원들은 집단 안에서 형성된 사회적 기대에 따라 다양한 역할을 하게 되는데, 살미발리 등(Salmivalli et al., 1996)에 따르면, 가해조력자는 누군가 왕따를 시작하면 그 상황에 열심히 참여하고 가해자를 도와주는 역할을 하는 사람이고, 가해강화자는 적극적으로 피해자를 공격하지는 않지만 주위에 서서 지켜본다거나 웃어 주는 등의 행위를 통해 가해자에게 긍정적인 피드백을 보임으로써 이 두 집단은 가해자의 행동을 지지하고 동조하는 집단이라고 할 수 있다. 그리고 대다수 학생들은 상황에서 떨어져 거리를 유지하고 어느 편에도 가담하지 않으려 하는 외부인으로 그들의 의도와는 상관없이, 이러한 침묵은 암묵적으로 왕따를 승인함으로써 왕따가 계속 유지되는 데 기여한다. 마지막으로 피해방어자는 피해자 편에서 서서 그들을 위로해 주고 또래들이 가해하지 못하도록 제재한다.

이렇듯 가해자나 피해자의 중간에 위치하는 다른 구성원들이 왕따 상황에서 어떤 태도와 반응을 보이느냐에 따라 피해자와 가해자의 상황이 달라질 수 있으며, 왕따는 집단 구성원이 다수 참여하는 복잡한 과정을 통해 작동하게 된다. 최근 결과에서는 가해자를 지지하는 집단의 경우 다른 집단에 비해 부모 도식과 또래 도식 모두 좋지 않은 것으로 나타났으며, 피해자를 지지하는 집단의 경우 부모 도식과 또래 도식 모두 가장 좋은 것으로 나타났다(곽금주, 2006). 이는 왕따 상황에서 가해행위를 동조·지지하는 청소년들이 부모나 또래관계에서 거부와 무관심의 경험을 많이 하게 되고, 따라서 타인에 대해 공격적이며 공감능력이 부족하다는 것을 의미한다. 왕따는 가해자와 피해자만의 문제가 아닌 다양한 사회구성원들이 참여하는 집단과정이라고 할 수 있다.

2. 왕따 예방 및 대처방안

왕따에 대한 예방 및 중재에 있어서도 피해자와 가해자에 대한 개인적 차원의 접근뿐 아니라 구성원들의 다양한 특성을 고려해야 하며 나아가 집단역동을 변화시킬 수 있어야 한다. 구성원들에게 왕따가 폭력적, 비도덕적 행위라는 것을 분명히 인식시키고, 그러한 행위에 대한 동조의 압력을 거절할 수 있는 대처기술을 알려줌으로써 왕따에 대한 집단 규범 자체를 변화시키는 접근은 필요하다. 또한 상황을 방관하거나 묵인하지 말고, 피해자를 지지해 주고 부모나 교사 등 성인에게 알리는 등의 대처가 필요하다는 것을 인식시켜야 한다. 그러나 집단따돌림이나 괴롭힘이 대체로 학교 내에서 주로 같은 반 친구에게서 발생한다는 점에서 볼 때 무엇보다도 교사가 학생들에 대해 관심을 갖고 관찰과 면담을 통해 사전에 예방하는 일이 필요하다.

1) 가정에서의 대처방안

① 자녀와 자주 소통을 해야 한다.

자녀들은 부모로부터, 선생님들로부터, 친구들로부터 소외됨으로써 외로움이 커지고, 때로는 분노가 치밀기도 하며, 또 때로는 자신의 삶이 두려워 몸부림친다. 아이들의 가장 큰 바람은 자신이 '참 괜찮은 아이'라는 존재감을 확인받는 것이다. 부모는 자녀와 자주 소통을 하면서 자녀의 마음을 어루만져 주고 외롭지 않도록 해주어야 한다.

② 자녀와의 접촉을 유지하도록 한다.

부모로서 자녀가 평소에 친하게 지내는 아이들이 누구며, 급우 및 또래와는 어떻게 상호작용하고 있는지에 대해서 많이 알면 알수록 자녀의 사회적 상호작용에 있어서 어떤 변화가 필요한지를 잘 알 수 있다.

③ 자녀에게 세상을 살아가는 도리와 삶의 기술을 가르쳐야 한다.

학교폭력을 예방하고 해결하기 위해서는 무엇보다도 다른 사람을 공감하고 배려하는 기술, 또래관계와 우정을 쌓는 기술, 자기의 의사를 적절히 표현하고 주장하는 기술, 다른 사람과 대화하는 기술, 공동체의 삶에서 법과 규칙과 질서를 바르게 실천하는 기술 등이 요구된다. 이러한 기술을 가족과의 어울림 속에서 자연스럽게 습득하도록 부모가 의도적으로 가르쳐야 한다. 잘못을 저질렀을 때 엄격한 꾸중과 처벌을 하는 것도 중요하지만, 자신의 행동을 통제하고 조절해야 하는 이유와 방법을 가르치는 것이 더욱 중요하다.

④ 자녀에게 공감의 중요성을 가르쳐야 한다.

정서지능과 공감 기술은 지적인 지능보다 성공적인 삶을 위해서 훨씬 더 중요할 수 있다. 따돌림이나 폭력을 당했을 때 그 기분이 어떠할지 이해할 수 있으며, 자신의 정서를 인식하고 조절할 수 있는 자녀는 학교폭력행동을 할 가능성이 매우 적다. 만약 자녀가 피해자일 경우 학교폭력 피해 사실을 알게 된 부모나 가족이 자신을 도와줄 수 있는 든든한 지원군임을 인식시켜 주어야 한다.

2) 학교에서의 대처방안

학교폭력을 근절하려면 학생들과 가장 가까이 있는 교사들이 교내 폭력사건에 대해 관심을 갖는 것이 가장 현실적이며 효율적인 방안이다.

교사가 학교폭력을 예방하고 멈추게 하기 위해서 할 수 있는 일을 제시하면 다음과 같다.

① 학생들과 안정적이고 긍정적인 관계를 형성해야 한다.

폭력 예방을 위한 교사의 역할을 논의함에 있어 교사는 교실 내에 있는 각각의 학생들과 가능하다면 모든 면에서 특별한 관계를 발전시켜야 한다고 주장했다. 학생들이 교사와 공감적, 안정적, 보상적, 긍정적인 관계를 맺을 때 학생들의 자신감과 자긍심 형성뿐만 아니라 학교폭력의 문제를 해결하는 데 도움이 된다(Roland, 1988).

② 피해학생이 학교, 학급 내에 있는지 수시로 관찰해야 한다.

왕따, 폭력은 은밀히 일어나기 때문에 교사가 관심을 갖고 알아보지 않는 이상은 발견하기 어렵다. 학교폭력 피해학생은 학교에서 징후가 있는지 잘 살펴보아야 한다. 예를 들면 웃음거리가 되거나 비웃음을 받는다. 반복적으로 희롱을 당하고, 별명이나 욕으로 불린다. 주변 학생들에게 험담을 들어도 반발하지 않고 방어하지 못한다. 엎드려 있거나 혼자 있는 모습이 자주 보인다. 쉬는 시간과 점심시간에 혼자 있고, 같은 반에 친구가 한 명도 없다. 불안, 우울해 보이고, 자주 눈물을 글썽거린다. 자주 지각을 하거나 몸이 아프다는 이유로 조퇴, 결석을 한다. 책을 자주 잃어버리거나 돈이나 다른 물건을 빼앗기고 훼손당한다. 멍이 들고 상처가 나 있으며 옷이 찢어졌는데도 설명을 못한다. 특별한 볼 일 없이 교무실이나 상담실 주위를 배회한다. 학교 성적이 갑자기 또는 서서히 떨어진다.

③ 피해학생에 대해 공감을 주어야 한다.

학교폭력 피해학생은 자신이 당하고 있는 일을 부모나 교사에게 알리면 그 사실을 가해학생이 알게 되어 고자질을 했다는 이유로 더 심한 폭력을 당하지는 않을까라는 공포심을 갖고 있다. 그럼에도 불구하고 피해학생이 교사에게 피해 상황을 알렸다면, 교사는 먼저 그동안 당했을 심리적 고통과 현재 처한 어려운 입장을 충분히 공감해 주어야 한다. 그런 다음 피해학생이 하고자 하는 말을 충분히 할 수 있는 분위기를 조성해 주어야 한다.

④ 상담교사나 전문가의 지원과 자문을 받도록 한다.

교사가 학교폭력 사태를 파악했을 때 그 사안이 경미하여 혼자서 처리할 수 있는 경우도 있겠지만, 혼자서 처리하는 것이 어려울 때가 더 많을 것이다. 교사 혼자서 처리하기에 무리가 있다고 판단되면, 가장 가깝게는 학교의 전문상담교사나 사회상담교사에게 자문이나 지원을 요청하는 것이 좋다. 또는 각 학교마다 의무적으로 설치하도록 되어 있는 학교폭력자치위원회에 사건을 의뢰할 수도 있다. 피해학생의 신체적, 정신적 상처가 커서 우울, 불안, 공포, 피해의식 등의 증상이 지속될 경우 병원에서 전문적 진단과 상담을 받도록 의뢰한다.

⑤ 학생들의 자존감을 키워 주어야 한다.

우울감 등으로 인한 자존감 약화가 마음의 상처가 되어 분노로 표출되면서 폭력과 같은 공격성으로 나타나는 경우가 많다. 어떻게 보면 폭력이란 더 이상 자존감의 상처는 받고 싶지 않아 생기는 방어기제다. 따라서 학교폭력 예방을 위해서는 아이들의 자존감을 손상시키지 않거나 자존감을 회복시켜 주는 교육이 중요하다. 이를 위해서는 학교에서 학생 모두가 성취하는 수업과 스트레스나 분노를 조절할 수 있는 교육활동을 전개해야 한다. 교사 중심의 강의 수업과 학생 상호 간의 경쟁학습을 탈피하고, 학습자와 과정 중심의 내실 있는 수행평가와 협동 프로젝트 학습, 학습 유형과 다중지능을 고려한 교수방법, 예체능 활동과 역할극을 통한 표현활동 등을 적극적으로 모색, 강화하는 것이 그 방편이 될 것이다.

PART 03

예방교육, 상담 및 생활지도

CHAPTER 09

가해, 피해학생에 대한 상담 프로그램의 운영

1. 학교폭력상담의 특성

학교폭력상담은 학교폭력이라는 구체적인 사건을 중심으로 이루어지는 상담이다. 가해자와 피해자로 나누어지며 양자 간에 해결되어야 할 현실적인 문제들도 존재한다. 그 가운데서 가해자와 피해자들은 사건으로 인해 심리적인 상처와 돌이킬 수 없는 정신적 피해를 안게 되기도 하는데, 학교폭력상담은 그들이 겪는 심리적 문제를 다루어 줌으로써 되도록 상처를 잊고 원만하게 학교생활과 일상생활을 해 나갈 수 있도록 돕는 데 그 목적이 있다.

학교폭력상담의 주된 내담자는 가해학생과 피해학생이며, 필수적으로 그들의 부모와 가정이 포함된다.

따라서 학교폭력상담은 가해자 및 피해자 학생 상담과 그 부모에 대한 상담으로 구분된다. 하지만 부모에 대한 상담은 가해자와 피해자 학생을 돕기 위한 주요 자원에 대한 상담이므로 학교폭력상담의 주요 내담자는 가해자와 피해자 학생들이다.

학교폭력상담은 주로 학생들 간의 상호작용 과정에서 벌어지는 것이므로, 이들의 심리적 특성과 발달적 특성에 대한 이해 없이 상담을 진행하는 것은 불가능하다. 따라서 직접적인 상담을 진행하기에 앞서서 아동 및 청소년을 대상으로 하는 상담의 특징을 이해할 필요가 있다.

1) 아동 및 청소년의 심리적 특성과 학교폭력

아동 및 청소년을 대상으로 하는 상담은 성인상담보다 어렵다. 아직 미성숙한 내담자는 상담자를 부모나 교사처럼 두려움의 대상으로 인식하기도 하고 또 어떤 내담자는 상담을 잘 진행하다가 변덕을 부리기도 하며 상담자의 반응을 떠보기도 한다. 따라서 상담자들도 내담자의 기복이 많은 반응에 대하여 대하기 어렵다. 따라서 아동과 청소년을 주요 내담자로 하는 상담에서는 이들의 심리적 발달특성을 먼저 이해해야 한다.

(1) 신체적 특성

학교폭력상담의 내담자가 되는 아동과 청소년들의 연령은 주로 11세에서 20세 사이인 경우가 많다. 주로 자의식이 강해지고 부모나 성인으로부터 독립하려는 시기인 사춘기와 맞물리는 경우가 많기 때문이다. 이 시기의 신체적 성장은 주로 여아들이 앞서는 경우가 많은데, 사춘기 초기인 10~11세에는 주로 여아들의 신체 성장이 왕성하고 사춘기 중반인 12~13세경에는 주로 남아들의 신체 성장이 왕성하다. 따라서 사춘기 초기의 학교폭력에서 여학생들 간의 다툼도 적지 않은 편이고, 어떤 경우에는 여학생이 발육이 늦은 남학생을 괴롭히기도 한다.

(2) 심리적 특성

사춘기에 접어드는 아동과 청소년들은 외모나 타인에 대한 의식이 증가한다. 때문에 화장을 하거나 외모를 가꾸려는 노력이 증가해서 실제로 많은 용돈을 외모 가꾸는 데 사용하기도 한다. 이러한 신체적 매력에 대한 관심은 대중매체 속의 연예인과 비교하고 연예인처럼 외모를 가꾸기 위해 지나치게 노력한 나머지 거식증이나 폭식증 등의 정신적 문제를 일으키기도 한다. 그러나 대부분의 학생들이 이러한 심리적 특성을 나타내는 것이 아니라, 주로 자존감이 낮고 대인관계의 어려움을 가지고 있는 경우에 더욱 심각한 문제를 나타낸다. 원만한 인간관계를 유지하고 가정적 어려움이 적은 학생들의 경우에는 신체나 외모에 대한 관심을 보이더라도 상식적이고 현실적으로 받아들여질 수 있는 범위 안에서 이루어진다.

(3) 행동적 특성

청소년의 행동적 변화는 호르몬의 변화와 밀접한 관계를 가지고 있다. 사춘기가 되면 여학생은 에스트로겐이, 남학생의 경우 안드로겐이 변연계-시상하부에 작용하게 되는데, 남학생들은 안드로겐이 편도체와 시상하부를 자극함으로써 쉽게 공격욕구가 생기고 분노와 공포를 유발하게 된다. 이를 억제하기 위해서는 대외피질의 전두엽의 억제 기능이 발달해야 하는데, 청소년들의 경우 아직 전두엽의 억제 기능이 발달하지 못하여 성인보다 쉽게 흥분하고 공격행동을 잘 나타낸다는 것이다. 더욱이 전두엽 기능은 태어나면서 천천히 발달시켜 나가는 것으로 해도 좋은 것과 나쁜 것 등을 학습해 나가면서 발달하게 되는데, 가정환경이 불안정하거나 어려서부터 사회성 발달이 잘 이루어지지 않은 학생들은 사춘기가 되어도 건강한 가정에서 자라서 친구들과 어울려 원만하게 자란 경우보다 전두엽의 조절 기능이 약하여 '쉽게 화를 내는(쉽게 상처받는)' 뇌 기능을 보인다(뉴턴, 2007: 64-65).

이 시기의 행동 특성을 요약하면 다음과 같다(이현림 외, 2012).

- 호르몬의 변화와 급격한 뇌의 성장

- 공격적 성향 증가
- 이성적 판단을 주관하는 전두엽의 급격한 발달
- 사춘기는 감정 및 행동조절 기능이 부족
- 아동기와 사춘기에 도파민의 분비(왕성도파민은 자극적 쾌락을 추구하는 뇌 호르몬)

2) 성인 상담과의 차이점

일반 상담과는 달리 학교폭력상담은 내담자인 청소년 당사자뿐 아니라 관련 기관(학교, 중재기관, 보호관찰기관 등)과 연계되는 경우가 있는데, 필수적으로 보호자 등이 상담에 관여하게 된다. 따라서 학교폭력상담은 경우에 따라서 내담자에 관한 사적인 내용을 비밀로 하기 어렵고 학교관련자가 학생의 학교 적응을 돕기 위해 상담 내용의 일부를 공유해야 하기도 한다. 따라서 학교폭력상담의 경우 내담자와 함께 논의를 통해 사적 내용에 대한 비밀보장의 범위를 미리 설정할 필요가 있고, 경우에 따라서 관련 기관과 의논할 수 있음을 미리 고지해야 한다. 그러나 이 또한 내담자의 학교 적응과 일상생활 복귀를 돕는다는 큰 목적 아래 진행되어야 하므로 관련기관 및 관련자들이 미리 상담의 윤리나 개입 원칙에 대하여 사전 공유를 할 필요가 있다. 지나치게 많은 기관에서 학생의 사생활에 대하여 인지하게 되는 것이 부정적인 영향을 끼칠 수도 있기 때문이다.

학교폭력상담은 다음과 같은 기본적인 특성을 지닌다.

- 청소년 당사자뿐 아니라 관련 기관, 보호자 등이 연관
- 위기개입(폭력 등)의 성격이 우선
- 일대일 대면상담뿐 아니라 집단상담, 컴퓨터나 전화상담 등 다양한 상담기법이 적용

3) 학교폭력상담의 종류

학교폭력상담은 1차적 위기상담과 2차적 중재상담, 그리고 전문상담으로 나누어 생각해 볼 수 있다. 1차적 위기상담이란 구체적인 폭력사건을 접수하고 이에 대한 구체적인 정보를 수집하고, 현재 상태를 객관적으로 파악하는 한편 가해자와 피해자의 욕구를 파악하여 원만한 문제해결에 이르도록 하는 과정이다. 2차적 중재상담이란 1차 위기상담에서 해결이 원만하게 이루어지지 않는 경우 외부 기관(예컨대 학교폭력 중재 지원단 등)의 도움을 받아 사건을 분석하고 합의를 중재하고 가해자와 피해자에게 필요한 서비스를 제공할 수 있도록 도움을 주는 과정이다. 2차 중재상담의 경우에는 꼭 필요한 과정이 아니며 학교나 피해자 및 가해자의 필요에 의해 요청되는 과정이라고 볼 수 있다(문용린 외, 2008).

전문상담은 폭력사건이 원만하게 해결된 후 피해자와 가해자 학생이 일상생활로 잘 복귀할 수 있도록 전문상담가로부터 심리상담을 받는 과정이다.

대개의 학교폭력상담에서는 1차적 위기상담과 전문상담과정이 포함된다.

- 1차적 위기상담
- 2차 중재상담
- 전문(기관)상담

4) 학교폭력 피해자와 가해자

학교폭력 사건에서는 피해자와 가해자가 발생한다. 주로 행동문제를 나타내는 아동과 청소년들이 심리적으로 불안정하거나 위축된 학생들을 괴롭힘으로써 가해자와 피해자가 발생하게 되지만, 실제 사안을 보면 오랫동안 피해를 당해왔던 학생이 그동안 억눌린 감정을 폭발시키는 과정에서 가해학생이 되는 경우도 많다. 따라서 학교폭력 문제에서는 가해자와 피해자가 분명하지 않은 경우도 많고, 오히려 그 입장이 뒤바뀐 경우도 많다. 그러나 형사처벌이나 보상 등의 문제가 관련되어 있는 폭력문제에서는 부득이 가해자와 피해자의 구분이 불가피하다.

(1) 피해자

학교폭력은 피해자에게 장기적인 영향을 줄 수 있다. 폭력의 경험은 피해학생들에게 불안과 두려움, 심리적 위축, 대인기피 등의 정신적 어려움을 유발시킬 수 있으며 이에 대한 적절한 치료가 이루어지지 않는 경우에 적응장애, 우울증, 외상 후 스트레스 장애, 공포증, 행동장애 등과 같은 심리적인 장애로 이어질 수 있다. 또한 전학이나 등교거부 등의 일상생활 부적응을 유발하거나 또래관계, 대인관계의 어려움 등 사회성 발달에 피해를 주어 성인이 되어서도 사회에 잘 적응하기 어렵게 만들기도 한다.

(2) 가해자

학교폭력의 가해자들은 기본적으로 감정 및 행동조절의 어려움을 겪는다. 이들은 불안, 분노, 공격적 충동성을 조절하지 못하는 심리적 장애를 가지고 있을 수 있다. 또한 사회적으로도 고립감을 느끼고 현실을 부정하여 반사회적 인격장애를 형성하기도 한다. 가해학생들은 일반적으로 징계의 일환으로 전학을 권고받기도 하는데, 새롭게 전학한 학교에서도 잘 적응하지 못하여 빈번하게 전학을 하게 되는 경우도 있다. 이들의 잦은 전학은 가해자 학생들이 학교생활에 대한 부적응, 교사나 친구들과 관계 악화 등으로 이어지며 가정과 학교에서 인정받지 못하는 부분을 왜곡된 방식으로 인정받으려 하는 과정에서 자신의 행동에 책임을 지지 못하는 사회인으로 성장하기도 한다.

(3) 피해 및 가해학생의 가정

학교폭력은 피해학생과 가해학생은 물론 그들의 가정에까지 큰 어려움을 끼칠 수 있다. 학생들의 가정은 자녀들의 폭력사건으로 인해 심리적·경제적·사회적 피해를 크게 경험한다. 물적 손실이나 신체 상해가 큰 경우에는 가족들이 물적 손

실까지 고스란히 떠안아야 한다. 또한 정서적으로 불안정한 피해학생이 가정에서 자신의 행동이나 감정을 조절하지 못하여 가족에게 폭력을 가하는 사례가 빈번하게 발생하고 있어 피해학생의 가정 또한 심리적, 경제적 어려움이 클 수 있다.

(4) 교사나 학교 친구들

학교폭력은 단순히 피해자와 가해자에게만 영향을 주는 것이 아니다. 주변의 학생이나 교사에게도 영향을 미치게 되어 학교 전체가 폭력을 용인하는 분위기가 될 수도 있고, 주변 학생들이 폭력사건에 대한 인식으로 인해 교실 전체가 또 다른 집단따돌림을 확대시킬 수 있다.

5) 학교폭력상담의 기법과 원칙

(1) 공감

어느 상담에서나 마찬가지로 학교폭력상담 역시 내담자의 감정을 위로하고 지지하며 공감하는 것이 기본이다. 피해학생의 두려움과 불안, 분노 감정을 잘 수용하여 상황을 왜곡하지 않고 객관적으로 바라볼 수 있도록 도와야 하며, 가해학생들의 경우에도 자신의 행동에 대한 정당성을 강조하면서 오히려 억울하다는 입장을 보일 수 있어 이들의 불안과 분노, 억울함에 대한 공감이 그 무엇보다 우선적으로 이루어져야 한다. 단순히 격양된 감정을 보이는 이들의 감정을 누그러뜨리려고만 하지 말고 상황을 보다 객관적으로 인지하여 피해학생과 가해학생, 부모가 느끼는 감정을 충분히 공감하려는 노력이 필요하다.

(2) 학생의 안전

피해자의 신체적 고통 치료 및 정신적 충격에 대한 안전조치가 우선적으로 다루어져야 하고 필요한 경우에 상담보다 먼저 필요한 개입을 해야 한다.

6) 학교폭력상담의 주의사항

(1) 피해학생 상담

피해학생을 대상으로 하는 상담에서는 문제해결이 중심이 되기보다는 이들이 겪는 심리적 어려움에 대한 공감과 지지가 우선시된다. 무엇보다도 잘 해결될 수 있다는 희망적 위로와 신체적·정서적 안전에 대하여 안심할 수 있도록 도와야 한다.

피해학생들의 상담에서 먼저 파악해야 하는 것은 다음과 같다.

- 피해상황과 원인에 대하여 정확하게 파악
- 피해자의 욕구 파악

이들에 대한 상담의 방향은 다음과 같다.

- 향후 학교폭력을 당하지 않으려면 피해학생이 어떻게 해야 하는지 모색한다.
- 같은 반 혹은 친한 친구들에 대한 배신감과 소외감을 치유한다.
- 많은 피해학생이 사회적 기술이 부족한 경우가 많으므로 사회적 기술을 어떻게 향상시켜 나갈지 구체적인 방법을 제시한다.
- 피해학생 스스로 자신이 못나서 피해를 당한다는 피해의식에서 벗어날 수 있도록 돕는다.

(2) 가해학생 상담

학교폭력 사안에서는 피해학생의 주장만 믿고 가해자라고 단정지어서는 안 된다. 가해학생이 사실에 대해 설명할 수 있는 기회를 가져야 하며 이를 객관적으로 확인하는 과정이 필요하다. 또한 가해학생이 왜 폭력을 방법으로 선택하게 되었는지를 알아보고 심리적·환경적 요인을 함께 발견해 나가야 한다. 특히 가해학생의 행동에 대한 훈계나 평가는 지속적인 상담에 역효과를 가져올 수 있으므로 지나치게 훈계적인 내용이 상담에 포함되지 않도록 해야 한다. 가해학생이 잘못을 뉘우치지 않고 사건을 숨기려고 하거나 인정하지 않는 경우가 많지만 이러한 경우에도 공감과 지지를 적절히 사용하여 태도를 부드럽게 하나, 분명하게 가해학생의 행동이 어떠한 결과를 만들었는지 알려주고 자신의 욕구를 위해 폭력을 사용하는 행동이 성인이 되어서도 심각한 문제를 야기할 수 있음을 인식시켜 주어야 한다. 그리고 가해학생이 어떤 과정을 거쳐 조치를 받게 되는지 현실적인 처벌 부분에 직시할 수 있도록 해야 한다. 더불어 가해학생의 환경요인이 제거될 수 있도록 도와야 한다.

가해학생들의 상담에서 분명하게 할 것은 다음과 같다.

- 분노하는 마음은 공감할 수 있지만 그렇다고 해도 폭력의 사용이 정당하지 않다는 것
- 원인에 관계없이 자신의 잘못으로 인하여 발생한 문제에 대한 책임을 져야 한다는 것
- 자신이 결과적으로 어떠한 과정을 거치게 되는지

이들에 대한 상담의 방향은 다음과 같다.

- 내재된 분노가 많은 가해학생의 경우, 분노조절과 표출에 중점을 두어 상담을 진행한다.
- 원인이 가정과 연결되어 있는 경우 부모상담과 가족치료적 접근을 시도해야 한다.

(3) 피해부모 상담

보통 학교폭력상담은 피해학생의 부모가 요청하는 경우가 많다.

피해자 학생의 부모들은 사건을 접하고 당혹감과 놀라움, 분노감 등 다양한 감정을 경험한다. 따라서 피해자 부모를 접할 때에는 이들의 감정적 심리상태에 대한 이해가 선행될 필요가 있다. 피해부모들이 겪는 감정상태로는 놀람, 원망, 분노, 아이를 지켜주지 못했다는 미안함, 죄책감, 억울함, 복수심 등이 있는데 이에 대한 공감과 지지가 우선시되어야 한다.

상담자와 신뢰관계가 형성되면 피해학생의 부모가 객관적으로 사건을 정리할 수 있도록 돕고 단순한 가해자 처벌보다는 교육적인 관점에서 판단할 수 있도록 돕는 것이 필요하다.

사건이 원만하게 마무리되면 향후 피해학생이 또다시 피해를 당하지 않도록 근본적인 해결책을 모색해야 하는데, 부모의 양육태도, 가정환경 등에 대한 조심스럽고 장기적인 접근이 요구된다.

피해학생 부모가 지나치게 감정적이고 비이성적인 경우에는 피해학생의 심리적 문제는 뒤로 밀리고 어른들 간의 감정싸움으로 비화될 가능성이 있음을 주의해야 할 것이다. 이성적으로 진행해 나가기 어려운 경우에는 피해학생 부모의 경우 심리적 안정을 취할 수 있도록 별도의 전문적인 상담가와 연결되도록 하는 것도 좋으며, 피해학생과 그 부모를 가해학생 부모가 혼자서 피해학생의 부모를 찾아가서 만나기보다는 교사가 함께 참석한 가운데 피해자와 가해자가 직접 만나 화해할 수 있도록 돕는 것이 더 바람직하다.

(4) 가해부모 상담

마찬가지로 사건에 대한 접근에 앞서 가해학생 부모의 감정적인 심리를 이해해야 할 필요가 있다. 가해부모 역시 당황스러움, 의심, 혼란, 합리화, 사건의 축소, 염려, 미래에 대한 불안감 등의 정서적 반응을 나타내므로 이에 대한 공감과 지지가 우선시 되어야 할 것이다. 가해학생의 부모와 상담을 할 때 자녀 문제의 책임을 부모에게 묻고 비난하는 식의 태도보다는 그럴 수밖에 없었음을 이해해 주고 공감해 주어야 한다.

부모 자신이 변명, 방어를 내려놓고 자신의 문제를 솔직하게 탐색하고 반성할 수 있도록 공감과 지지를 해주고, 부모로서 잘 해결해 나갈 수 있다는 자신감을 가질 수 있도록 돕는 것이 필요하다. 또한 피해학생의 부모 입장으로 바꾸어 생각해 보고 상대방의 입장을 공감할 수 있도록 도와야 한다. 가해학생의 부모가 심적 부담감과 불편감을 덜게 되면 가해학생의 책임을 분명히 밝히고 이에 대한 대처와 반성의 중요성을 인식하도록 한다.

피해학생의 부모와 가해학생의 부모들이 서로 만나서 협의하게 되는 상황에서는 감정이 상하지 않도록 언어의 사용에 각별히 조심할 수 있도록 당부할 필요가 있으며, 가해학생의 경우 자녀양육을 위한 부모교육 상담이 제공될 필요도 있다.

7) 학교폭력상담의 과정

(1) 위험요소와 보호요소의 평가

학교폭력상담에서는 피해자 학생과 가해자 학생 모두에게서 위험요소와 보호요소를 발견하여 적절하게 개입해 주는 것이 중요하다.

위험요소란 학생의 문제 상황을 더욱 나빠지게 할 수 있는 변인들이며, 보호요소는 학생이 어려움에 빠지더라도 쉽게 떨치고 나올 수 있도록 도움을 줄 수 있는 변인들이다. 대개 위험요소와 보호요소는 인간관계를 말한다. 위험요소는 부정적인 인간관계가 포함되며, 보호요소는 긍정적인 인간관계를 말한다.

보호요인의 대표적인 예로는 부모의 양육태도를 들 수 있다. 일반적으로 양육태도는 허용적이거나 민주적인 양육태도보다는 권위적인 양육태도가 폭력학생에게 긍정적인 영향을 미칠 수 있는 것으로 인식되고 있다. 권위적이고 요구적인 양육태도는 자녀에게 지켜야 할 기준을 명확하게 제시하고 그 범위 안에서 자신의 행동을 조절하도록 하는 기회를 제공하므로 부모의 감독과 통제, 그리고 자율 사이의 균형을 잘 잡도록 도와준다는 것이다. 또한 집단 스포츠, 학교 동아리, 종교활동, 스카우트, 예능활동 등이 부정적인 또래 압력에서 벗어나는 데 도움이 된다. 위험요소에는 자신의 낮은 자존감이나 학업스트레스, 원만하지 못한 대인관계 등이 포함된다.

① 위험요소 : 학교폭력을 유발할 만한 부정적 요소

(결손가정, 신체적 학대, 부모의 방임, 경제적 어려움, 우범지역 거주 등)

② 보호요소 : 학생이 위험요소에 노출되더라도 이를 중재하거나 긍정적인 방향으로 영향을 줄 수 있는 요소(따뜻한 부모, 친구관계, 돌봄을 제공하는 친척 등)

(2) 학교폭력상담의 과정

접수면접과 심리검사 ➡ 내담자 평가 및 전략 구성 ➡ 상담 회기 ➡ 평가 및 사례회의

- 접수면접과 심리검사 : 행동관찰, 배경정보 파악, 종합심리검사 등
- 내담자 평가 및 전략 구성 : 폭력상황 파악, 내담자 보호 및 위기요소 평가, 상담 목표를 설정
- 상담 회기의 진행 : 개인 혹은 집단상담 진행(개인상담을 통한 신뢰관계의 구축, 자기이해, 의사소통 훈련, 대인관계 기법 훈련, 약속 지키기 연습, 문제해결능력의 증진, 폭력 유발상황에 대한 대처방법, 분노조절 프로그램, 나-전달법 등)
- 평가 및 사례회의 : 내담자의 학교 적응과정 평가, 관련기관 사례회의

2. 피해학생에 대한 상담 및 보호조치

1) 학교폭력 피해자의 특성

학교폭력의 피해자들은 크게 두 가지 유형으로 구분된다. 피해자 자신이 먼저 공격을 유발하는 경우와 피해자가 지나치게 위축되고 복종적인 경우이다.

(1) 피해자 자신이 먼저 공격을 유발하는 경우

- 눈에 띄고 나대는 행동을 한다.
- 잘난 척하거나 무시하는 말과 행동을 한다.

- 사소한 일에 흥분을 잘한다.
- 평소 안절부절못하는 편으로 놀림에 쉽게 말려드는 편이다.
- 불리한 경우에도 싸움을 먼저 시작하기도 한다.
- 평소 반항적이고 가정과 학교에서 처벌을 많이 당한다.

(2) 지나치게 위축되고 복종적인 경우

- 학교 활동에 참여하지 못하고 혼자만의 세계에 빠져 있는 경우가 많다.
- 피해의식이 많고 다른 사람을 이해하거나 공감하는 능력이 부족하다.
- 내성적이며 자기 주장을 못한다.
- 지적 장애나 정서적 장애를 가지고 있다.
- 공격을 방어하지 못한다.
- 피해를 당할 때 매우 고통스러워하여 가해자에게 성취감을 맛보게 한다.
- 과잉보호를 받거나 억압적인 가정환경에서 자란 경우가 많다.

2) 학교폭력 피해자에 대한 상담의 실제

(1) 위기상담 시 주의사항

① 필요한 지원(법적, 의료적 자문 등)을 되도록 빠르고 정확하게 정보를 제공해야 한다.

② 모든 상담은 각각의 내담자에 따라 개별적으로 진행해야 한다. 개별 상담과정에서 내담자의 욕구를 정확하게 파악하여 우선순위로 체계화하고, 상담의 목표를 장기와 단기로 구분하고 체계적이고 현실적으로 구성해야 한다.

③ 내담자로부터 사건과 관련된 구체적인 정보를 수집해야 한다. 상담내용을 되도록 자세하게 파악해서 기록하고 자료로 남겨야 한다. 이후 법적 증빙자료가 될 수 있다.

④ 1차 위기상담은 먼저 전화상담을 통해 상황을 파악하고, 이후에 사전 예약을

하고 상담을 진행하는 것이 바람직하다.

(2) 전문상담

학교폭력 피해자들은 그들이 받은 심리적 외상의 치유와 원만한 학교 적응을 위한 개별적 심리상담을 받아야 하는 경우가 많다. 그러한 경우에 학교 내에서 상담을 진행하기보다는 외부 전문기관으로 연계하여 전문상담을 진행하는 것이 바람직하다.

① 학교폭력 피해학생을 대상으로 한 전문상담의 특성

전문상담의 방향은 세 가지 측면에서 진행되어야 한다.

첫 번째는 현재 피해학생의 학교폭력 문제를 보다 바람직한 방향으로 대처할 수 있도록 하는 것

두 번째는 가정과 학교에서 피해학생을 지지하고 도와줄 수 있는 분위기를 조성하도록 하는 것

세 번째는 가정 내에 오랫동안 누적되어 온 문제를 바람직한 방향으로 해결할 수 있도록 도와줌으로써 이후에 학교폭력 문제가 재발되지 않도록 예방하는 것

② 전문상담의 목표

- 피해로 인한 정서적 고통, 불안, 공포감에 대한 수용과 지지
- 스스로 두려움을 극복할 수 있도록 정서적 지지
- 인격적 성숙과 긍정적 자아의 회복
- 독립적 인격체로 성장
- 따뜻하고 원만하고 건강한 가정 및 학교환경 마련

③ 학교폭력 관련 심리적 문제의 진단

학교폭력의 피해학생들은 만성적인 심리문제를 가지고 있을 수 있다. 따라서 우울, 품행장애, 약물남용, 집단따돌림, ADHD, 인격장애 등을 가지고 있는 것은 아닌지에 대한 심리적 평가가 병행되어야 한다.

④ 청소년상담의 다양한 기법

● **인간중심적 상담**

로저스Rogers의 이론을 따르는 인간중심의 상담은 기본적으로 상담자가 상호 신뢰로운 분위기를 조성하여 내담자가 거리낌 없이 자기개방을 하도록 하면, 내담자가 스스로 자신의 내면세계(감정, 욕망 및 가치판단 등)를 이해하고 자신의 문제를 파악할 수 있게 된다는 것이다. 내담자가 스스로 자신의 주변 환경에 대한 인식을 수정하고 자신의 개성을 최대한 발휘하는 방향으로 노력할 수 있게 된다. 상담자의 상담기술보다는 내담자의 생각과 느낌을 공감해 주는 태도가 중요하다.

● **인지행동치료적 상담**

앨버트 엘리스Albert Ellis 등에 의해 창시된 기법으로, 내담자가 겪는 심리적 문제는 환경적 요인 그 자체보다는 환경에 대한 왜곡된 신념[인지]으로 인해 발생한다. 따라서 왜곡된 신념이나 인지를 변화시킨다면 정서나 행동에도 변화를 가져올 수 있다고 본다. 상담을 통해 내담자가 가지고 있는 '반드시 ~을 해야 한다.', '반드시 ~할 것이다.', '절대로 ~해서는 안 된다.'라는 신념 중 역기능적인 부분을 찾아서 '~하고 싶다.'는 긍정적인 자기표현으로 변화를 일으키도록 도와 비합리적 신념에서 벗어나 스스로 변화의 의지를 가질 수 있도록 도와야 한다고 주장한다.

● **현실치료적 상담**

윌리엄 글래써William Glasser에 의해 창시된 기법이다. 내담자로 하여금 자신의 바람이나 욕구를 정직하게 검토해 보도록 하여 삶의 질을 향상시킬 수 있다고 본다. 래써와 우볼딩Wubbolding의 인간의 5가지 욕구(소속과 사랑, 통제, 자유, 즐거움, 생존의 욕구)를 스스로 탐색하도록 하여 스스로의 욕구를 현실적으로 도달할 수 있도록 격려하는 것을 강조한다. 현실치료는 우리에게 일어나는 불행은 발생하는 것이 아니라 우리가 선택하는 것, 불행한 감정도 자신이 선택한 것이라는 것이기 때문에 자신이 더 나은 선택을 하도록 도움으로써 현실의 불행한 상태에서 벗어날 수 있도록 내담자를 도와야 한다고 주장한다.

3) 학교폭력 피해자에 대한 보호조치

학교폭력예방법 제16조에 따라 피해학생은 심리상담 및 조언, 일시보호, 치료나 치료를 위한 요양, 학급 교체, 그밖의 조치를 받을 수 있으며, 이 과정에서 출석일수, 성적평가 등의 불이익을 당하지 않도록 보호조치할 수 있다.

① 심리상담 및 조언 : 전문 상담과정을 통해 정신적 충격에서 벗어나 학교생활에 잘 적응할 수 있도록 도움을 받는다.
② 일시보호 : 지속적으로 폭력을 당하거나 보복을 당할 수 있다고 판단되면 일시적으로 보호시설이나, 집, 학교상담실에서 보호를 받을 수 있다.
③ 치료 및 치료를 위한 요양 : 심리상담만으로 부족한 경우 피해학생에게 적합한 의료기관에 입원을 하도록 하거나 통원치료를 하면서 신체, 심리적 치료를 제공할 수 있다.
④ 학급 교체 : 일시보호 외에도 가해학생의 보복으로부터 보호하기 위해 학급을 변경할 수 있다.
⑤ 그밖에 필요한 조치 : 자치위원회에서 피해학생에게 필요한 다른 조치들을 하도록 정할 수 있다.

학교폭력이 발생한 후 피해학생에게 배려적이고 따뜻하며 신뢰 있는 환경을 제공해 주어야 하는데 필요하다면 학생이 편안하게 상담을 받을 수 있도록 배려할 필요가 있다는 것이다.

4) 학교환경의 관리 및 복원

회복과정에서는 피해학생뿐 아니라 학교환경도 염두에 두어야 하는데, 피해학생이 학교에 돌아왔을 때 학교폭력의 흔적이 남아 있지 않도록 잘 정리되어 있어야 하며, 이후에 같은 일이 반복되어 일어나지 않도록 학교 규칙이나 환경이 적절히 변경되었는지 평가를 하고 필요한 경우, 미래를 위해 무엇을 할 수 있을지 계획해야 한다.

3. 가해학생에 대한 상담 및 징계조치

1) 학교폭력 가해학생의 특성

(1) 가해학생의 주변 요인

학교폭력은 단순히 가해학생과 피해학생 간의 관계로만 설명되지 않고 대개 가족이나 학교 및 친구, 여러 사회 문화적인 요인들이 관련되어 있다. 그러나 앞서 정리한 바와 같이 학교폭력은 주변 상황이나 여건과 관련지어 개입을 하기보다는 가해학생의 문제와 환경의 문제를 서로 독립적으로 생각하는 것이 필요하다. 가해학생 스스로 자신의 행동에 대한 책임을 지는 것이 무엇보다 우선하며, 가해행동에 대한 긍정적 책임의식으로 인해 이후 같은 상황을 반복하지 않도록 하는 것이 필요하기 때문이다.

가해학생의 주변 요인들을 정리하면 다음과 같다.

- 가족의 방임
- 부모-자녀 간 부정적 의사소통
- 가족구조의 결손
- 가정폭력의 경험
- 부모의 과보호
- 교사와의 관계
- 학업성적
- 교사의 처벌, 또래관계 및 또래폭력 등

(2) 인성 및 도덕성의 문제

가해학생 대부분은 자신의 분노, 욕구좌절, 우울 등의 원인이 자신에게 있는 것이 아니라, 부모나 학교, 환경에 있다고 보고 자신의 행동을 정당화하거나 합리화하려는 경향이 높고, 도덕적 가치나 양심, 공감능력이 부족(부모의 학대, 방임, 방치 등으로 인성교육이 부재)한 경우가 많다. 일반적으로 죄의식이 부족하고 피해학생의 고통과 자신이 무관하다고 생각(감정이입의 어려움)하는 경향이 많다.

(3) 부적절한 상황 대처방법

이들은 대부분 사회적 문제해결력이 부족하고 왜곡된 행동을 학습한 경우가 많다. 특히 남성적인 것, 효과적인 대화법의 하나로 폭력을 모델링하는 경우가 많다.

2) 학교폭력 가해학생에 대한 상담과정

가해학생에 대한 상담도 피해학생의 상담과 마찬가지로 1차적 위기상담과 2차 전문상담의 과정으로 나뉠 수 있다.

(1) 위기상담

학교폭력의 가해자가 어떤 측면에서는 피해학생일 수 있다는 점을 간과해서는 안 된다.

피해학생에 대한 상담과 마찬가지로 가해학생에게 도덕적 비난이나 처벌을 앞세운 상담을 진행하거나, 피해학생의 말만 믿고 가해학생이라고 불러서는 안 된다. 반드시 객관적 자료수집이 우선시 되어야 한다. 또한 가해학생도 상처가 있거나 정신적 충격상태에 놓여 있을 수 있으므로 이를 먼저 확인하고 안정조치를 취해야 하며, 구체적이고 객관적인 정보를 수집하기 위해 노력해야 한다. 따라서 사건의 배경 및 발생원인과 관련된 정보를 되도록 구체적으로 수집하는 것이 필요하다.

① 가해학생의 반성 및 욕구 파악

가해학생이 반성을 하고 있으며 사과의 의지가 있는지 아니면 다른 방법으로 어떻게 해결되기를 바라는지에 대한 욕구를 알아보고, 피해학생에게 사과를 할 의지를 가지고 있더라도 개별적으로 방문하는 것은 바람직하지 않고, 되도록 교사나 중재자가 동행을 하는 것이 좋다.

② 가해학생의 책임인식, 처벌과 징계절차 확인

가해학생은 기본적으로 피해자에게 치료비가 발생하였을 때 이를 배상해야 하며 경제적으로 어려운 가해학생들의 경우 학교안전공제회를 통해 병원비를 지불할 수 있음을 안내해 주어야 한다.

③ 가해학생 학교생활 복귀

가해학생도 역시 원만한 학교생활과 정상적인 일상생활로 복귀하는 것이 중요하다는 것을 깨닫게 해야 한다.

(2) 전문상담

① 교육적 개입 필요

가해학생 상담의 경우, 기본적으로 도덕성이나 인성 측면에서 교육적 개입이 동시에 고려되어야 한다. 단순한 상담보다는 타인의 입장을 이해할 수 있는 심리학적 교육과 체험이 제공되는 것이 필요하다(역할극 등).

② 가족 내 역동이나 또래집단 내부의 역동에 대한 이해

자신이 한 행동이 여전히 정당하다고 생각하는 경우도 있는데, 이는 가정에서의 인성교육과 관련될 수 있고, 학교폭력이 발생한 현재에도 가정 내에서 도덕적으로 인성적으로 바람직하지 않은 부모 양육태도가 발생할 수 있다. 그렇기 때문에 단순히 학생에 대한 상담뿐 아니라, 도덕적 가치관에 대한 교육이나 가정의 변화가 함께 진행되어야 하며, 가해학생이 집단을 형성하여 폭력을 가한 경우에는 청소년 집단의 심리적·행동적 역동이나 문화에 대하여 정확한 이해가 병행되어야 한다.

③ **정기상담**

가해학생 개인뿐만 아니라 가족구성원 모두를 포함한 정기적 상담을 진행해야 하고, 필요하다면 가족 치료적 접근이 적용될 수 있다. 적절한 상담 및 치료기법으로는 교육치료적 접근법, 정신분석학적 접근법, 놀이치료, 행동치료, 심리 역동적 훈련 치료 등이 적용될 수 있다.

④ **사회성 강화 집단 프로그램**

보통 초등학교 고학년에서 중학생 연령에 포함되는 가해학생들을 대상으로, 집단 프로그램을 진행할 필요가 있다. 행동장애 및 학교폭력의 경험이 있는 학생들에게 소속감, 타인이해, 자기 주장, 충동성 조절, 유능감, 자신감 형성 등을 다양한 집단 활동 등을 통해 모델링하거나 배울 수 있도록 한다. 필요한 경우 단기 여행을 떠나는 활동을 포함할 수도 있다.

⑤ **교육적 후견인(멘토)**

문제행동이 심각한 학생 중에서 부모와 갈등이 심각해서 학생의 심리적·현실적 문제를 해결할 수 있는 성인이 필요한 경우 교육적 후견인을 선정하도록 한다. 대부분 사회복지사나 교육전문가, 지역의 자원 멘토들이 그러한 역할을 할 수 있으며, 멘토는 1~2년 이상을 장기적이고 지속적으로 돌봄을 해줄 수 있는 사람으로 구성되어야 한다. 이들은 가해학생의 폭력에 대한 인식의 전환, 정서적 지지와 격려의 경험, 심리적 자립능력의 향상을 주로 도울 필요가 있다.

3) 학교폭력 가해학생에 대한 보호조치

가해학생에 대한 보호조치에서 가장 중요한 것은 학교폭력의 재발방지 및 가해학생의 건강한 학교복귀라고 할 수 있다.

① 가해학생들이 건강한 심리상태로 회복될 수 있도록 지속적인 상담을 제공한다.

② 알코올릭 부모나 학대 부모가 가해학생의 심리상태를 지속적으로 해치는 경

우라면 대안보호시설에 입소하도록 도움을 줄 수 있다. 그룹 홈, 쉼터 혹은 상주형 치료교육시설에서 심신이 건강하게 회복될 수 있도록 돕고 한 번씩 가정으로 복귀하도록 한다.

③ 가해학생들은 대부분 자기 인생에 대한 실망과 상실감이 크며 더 이상 인내할 수 없으며 미래에 대한 계획이 없는 경우가 많다. 지속적인 사례관리를 통해 가해학생에게 정서적 지지와 격려를 제공함으로써 미래에 대한 희망과 긍정적 비전을 가질 수 있도록 도와야 할 것이다.

4) 가해학생 가정에 대한 지원

가족 내에 존재하는 고질적인 문제를 극복하는 데 도움을 주어 가해학생이 가정에 돌아가 건강한 성장과 발달을 할 수 있도록 돕는다. 이들의 가정은 일반가정과는 다른 여러 가지 문제를 가지고 있다. 채무, 한부모가정, 자녀양육과 경제적 어려움, 자녀의 행동장애, 가족 내 갈등(이혼, 불화 등), 부모의 정신적 · 신체적 건강 등의 어려움을 겪고 있는 경우가 많다. 이런 경우에 가해학생의 가정을 지역사회의 다양한 지원체계를 통해 도와줌으로써 제 기능을 다하는 가정이 될 수 있도록 도움을 주어야 할 것이다.

5) 학교폭력 가해학생의 징계

학교폭력 사건이 발생하면 「학교폭력예방 및 대책에 관한 법률」에 따라 학교폭력 대책 자치위원회가 소집되고 위원회의 결정에 따라 가해학생은 교육, 선도 조치를 따르게 된다. 또한 피해자 측에서 형사고발을 하는 경우에 형사책임을 져야 하는 경우도 있다. 형사처벌은 가해학생의 연령에 따라 소년법상 보호처분 또는 형사처분을 받게 된다. 또한 피해학생이 부담한 치료비용을 배상해야 하고 보호자로 교육을 받아야 한다(교육과학기술부, 2012).

보호처분(소년법)	형사처벌(형법 등)
• 개선 가능성이 많은 소년에 대해 처벌하기보다는 보호·교육하여 사회에 복귀	• 범죄에 상응한 처벌/특히 자유형은 범죄자를 격리 교정하여 재범을 예방
• 장래에 영향 미치지 않음	• 형의 실효 등에 관한 법률 적용
• 수사경력 자료로 관리 (소년보호사건으로 표기)	• 범죄경력 자료로 관리 (구체적인 형명·형기 표기)

그림 9-1 **소년보호제도**

출처: 교육과학기술부, 2012, p.36.

(1) 형사책임

① 보호처분

보호처분은 장애의 신상에 어떠한 영향을 미치지 아니하며 보호처분 결정이 내려지면 바로 집행한다(보호자의 감독, 교육, 사회봉사, 소년보호시설에 감호위탁, 소년 의료보호시설에 위탁, 소년원 송치 등이 포함된다).

② 소년보호사건의 대상

만 10세 이상에서 19세 미만이 해당된다. 형사법상 만 14세 미만의 아동은 벌하지 않는다.

(2) 민사상 책임

가해학생과 그 보호자는 자신의 행동에 대한 책임을 지고 손해배상의 책임을 지게 된다.

(3) 학교폭력 대책 자치위원회의 징계

① 서면사과 : 피해학생에게 서면으로 폭력행위에 대한 사과를 하도록 하여 화해를 유도하는 것이다.

② 피해학생에 대한 가해학생의 접촉 및 협박, 보복행위 금지: 피해학생에 대한 보복이나 폭력이 더 이상 일어나지 않도록 금지하는 것이다.

③ 학급 교체: 가해학생과 피해학생을 격리하는 과정이다.

④ 전학: 가해학생과 피해학생이 격리되도록 학교를 옮기는 것이다.

⑤ 학교에서의 봉사: 봉사방법과 기간은 자치위원회의 심의를 거쳐 학교장이 결정한다.

⑥ 사회봉사: 봉사방법과 기간은 자치위원회의 심의를 거쳐 학교장이 결정한다.

⑦ 학내외 전문가의 특별교육이수 또는 심리치료 : 교육청의 대안교육센터를 이용하거나 교내외 전문가의 특별교육을 이수하거나 심리치료를 진행한다.

⑧ 출석정지: 가해학생의 등교를 정지하여 반성의 기회를 갖도록 하는 것이고, 결석처리가 되어 불이익을 받는다.

⑨ 퇴학처분: 학생 신분을 강제로 상실하는 것으로 의무교육과정인 중학교에서는 불가능하다.

CHAPTER 10

부모상담과 교육

1. 부모상담 : 가해, 피해학생 학부모 상담

1) 학교폭력 가해학생 학부모 상담

상담하는 데 학교폭력 가해자 학부모를 상담할 경우에는 학교폭력 피해자 학부모 상담과 같은 경청과 공감이 필요하다. 뿐만 아니라 자신의 자녀가 일으킨 문제로 교사 앞에 불려왔다는 수치심은 자녀가 행한 폭력에 대한 당황스러움과 혼란, 그리고 어떻게 대처할지 모르는 막연함과 불안이 혼재되어 있다. 따라서 자존심이라는 측면에서 볼 때, 피해자 학부모 상담보다 자존심을 다치지 않게 조심해야 할 필요가 있다.

가해자 학부모가 느끼는 수치심은 자신의 자녀를 비난하는 것으로 나타나기도 하고, 드러난 폭력형태를 축소시키거나 그 자체를 인정하지 않는 등 여러 가지 양상으로 나타난다. 심지어 발생한 폭력의 원인을 피해자의 잘못으로 책임 전가하는 경우까지 확대되어 나타난다.

이와 같은 가해자 학부모가 초기에 느끼는 부정적인 감정들을 교사가 잘 다루어 주지 않으면 학교폭력 형태가 더 확대되거나 피해학생과 학부모가 더 큰 고통을 당하게 될 수 있다. 마치 화재를 진화하는 현장에서 초기 화재 진압을 효과적으로 대처하지 못하면 더 큰 화제로 발전하는 것과 같은 원리이다. 즉 가해학생이 자신의 부모가 보여주는 태도에 따라 자신의 가해 사실에 대한 인정 및 피해학생에게 용서를 구하는 마음으로 자신이 행한 폭력에 대해 책임지려는 태도를 보일 수 있다. 반대로 가해자가 가져서는 안 되는 피해학생이나 학부모의 신고에 대해 반발과 보복심을 분노로 표현하여 피해학생과 학부모에게 더 큰 상처를 주는 태도를 보일 수 있다.

가해자 학부모를 상담하는 교사는 그들을 문제를 일으킨 학생의 부모라는 관점에서 피해 사실과 대처방안을 고지하는 태도는 지양해야 한다. 그들 역시 자신이 원하지 않는 일을 겪는 피해자라는 관점에서 그들이 표현하는 내용들을 충분한 경청과 공감과 적절한 반영을 하면서 심리적 안정감을 줄 필요가 있다. 그 과정이 선행되면 교사를 통해 경험한 경청과 공감과 적절한 반영을 피해학생과 부모를 대하는 태도로 사용할 수 있게 된다. 경우에 따라서는 자식들로 인해 원하지 않은 일을 당한 부모라는 일종의 동료애를 느끼면서 당면한 문제를 해결하려는 적극적인 의지를 보일 수 있다. 즉, 맹목적으로 자신의 자녀를 비난하거나 반대로 편들거나 하는 태도, 사건을 축소, 부인, 회피, 책임전가라는 부정적인 모습을 보이려는 방어기제를 사용하려는 시도를 하지 않게 된다. 따라서 자신들의 자녀가 행한 학교폭력의 실체와 피해 규모를 보다 분명하게 파악하고 적절하게 대처하려는 적극성을 보이게 된다.

이처럼 학교폭력 가해자 학부모에 대해 교사가 대하는 긍정적인 태도는 당면한 학교폭력에 대한 해결의 효과적인 결과를 나타낼 뿐만 아니라 재발을 방지할 수 있는 측면도 있다. 학교폭력이 더욱 문제가 되는 것은 가해학생들의 폭력형태는 대부분 일회성으로 종결되는 것이 아니라 재발되고 습관적, 지속적으로 나타날 수 있다는 것이다. 폭력의 양상이 동일한 피해학생에게 다시 나타날 수 있고 다른 대상에게 방향이 옮겨져 나타날 수 있다. 학교폭력은 다양한 접근과 해결방안의 실행으로 해결할 수 있지만 학교폭력의 근절은 가해학생과 학부모가 함께 해결하려는 의지를 가지고 있으면 가능하다. 학교폭력 가해학생 대부분은 가정에서 분노가 형성되어 점진적으로 축적되고 팽창되어 그 분노가 처리되지 않으면 견딜 수 없게 되는 심리적 발달단계를 경험한다. 마치 변비에 걸린 사람이 변이 배출될 때까지 전전긍긍하는 것과 같다. 변비와 같은 분노는 반드시 배출해야 자신이 살 것 같기 때문에 자신보다 약한 대상에게 분노를 표출한다. 학교폭력의 피해 크기가 클수록 가해학생의 분노 크기를 가늠해 볼 수 있다. 이러한 분노의 발달단계를 가해학생 부모에게 이해시키고, 교사와 부모, 가해학생이 함께 하는 상담과정은 학교폭력을 근절시키는 효과적인 접근방법이다. 가해학생과 부모가 서로에게 진정한 용서를 통한 화해가 이루어지고, 존중과 신뢰를 기반으로 한 친밀감이 형성되면 가해학생은 더 이상 학교폭력의 가해자 역할에서 벗어나게 된다. 따라서 학교폭력 가해학생들이 "나도 이렇게 살고 싶지 않아요"라는 마음속의 절규도 사라지게 된다.

2) 학교폭력 피해학생 학부모 상담

(1) 학교폭력 피해에 대한 부모의 반응 상담

학교폭력 피해자 학부모를 상담하는 데 있어서 가장 중요한 것은 적극적인 경청과 공감이다. 경청과 공감은 다른 상담 현장에서도 필요하지만 학교폭력 피해학생 학부모에게는 더욱 필요하다. 상담자의 적극적인 경청과 진심어린 공감은 학교폭력 피해학생 학부모의 마음을 어루만져 주며, 부정적인 감정의 해소와 심리적 안정감을 느끼게 한다. 이러한 안정감은 자녀가 당한 문제를 현실적이며 객관적으로 보고 판단할 수 있게 된다. 따라서 문제를 매우 현명하며, 필요적절하게 해결할 수 있게 된다. 이러한 과정은 상담자를 신뢰하고 함께 문제를 해결해 나가려는 의지를 갖게 된다. 자녀가 당한 학교폭력은 폭력을 당한 당사자의 고통은 매우 크지만 곁에서 자녀를 지켜보는 부모에게 이중 삼중의 고통을 느끼게 한다. 학교폭력은 학교폭력 피해자 학부모를 혼란스럽게 하고 당황하게 만든다. 심지어 자녀를 학교폭력에서 지켜주지 못했다는 죄책감과 더불어 무능감을 느끼게 된다. 뿐만 아니라 가해학생에 대한 분노가 더해져서 감정을 주체할 수 없는 흥분 지경에 처하게 되기도 한다. 이러한 부모의 감정적인 태도는 자녀에게 불안과 두려움을 유발시키게 된다. 왜냐하면 자녀는 이미 경험한 폭력에다 사건이 더욱 확대되거나 소문이 확산되어 잘못될 것 같은 두려움이 상승되기 때문이다. 실제로 자녀의 학교폭력 사건을 듣고 부모가 격한 감정으로 미숙한 대처를 하게 되어 문제가 확대되어 더욱 고통스러워진 자녀가 자살을 하게 되는 경우도 있다. 이러한 상황을 학부모가 인식할 수 있도록 상담자는 분명한 제시를 할 필요가 있다.

처음 자녀가 학교폭력을 당했다는 사실을 알렸을 때, 부모는 제대로 대처해야 자녀의 극단적인 선택을 막을 수 있다. 무엇보다 선행되어야 하는 것은 공감과 지지가 충분히 내포되어 있는 부모와 자녀의 대화이다. 가장 좋지 못한 초기 대처 형태는 부모가 자녀를 죄책감과 무능감이 들게 만드는 것이다. 특히 평소에 자녀의 사소한 실수를 지적하는 부모의 자녀는 피해를 당하고도 오히려 부모에게 혼날 것 같아 침묵하고 있어서 문제가 더욱 악화되는 경우가 있다. 혹시 초기 피해 사실을 알렸지만 공감과 지지보다는 사건 그 자체에 몰두하여 자녀에게 잘잘못을 따지는 부모의 태도는 자녀에게 더 큰 상처와 고통을 주게 된다. 이러한 결과는 자녀에게 그 후에 일어난 사건을 은폐하려는 노력을 수반하게 된다. 따라서 상담자는 피해학생 학부모를 상담하는 초기에 부모의 마음과 자녀를 대하는 부모의 반응을 살피고, 적절하게 대처하도록 돕는 것이 중요하다.

(2) 학교폭력 피해 대처 위한 부모상담

자녀가 학교폭력의 피해자라는 사실은 부모에게 심한 충격과 혼란, 가해학생에 대한 분노감에 사로잡혀 흥분하게 만드는 결과를 가져올 수 있다. 이런 상황은 부모로 하여금 학교폭력에 대해 적절한 대처를 어렵게 만들어 문제가 좋지 않은 방향으로 진행될 수 있다. 즉 부모가 학교폭력 피해자인 자녀에게 책임을 물어 비난하거나, 지나치게 흥분하는 경우에는 문제가 확산되는 경우가 발생한다. 이런 경우 피해 당사자인 자녀는 부모의 흥분된 태도와 감정적인 대응으로 인해 다음과 같은 일들이 발생하는 것에 불안을 느낀다.

첫째, 자신이 당한 피해사실이 다른 학생들에게 알려져 또 다른 곤란한 상황에 처할 것에 대한 두려움에 처하게 될 수도 있다.

둘째, 피해학생 중에는 가해학생에 대한 처벌을 원하지 않고 폭력이 발생한 전의 상태로 되돌아가길 원하지만 반드시 처벌하려는 의지를 가진 부모로 인해 힘들어지기도 한다.

셋째, 학교폭력에 대해 부모나 선생님에게 알린 행동을 후회하기도 한다. 즉 자신이 알린 학교폭력 피해가 학부모 간의 다툼과 학부모와 교사 간의 다툼으로 확대되는 것은 견디기 힘든 결과를 가져온다. 학교폭력을 부모나 선생님에게 알린 행동은 많은 생각 끝에 내린 결론과 그것을 말할 수 있는 용기가 수반된 것이다.

(3) 학교폭력 피해 대처의 효과적인 방안

학교폭력이 발생하면 가장 중요하게 다루어져야 하는 것은 첫째, 피해사실에 대한 명확하고 구체적인 사건의 증거 확보가 신속하고 정확해야 한다. 즉 피해를 입증할 만한 증거와 목격자를 확보해야 한다. 최근에는 대부분의 학교에 학교폭력대책자치위원회라는 공적인 단체에서 학교폭력 문제해결에 주력하기 때문에 피해를 입증할 만한 자료인 피해 증거와 목격자를 확보하는 것이 중요하다. 담임교사에게 학교폭력 상황을 알리고 도움을 받는다. 또한 학교폭력의 가해·피해학생 학부모선에서 해결하기보다 학교폭력대책자치위원회의 도움을 받는 것도 좋은 방법 중 하나이다. 둘째, 자녀를 대하는 태도가 매우 중요하다. 즉 따듯한 가슴으로는 자녀가 받은 고통과 충격을 공감해 주고, 냉철한 머리에서는 사태를 분석하고 필요 적절한 대처를 해야 한다. 이러한 태도는 비교적 차분하고 안정된 평정심을 유지하여야만 가능한 일이다. 가장 피해야 할 대처방법은 화를 내며 자녀를 야단치는 것, 자녀의 행동에 문제가 있다고 여기는 것, 자녀 문제로 인해 부모가 고통스럽고 수치스럽다고 말하는 것이다. 이와 같은 부모의 부정적인 태도는 자녀에게 2차적인 피해를 주는 것이기 때문이다.

2. 부모상담 : 부모-자녀 대화법

인간이 살아가는 데 있어서 필요한 부분이 많이 있지만 특히 인간관계에서 주고받는 의사소통은 매우 중요하다. 말 한 마디가 행복과 불행한 마음을 느끼게 하며, 분노를 증가시키거나 감소시킬 수 있는 힘이 있기 때문이다. 이러한 말의 위력을 삶의 체험에서 알게 된 한국인의 조상들은 말에 대한 속담을 후손들에게 구전으로 알려주었다. "말 한 마디에 천 냥 빚을 갚는다", "가는 말이 고와야 오는 말도 곱다" 등으로 건강한 말, 진정성이 담긴 말, 감동적인 말을 표현했다. 또한 좋은 사람과 함께 하는 대화에 대해 "고기는 씹어야 맛이고, 말은 해야 맛이다."라고 말을 맛에 비유하면서 "침묵은 금이다"라는 말과 다른 표현을 했다. 말이 주는 귀한 영향력에 대해 성경에 "경우에 합당한 말은 아로새긴 은쟁반에 금 사과니라"(잠25:11)라고 표현되어 있다.

이처럼 말의 중요성을 강조한 것은 말은 마음이라는 내용물을 담은 언어라는 그릇이기 때문이다. 대부분의 사람들은 귀한 음식은 고급스런 그릇에 담아 정성을 나타낸다. 음식을 먹기 전에 그릇을 보고 음식의 질을 가늠해 본다. 마찬가지로 마음을 담은 언어 표현에서 말하는 사람의 마음을 가늠해 볼 수 있어서 사람들은 말에 민감하다. 사람들은 교양 있고, 매너 있는 사람들과 함께 있기를 좋아하는 편이다. 교양과 매너를 가늠할 수 있는 것이 언행인데 행동보다 언어 표현에 더 많은 비중을 두게 된다.

이와 같은 관점에서 건강한 가족과 역기능적인 가정의 차이와 가정 안에서 사용되고 있는 대화의 특징을 살펴보고자 한다.

(1) 건강한 가족(순기능 가족)과 역기능 가족

① 건강한 가족(순기능 가족)

먼저 순기능이라는 표현을 이해하자면 충분히 기능한다는 것이다. 즉, 건강한 가족인 순기능 가족은 가족 모두 각자 맡은 역할에 충실하는 순기능적인 특징이 있다. 따라서 심리적인 여유와 안정감이 있기 때문에 평온함이 지속되어 가족이 정해놓은 규칙에 융통성이 있다. 기쁜 일이 있으면 함께 기뻐할 수 있어서 즐거움은 배가 되고 오래 지속된다. 때때로 힘들거나 돌발적인 문제에 직면하게 되면 가족들이 힘을 합해 서로 배려하며 당면한 문제를 해결하는 데 집중하게 된다. 자연히 걱정과 근심, 불안, 두려움 등이 주는 부정적인 감정은 감소된다. 뿐만 아니라 그 문제를 해결하는 과정에서도 서로 격려하고, 지지하며, 인내할 수 있어서 매우 효과적인 결과를 가져온다. 혹시 좋지 않은 결과를 가져온다 해도 책임전가와 비난을 하지 않고, 결과보다 상대방의 노력해 온 과정을 인정해 준다. 이러한 가정의 건강성은 의사소통에 있어서도 솔직하며 배려하는 표현과 적극적인 경청을 배경으로 개방적인 대화방식을 사용한다. 따라서 가족구성원들은 자신이 사랑과 존중받고 있는 가치로운 존재라는 것을 느낄 수 있다. 의사소통에 있어서도 샤티어 Virginia Satir 가 말하는 일치형이 주로 사용된다.

② 역기능 가족

역기능 가족의 특징은 순기능 가족과 달리 심리적인 여유와 안정감이 부족하다. 그 이유는 제대로 기능하지 못하는 가족의 몫을 다른 가족구성원 한 사람이 희생적으로 떠맡고 있거나 몇 사람이 분담하는 경우가 있기 때문이다. 따라서 희생자와 회피자, 문제발생자 등의 특성이 나타나게 된다. 인간은 불완전한 존재이기 때문에 자신이 맡은 일 외에 다른 사람의 일을 대신 해야 한다는 것에 큰 부담을 느끼게 된다. 따라서 자신의 몫에 더해진 다른 가족의 몫을 감당하는 상황에서 수용과 인내, 관용을 보일 수 있는 마음의 여유가 사라지게 된다.

이와 같은 현상을 나타내는 역기능 가정은 역기능의 증가를 가져오고 여유와 안정감은 반비례하는 특성을 지니게 된다. 안정감과 마음의 여유 부족의 현상 중 하나로서 가족 규칙이 경직되어 있어서 융통성이 없고, 일관성이 없다. 어려운 문제에 직면하게 되면 비난과 책임전가가 우선적으로 나타나기 때문에 가족구성원들은 문제를 은폐하거나 문제로 인해 부정적인 영향이 증가한다. 또한 가족구성원 간의 낮은 상호작용으로 인해 의사소통은 일방적이거나 메시지의 일치성(언어적, 비언어적 포함)이 부족하다. 따라서 가족 안에서 경험되는 몰이해, 무시, 비난, 명령 등으로 인해 자기가치감과 자존감이 낮아진다. 이와 연결되어 의사소통의 특징은 대화내용의 모호성, 이중 구속 메시지가 특징적이며, 의사소통 유형은 부정적인 다양함을 보여서 샤티어 Virginia Satir 가 말하는 회유형, 비난형, 초이성형, 산만형이 주로 사용된다.

(2) 의사소통 유형

① 회유형

회유형은 자신의 에너지를 타인의 생각, 감정 등을 맞추려는 데 에너지를 주로 사용하기 때문에 타인의 의견에 지나치게 동조하는 데서 나오는 비굴한 자세를 취하거나 사죄와 변명 등으로 자신을 보호한다. 따라서 자기 자신의 내적 감정, 생각을 무시하는 특징을 나타낸다. 이러한 특징은 자신이 원하는 것이 무엇인지 알지 못하게 되는 부정적인 결과를 야기한다. 즉, 지나치게 착한 행동, 호감을 얻으려는 지속적인 노력으로 인해 자신의 욕구를 무시하고 억압한다. 주요 감정은 슬픔, 억눌림에서 오는 상처받음과 분노, 억울함 등이다. 주로 사용하는 언어는 "모든 것이

내 탓이다, 당신은 무엇을 원하는가?" 등이다.

② 비난형

비난형은 자신을 강하게 나타내려는 목적이 있어서 회유형과 정반대 유형이다. 특징적인 모습은 책임전가, 타인 무시가 주를 이루며, 타인의 언행에 대해 직접적으로 비난, 통제, 명령 등을 나타낸다. 이 유형은 표면적으로는 공격적인 행동을 보이지만 내면적으로는 자신이 실패자라는 생각이 있다. 따라서 표면적인 강함과 달리 주된 감정은 좌절, 불신, 통제 불능에 대한 두려움, 소외감, 외로움과 더불어 분노 등이 있다. 주로 사용하는 언어는 "모든 것이 네 잘못 때문이야. 난 아무 잘못 없어. 이렇게 해야만 해, 넌 제대로 하는 것이 없어." 등이다.

③ 초이성형

초이성형이 보이는 사람은 일 중심이라는 특징을 갖고 있으며, 당면한 상황을 해결하는 데 집중력을 보이며 냉철한 분석력, 규칙과 원리 원칙을 지속적으로 주장하는 경직된 자세를 보이기 때문이다. 더불어 자신과 타인을 모두 무시하는 지나친 객관성이 비인간적인 면모를 나타낸다. 표면적으로는 강함과 우월감(상대방의 문제점을 중심으로 충고)을 나타내지만 내면적으로는 소외감을 느끼고, 쉽게 상처받기도 한다. 주요 감정은 지나친 예민함, 통제 불능에 대한 두려움, 외로움과 공허함, 소외감 등이다. 논리적이고 규칙적이기를 원하기 때문에 주로 사용하는 언어는 "논리적이지 않아, 사람은 논리적이어야 해." 등으로 논리적인 면을 중시하여 지루한 분위기가 강하다. 또한 개인적이고 감정적인 주제를 회피하며, 매우 추상적이다.

④ 산만형

산만형은 상황과 사람을 모두 무시하는 특징을 보여 상황만을 중시하는 초이성형과 반대되는 특징을 보인다. 다른 유형보다 상호 접촉이 어려운 것은 상황, 자신, 타인 모두 무시하기 때문이다. 표면적으로는 타인과 상황을 무시하는 데서 오는 언어 표현, 언행의 불일치 등으로 불안정과 정서적인 혼란을 나타낸다. 하지만 내면적으로는 고독감, 무가치감이 강하며, 심리적인 기저에 거부당하는 것에 대한 두려움이 많다. 따라서 주요 감정은 소외감과 외로움, 공허함과 혼란스러움, 오해받은 느낌 등이다. 주로 사용하는 언어는 집중력 부족과 흥미 없는 분야에 대한 싫증 등으로 타인의 대화를 방해하거나 임의적으로 주제를 변경한다. 개인적이고 감정적인 주제를 회피하기 때문에 가볍고 의미 없는 대화, 농담 등을 주로 사용한다.

⑤ 일치형

일치형의 특징은 자신에 대한 건강한 자존감과 그에 따른 높은 가치관, 심리적인 안정감으로 자신과 타인, 처해진 상황에 대해 정확한 분석이 가능하다. 따라서 자신의 생각과 감정에 대한 분명한 인식과 정확한 언어 표현으로 상대방에게 필요 적절한 의사를 표현한다. 매우 진솔한 의사소통으로 내면의 감정과 언어 표현의 일치성을 보인다. 주요 감정은 자신과 타인을 사랑하는 데서 오는 안정감과 평화로움, 자신과 타인에 대한 수용성 등이다. 의사소통은 경청에 따른 적절한 반영, 자신과 타인, 상황을 모두 고려하는 개방성과 정직성으로 자신의 감정과 사고, 원하는 것과 싫어하는 것, 기대 등을 표현한다.

(3) 부모의 대화가 자녀에게 주는 영향

자녀는 자신의 모델을 함께 생활하는 부모로 삼게 된다. 따라서 그 부모가 부부끼리 사용하는 언어, 부모가 자녀에게 사용하는 언어, 가정폭력 등은 그대로 모방되어 자녀들이 관계맺고 있는 주변 환경에서 나타나게 된다. 이러한 환경은 자신의 마음을 표현하고 상대방에게 자신에 대해 변호하는 데 매우 서툴고 미숙한 결과를 양상하기 때문에 인간관계를 맺는 데 취약성을 나타내게 된다. 인간관계 맺는 것이 서툰 사람들이 보이는 분노와 폭력성은 원가족 안에서의 환경을 그대로 모방한다고 할 수 있다. 부모 간, 부모-자녀 간의 대화는 일치성이 가장 좋은 대화방법이다.

(4) 효과적인 부모와 자녀의 대화

효과적인 대화의 필수요소는 경청, 공감, 적극적인 반영, I-message 사용이다.

특히 I-message는 자신이 상대방에게 받은 자극이나, 언어 표현에 대해 자신의 마음 상태를 표현하는 것이기 때문에 그 표현을 듣는 상대방이 객관적이며, 사실적으로 듣기 쉬운 상태가 된다. 즉, 듣는 사람이 비난당하는 느낌, 책임 추궁, 책임 전가 등의 부정적인 감정들이 느껴지지 않기 때문에 말하는 사람의 생각과 감정을 명료하게 인식하게 된다. 예를 들면 "너의 말을 들으니까 내 마음이 아프다." 또는 "지금 네가 하는 말을 들으니까 화가 나려고 해."라는 자신의 감정을 표현해 상대방을 흥분시키지 않고 전달할 수 있다.

효과적인 대화에서 금기시되는 것은 you-message 사용이다. you-message는 부모의 명령, 비난, 무시, 몰이해 등을 포함한 자기 주장의 일방향성을 나타내기 때문에 자녀로 하여금 반감과 분노, 억울함 등의 부정적인 감정들을 유발하기 때문이다. 예를 들면 부모가 아무리 차분한 감정으로 "그렇게 말하지마. 그 말은 나를 아프게 하는 말이야." 또는 "너는 왜 내가 화나는 말만 골라서 하니?"라는 표현을 해도 상대방에게 명령과 비난으로 들리기 때문에 부정적인 감정을 유발시킨다.

대화의 목적은 화자와 청자가 모두 얻은 것이 있어야 한다. 만약 이해 받기를 원한다면 상대방에게 이해 받거나 이해해 보겠다는 등의 반응을 듣는 것이다. 따라서 대화는 하면 할수록 상대방에 대한 이해가 확장되고 깊어진다. 대부분의 사람들은 대화와 토론을 구분하지 못하고 대화한다고 하면서 토론을 하고 있는 것을 볼 수 있다. 필자의 상담센터에 오는 내담자들은 자신들이 대화와 토론을 구분하지 못했다는 것을 자신들의 언어 표현에서 발견하고 매우 놀라워한다. 특히 부부 불화로 오는 경우에는 매우 높아진 토론의 강도가 싸움으로 발전되어 대화가 중단된 상태에 있다. 그 원인이 본인들이 생각했던 대화가 사실은 격렬한 토론에 있었다는 것을 알고 매우 큰 충격을 경험하게 된다. 그것을 인식하면 부부 불화는 곧 50%로 줄어들게 되고 매우 신속한 치료효과를 나타내면서 대화하는 방법을 새롭게 학습하게 된다. 상담이 끝날 무렵에는 고상하고 품위 있는 대화를 하고도 서로에 대한 이해가 높아져 의사소통에서 토론은 찾아볼 수 없게 된다.

부모와 자녀의 의사소통이 어려운 경우에도 대화에 토론이 있기 때문이다. 부모는 자녀보다 힘이 있는 대상이기 때문에 토론의 결과는 부모가 승리하게 된다. 이에 따른 자녀는 침묵, 반항, 일탈, 심지어 가출 등으로 부모에게 자신이 할 수 있는 방법으로 승리하려고 한다. 토론의 목적은 여러 가지가 있지만 특히 자신 또는 자신이 주장하는 바를 증명하는 것으로써 상대방의 동의를 얻거나 자신의 옳음을 인정받기를 원하는 것에 주목적이 있다. 따라서 가족 간의 불화, 특히 부모-자녀 간의 불화에서 볼 수 있는 언어 표현은 자신의 옳음을 강하게 주장하며 일방적으로 따라 오라고 하는 부모의 you-message 사용이 대부분인 것을 볼 수 있다.

① 대화를 위한 준비자세

부모는 자녀와 대화를 시작하기 전에 대화를 위한 준비가 필요하다. 왜냐하면 대부분의 부모는 자녀를 위하려는 마음이 앞서서 자녀의 정서와 감정, 생각 등을 파악하기보다 정답을 제시하거나 옳고 그름 등을 말하게 된다. 자녀의 마음을 이해하려는 것이 선행되지 않은 상태에서 자녀의 생각을 교정해 주려는 마음이 앞서기 때문에 자녀가 하는 말을 끝까지 경청할 수 없게 된다. 뿐만 아니라 인생의 선배로서 "네가 무슨 말을 하는지 이미 다 안다. 더 이상 긴 말을 듣지 않아도 너의 생각을 다 알고 있다."라는 우월감을 나타내기도 한다. 이러한 부모의 태도는 자녀에게 무시당하는 느낌을 강하게 주게 되어 결국에는 자녀가 더 이상 부모와 대화를 하지 않겠다는 결심을 하게 만들어 침묵하게 만든다. 부모는 자신의 대화 태도가 자녀의 침묵을 가져온다는 것을 인식하지 못하고 자녀가 말을 하지 않는다, 무슨 생각을 하는지 모르겠다고 하면서 고민하게 된다. 모처럼 자녀가 말하면 중간에 끊어버리는 부정적인 반응이 반복되면서 자녀는 다시는 말하지 않겠다는 각오를 하게 만든다.

대화를 위한 부모의 준비자세는 먼저 자신의 모든 것이 들어 있는 마음의 컨테이너(가치관, 신념, 편견, 개성, 사고, 인식, 감정 등이 들어 있음)를 잠그고, 그 열쇠는 주머니에 넣고, 마음의 컨테이너 자체를 잠시 옆으로 돌려놓는다. 이러한 자세는 말하는 상대방의 메시지를 그대로 동조하라는 것이 아니라 상대방의 입장에서 들으려고 하며, 끝까지 경청하려는 자세를 말하는 것이다. 예를 들면 말하는 상대방이 팥으로 메주를 쑨다고 말하면 그 말에 동조할 수는 없지만 자신과 달리 상대방은 그렇게 생각하고 말할 수 있다는 것을 존중하는 자세를 보여주는 것이다. 즉 "그건 아니야. 어떻게 팥으로 메주를 쑤니?"라는 말로 상대방의 말을 중단하지 않는 것이다. 상대방의 말을 끊거나 생각을 교정하려는 욕구를 제어하기 위한 방편으로 듣는 사람이 마음의 컨테이너를 잠그고, 열쇠를 주머니에 넣고, 컨테이너 자체를 잠시 옆으로 돌려놓는 준비가 선행되어야 한다.

자녀는 부모가 자신의 말을 잘 들으려고 하는 모습에서 존중받는 느낌을 가지게 된다. 따라서 부모가 자녀인 자신의 마음을 알아주고 이해해 주는 데서 오는 안정감과 신뢰감이 형성되면 자신을 위해 해주는 메시지를 경청하려는 마음가짐을 갖게 된다. 따라서 자녀는 부모와 대화하는 것이 부정적인 감정 해소와 사랑과 관심이 느껴지고 문제해결 방법까지 듣게 되면서 자녀 입장에서 부모와의 대화를 갖기를 요청하게 된다. 즉 공감과 경청을 충분히 받지만 중요하고 필요적절한 문제해결 방법을 들을 수 없는 친구들과의 대화보다 모든 문제해결 방법까지 들을 수 있는 부모와의 대화를 소중하게 여기게 된다.

② 대화와 토론의 분명한 차이 인식

필자가 상담한 내담자 대부분이 대화와 토론의 분명한 차이 인식을 인식하지 못하고 갈등이 심화되어 찾아오는 경우가 많다. 심지어 심화된 갈등이 상대방의 피를 보게 되는 싸움으로 확대되었거나 그런 결과를 가져오지 않으려는 노력 중 하나로써 대화를 기피하고 침묵이 지속된 상태가 견딜 수 없어서 상담을 요청하는 경우도 있다. 특히 부부 불화에서 현저하게 나타나는 것이 대화와 토론의 차이를 구분하지 못하는 것이다. 이런 경우에는 대화를 하자고 하면서 토론을 하고 있다는 사실을 인식하지 못하기 때문에 "왜 우리는 대화만 하면 싸움으로 끝나는지 모르겠어요."라고 표현한다.

대화는 하면 할수록 상대방이 이해되는 것이 특징이다. 즉, 대화의 시작은 자신을 알리는 것이지만 대화하는 과정에서 자신을 알리는 것과 더불어 상대방을 알게 되는 긍정적인 효과를 얻게 되는 것이다. 따라서 대화를 많이 할수록 상대방에 대한 이해가 깊어지게 된다.

토론은 대화와 달리 자신의 견해나 이론을 상대방에게 이해시키고 설득시키려는 목적이 대부분이다. 심지어 자신의 옳음을 증명하고 상대방을 항복시키려 하거나, 자신이 상대방보다 우월함을 나타내려는 수단으로 토론을 하는 경우도 있다. 즉 토론의 목적은 다양하지만 대부분 토론의 결과는 모두가 기분이 좋을 수 없게 된다. 이러한 토론이 가족 안에서 지속적으로 발생할 때, 토론장으로 변한 가정은 큰소리와 다툼이 발생하고, 일방적으로 토론의 승자 중심으로 힘이 쏠리게 되는 역기능이 나타난다. 따라서 '지속적인 불화냐? 불화를 감소시키기 위한 침묵으로 가느냐?'의 양극적인 현상을 가져오게 된다.

이와 같은 현상은 부모와 자녀의 의사소통에서도 현저하게 나타나서 부모가 자녀에게 우리 대화 좀 하자. 너의 속마음이 무엇인지 증명하면서 자녀를 항복시키려는 토론의 형태를 띠게 된다. 결국 부모의 지속적인 토론자 입장으로 인해 자녀는 "결국은 부모가 다 옳다고 하는데 말해봐야 무슨 소용이 있어." 또는 "부모가 이미 정답을 가지고 있어서 결론을 불을 보듯이 뻔해"라는 생각으로 대화 자체를 기피하게 된다. 부모는 자녀를 양육하는 입장과 인생의 선배로서의 경험은 이미 자녀를 위한 답을 가지고 있기 때문에 끝까지 경청하기가 어렵다. 따라서 자녀의 말이 미처 끝나기 전에 자녀의 말을 끊고 정답 또는 결론을 제시하면서 일방적으로 지시하는 특성을 보이게 된다. 이러한 대화는 결국 자녀의 침묵, 대화 거부 또는 자녀의 특성에 따라 부모를 향한 과격한 언행을 유발하는 계기를 만들게 된다. 무엇보다 중요한 것은 자녀와의 대화에서 끝까지 자녀의 입장에서 경청하는 자세이다. 다 알고 있다는 자세로 상대방의 말을 중단시키는 결과에 대해 표현된 글귀가 있다. "사연을 듣기 전에 대답하는 자는 미련하여 욕을 당하느니라"(잠언 18장 13절).

이와 같이 대화와 토론에 대한 변별력 실패는 부부관계의 악화를 가져오지만 특히 부모-자녀 문제는 심각한 결과를 가져오게 된다. 그 이유는 부모는 자녀보다 큰 힘을 가지고 있기 때문이다. 즉, 자신이 성인이 되어 독립할 때까지 복종하는 체하는 자녀, 성인이 될 때까지 견딜 수 없는 자녀가 가출을 하게 만드는 요인이 된다는 것이다. 두 유형 모두 부모에게 일방적으로 당한 경험이 있어 마음속에 분노가 형성되고, 성인이 되어 부모와 같은 위치에 있을 때, 대화와 토론을 구분하지 못하는 위험성이 내포되어 있다.

③ 대화의 규칙 준수

모든 운동에는 규칙이 있고, 그 규칙을 준수하지 않으면 경기를 중단할 수밖에 없는 것처럼 대화에도 규칙이 있다. 특히 관계에 있어서 권력의 차이가 현저할 경우에는 권력을 가진 존재가 대화의 규칙을 반드시 준수해야 건강하고 유익한 대화를 마칠 수 있다.

대화의 규칙에 있어서 특히 야구경기의 규칙을 잘 이해해야 한다. 야구는 1루, 2루, 3루를 이동하는 데 있어서 반드시 밟아 주고 다음으로 이동해야 하는 규칙이 있다. 대화에서도 메시지 송신자는 메시지 수신자가 자신의 메시지에 적극적인 반영을 해주기를 원한다. 만약 수신자가 송신자의 메시지에 대한 반영이 없이 다른 주제로 넘어가면 메시지 송신자는 무시당하는 느낌을 강하게 받게 된다. 이러한 패턴이 반복되는 대화는 중단되거나 심한 경우에는 싸움으로 번지게 되어 갈등의 주원인이 된다.

대화는 마치 탁구치는 형태와 유사하다. 메시지 송신자와 메시지 수신자가 메시지라는 탁구공을 가지고 탁구를 치듯이 주고받는 것을 잘하면 즐겁고 유익한 시간을 갖게 된다. 이때 중요한 것은 자신의 탁구 실력이 상대방보다 우월한 것을 보여주기 위한 경쟁심이 없어야 한다는 것이다. 이것은 패배감, 두려움, 또는 불편감과 부담감을 갖게 만드는 요인이 되기 때문이다. 상대방에게 맞춰서 탁구공이 '핑퐁, 핑퐁' 소리를 내며 떨어지지 않게 서로가 노력하며, 지속되는 과정에서 나타나는 역동성은 활기를 가져오게 된다. 따라서 그런 좋은 시간을 갖게 해준 대상에게 고마움을 표현하게 된다.

이러한 좋은 경험의 기억이 대화하는 시간을 자주 갖고 싶어 하는 동기가 되고, 서로의 탁구 실력이 향상되는 것처럼 대화 실력이 향상되고 매우 재미있고 역동적인 대화를 할 수 있다. 대화의 즐거움과 역동성이 있으면, 그 느낌을 맛보고 싶어서 시간과 환경을 만들려고 노력하게 되는 것이다. 하지만 대화를 하는 데 있어서 한 사람이 주도적, 일방적, 공격적인 자세를 취하거나 반대로 무반응, 침묵, 회피 등의 태도를 보이면 대화는 불편하고 불쾌한 감정과 심한 경우에는 고통을 수반하게 된다. 따라서 부정적인 감정을 느끼게 하거나 갈등과 다툼의 근거로 작용하는 대화 자체를 거부하는 것으로 갈등과 다툼을 감소시키려는 태도를 취하게 된다.

이와 같이 규칙을 준수하는 대화는 즐거운 주제로 시작하면 즐거움이 배가 되고, 무겁고 근심되는 주제로 시작하면 마음이 가벼워지는 결과를 가져온다. 또한 자신을 알리고자 하는 주제로 시작하면 상대방이 자신을 알아주거나 알고자 하는 노력을 하려는 모습을 보게 되는 긍정적인 결과를 얻게 된다.

④ 부모와 자녀의 건강한 대화

청소년들은 성인이 되는 과정에서 정체성의 혼란을 경험하면서 자신의 고민에 관하여 친밀한 대화를 갈망한다. 대부분의 청소년들은 친구들과의 대화에서 많은 유익을 얻는다. 하지만 그들의 친구들은 매우 적극적인 경청과 공감, 반영은 탁월하지만 효과적인 해결책에 대한 제시가 부족하여 크고 중요한 고민은 해결되지 못한다는 것을 잘 알고 있다. 그렇다고 부모를 비롯한 성인들에게 도움을 청하는 것에 부담스러워하거나 포기하게 된다. 이는 부모와 성인들은 효과적인 해결책은 제시하지만 경청과 공감, 반영이 부족하여 대화 후에 느끼는 부정적인 감정들을 감수해야 하는 어려움을 갖기 때문이다.

가장 바람직한 부모와 자녀의 건강한 대화는 청소년들이 친구들에게 얻는 대화의 효율성을 수반하는 유익(적극적인 경청과 공감, 반영 등)을 먼저 충분히 느끼도록 표현해 주고, 그 후에 효과적인 해결책은 제시해야 한다. 해결책을 제시하는 과정에서도 중요한 것은 무능감이 들지 않도록 존중하는 마음을 표현해야 한다. 즉 도움을 받는 입장에서 손상된 자녀의 자존심을 어루만져 주어야 한다는 것이다. 이러한 대화의 과정은 학교폭력의 가해자와 피해자 모두 폭력의 초기 과정에서 부모와 교사, 주변 성인들의 도움을 받을 수 있는 동기부여를 가져온다.

3. 학부모 대상 예방교육

학교폭력의 피해는 피해자와 가해자 학생과 해당 학생의 부모가 함께 겪는 중대한 사건이다. 피해학생이 겪는 심리적, 신체적, 정서적 고통을 바라보는 해당 학생의 부모에게도 견디기 어려운 고통을 경험하게 한다. 더욱이 자녀의 문제를 해결하려는 과정에서 혼란과 좌절, 무기력과 무능감, 분노감 등을 심하게 느끼게 된다. 때로는 그러한 감정들로 인해 상황에 대처하는 판단력이 흐려져 어려움에 처하기도 한다. 가해학생의 부모가 겪는 충격도 크기 때문에 위기 상황에 대처하는 능력이 저하될 수 있다. 따라서 개인의 특성에 따라 자신의 자녀가 가해자라는 사실을 부인하거나 문제를 축소시키려 시도, 책임전가 등의 방법을 시도하기도 한다. 때로는 자녀가 과거 학교폭력의 피해자에서 현재 학교폭력 가해자로 변하여 또 다른 어려움을 겪는 경우도 있다. 이처럼 해당 학생과 부모가 겪는 고통에서 벗어나는 길은 자녀를 신체적, 심리적, 정서적으로 건강하게 성장시키는 것이라고 할 수 있다. 학교폭력의 가장 문제점은 분노 표출이다. 분노 표출 강도는 폭력의 강도로 직결되기 때문이다. 분노는 언어폭력, 신체폭력 등에 따라 나타나는 직접적인 표현과 따돌림과 무시라는 간접적인 표현으로 나타난다. 따라서 학교폭력과 분노의 상관관계를 이해하는 것이 매우 중요하다고 할 수 있다.

이와 같은 관점으로 첫째는 분노의 형성과정을 어린 시절 양육환경에서 시작하여 성인이 되면서 점차적으로 강화되는 것을 살펴본다. 둘째, 건강한 분노 표현법을 사용한 의사소통의 중요성을 살펴본다. 셋째, 양육환경에서 시작되는 자녀의 심리적인 건강성을 위한 부모의 역할에 대해 살펴보기로 한다.

1) 분노에 대한 이해

(1) 분노의 형성과정

학교폭력에서 가장 문제가 되는 것은 폭력이다. 폭력의 배경에는 분노가 가장 비중이 크기 때문이다. 분노의 형성과정을 살펴보면 분노는 어린 시절부터 시작된다. 심리적인 분노의 드럼통을 예를 들어 설명하자면 다음과 같다. 아동이 성장과정에서 분노가 지속적으로 유발되는 양육환경에 노출되면 보편적인 아동이 느끼는 분노보다 더 많은 분노를 경험하게 된다. 따라서 분노를 적절하게 해소하지 못할 뿐만 아니라 분노가 축적되면 심리적인 분노의 드럼통에 들어 있는 분노의 수위는 점점 높아지게 된다. 이러한 분노가 개인이 조절하지 못할 정도로 수위가 높아지면 자신의 주변에 쏟아 놓게 되는데 그 대상이 자신보다 약하거나 자신의 분노를 받아 줄 수 있는 사람들이 주를 이룬다.

학교폭력의 가해자들도 대부분 이와 같은 분노의 발달형태를 보여주고 있다. 특히 어린 시절 양육 환경에서 양육자들로부터 "안돼, 하지 마."라는 블러킹과 억울한 일을 많이 경험하며 성장한 사람들은 분노의 수위가 매우 높고, 항상 가득 차 있는 상태여서 주변에서 부정적인 자극을 약간만 가해도 강력한 분노를 표출하게 된다. 또는 꾹 참고 있다가 어느 날 화산 폭발하듯이 강력한 분노를 표현한다. 이러한 상황은 주변인들의 이해를 받지 못하여 점점 고립되고, 그에 따라 분노는 더욱 많이 쌓이게 되는 악순환이 된다.

(2) 분노의 형성과정과 그 영향

인간은 자기 마음대로 살고 싶어 하는 욕구가 있다. 따라서 자신의 욕구를 충족하는 과정에서 반대가 나타나면 당황하거나 화를 내게 된다. 모든 인간이 자기 마음대로 살 수 없다는 것을 반대를 경험하면서 알게 되지만 이러한 반대가 강력하고 지속적일 때 블러킹 당하는 부정적인 느낌을 강하게 갖게 된다. 즉 자신만이 부당하게 대우받고 있다는 부당함에 따른 심한 좌절감, 상실감, 약자이기 때문에 경험하는 무능감에 젖어들게 된다. 특히 부모가 지나치게 엄격하고 통제가 심하며, 완벽주의 성향에 의해 지시적일 때는 더욱 심한 블러킹을 경험하게 된다. 아동의 발달단계에 따라 블러킹하는 대상이 달라지지만 블러킹 강도는 강화되고 그에 비례함에 따라 분노도 증가된다. 다음의 문장은 분노를 격동하는 상황에 대해 잘 표현하고 있다. "유순한 대답은 분노를 쉬게 하여도 과격한 말은 노를 격동하느니라" (잠언 15장 1절).

발달단계와 블러킹

- **0~3세** : 어머니의 블러킹
- **3~6세** : 아버지의 블러킹
- **6~7세** : 또래와 유치원 교사들의 블러킹
- **초등학교** : 또래와 선배, 교사들의 블러킹
- **중학교** : 또래와 선배, 교사들의 블러킹
- **고등학교** : 또래와 선배, 교사들의 블러킹
- **사회**(대학, 군대, 직장) : 동료와 선배(고참), 직장상사들의 블러킹
- **결혼생활** : 배우자, 배우자 가족의 블러킹

위와 같은 블러킹은 분노를 형성하게 되어 블러킹하는 대상을 향해 어떤 형태로든 직접적으로 표출하게 되거나 참게 된다. 특히 블러킹이 문제가 되는 것은 어린 시절의 경험이다. 어린아이는 성인보다 자신의 욕구를 참기 어려운 특성이 있지만 그보다 더 문제가 되는 것은 이해력 부족이다. 왜냐하면 자신의 욕구에 위반되는 강력한 반대는 이해할 수 없을 뿐만 아니라 그 대상이 자신을 미워하는 데서 기인한 것으로 생각하기 때문이다. 이런 경우 소수의 아동들은 떼를 쓰고 말썽을 부리며, 화를 내거나 자신의 뜻을 관철시키기도 하지만 대부분의 아동은 힘 있는 양육자나 대상에게 눌리게 된다. 따라서 블러킹으로 인한 분노와 더불어 자신의 욕구를 억압하게 된다.

분노를 참게 되는 경우가 더욱 문제가 되는 것은 분노가 축적되어 어느 시점에 화산 터지듯이 자신을 블러킹했던 대상에게 표출되기도 한다. 하지만 분노의 방향이 바뀌어 자신보다 약한 대상이나 자신의 마음에 들지 않는 사회와 사람들에게 분노를 폭발하기도 한다. 학교폭력의 가해자 학생들 대부분이 이러한 과정을 경험한다. 분노를 표출하지 못하는 경우에는 본드, 알코올 등의 약물에 의존하며 자신을 힘들게 하는 부정적인 감정들, 특히 분노의 감정을 해소하려는 시도를 하게 된다. 뿐만 아니라 개인의 특성에 따라 우울, 자살, 정신질환 쪽으로 나타나게 된다.

마지막으로 블러킹으로 인해 분노가 축적된 사람들은 자신이 속고 있어서 가족이나 주변 사람들을 본의 아니게 속이는 경우가 있다. 대표적인 사람들이 "나 원래 이런 사람 아닌데 운전하다가 성격 다 버렸어." 또는 "나 원래 이런 사람 아닌데(배우자나 배우자 가족, 아이들을 가리키면서) 저 인간 때문에 성격 다 버렸어."라고 말하는 사람들이다.

성장과정에서 형성된 부정적인 성향이 도덕심, 종교심 등으로 가라앉아 있어서 자신을 비롯한 주변 사람들이 인식할 수 없게 되었다가 운전 또는 결혼생활이라는 막대기가 휘저어지자 가라앉아 있던 성향들이 수면 위로 올라오게 되는 것이다. 만약 가라앉은 부분이 없다면 막대기가 휘저어도 맑은 물만 수면 위로 올라오는 것이 원리이기 때문이다. 이와 같은 사실이 인식되면 막대기를 탓하지 않고 자신의 문제점을 규명하고 원인을 찾으면서 치유와 성장이 시작된다.

(3) 블러킹 피해자의 학교폭력 사례

① 블러킹 피해자의 학교폭력 피해 사례 : 자살과 토막살해 충동(21세 여성)

필자가 상담한 내담자 중에는 자살과 토막살해 충동으로 정신과 치료를 받는 21세 여성이 있다. 내담자는 어린 시절부터 아버지의 강한 블러킹과 신체폭력, 할머니의 언어폭력, 어머니의 방임이 지속된 가정환경에서 성장했다. 초등학교에서는 급우들과 어울리지 못하고 따돌림을 받는 경우가 지속되었다. 학교 안에서의 따돌림과 더불어 화장실에 불러내 빙 둘러싸고 욕을 하거나 손찌검을 하는 것이다.

때로는 친구들과 어울렸던 시기도 있었지만 그 형태는 친구들의 과도한 간식비를 지속적으로 전부 책임지는 것이었다. 즉, 어울리는 친구들이 모두 상점에 들어가서 비싼 간식을 집어들면 대신 계산을 해주는 것이다. 가정폭력과 학교폭력에 시달렸던 내담자는 초등학교 5학년부터 정신과 치료를 받게 되었다. 중학교에 입학하면서 심해진 학교폭력을 견디지 못하고 전학하게 되었지만, 결국 중학교 1학년 때 학교를 자퇴하고 말았다. 전학간 곳까지 직접 찾아오거나 전화로 심한 욕설로 모욕을 주면서 괴롭히는 또래들의 학교폭력을 더 이상 견딜 수 없었기 때문이다.

내담자는 홀로 서울의 외갓집에서 가정폭력과 학교폭력의 후유증에 시달리면서 정신과 치료를 받게 되었다. 학교를 다니겠다는 의지가 있어서 검정고시로 여고에 입학했지만 학교생활은 외롭고 우울했다. 다행히 내담자의 상황을 알게 된 담임선생님의 도움으로 3년 동안 학교폭력은 더 이상 당하지 않았다. 하지만 급우들과 어울리지 못하고 고립되어 공부에만 전념했기 때문에 친구들을 사귈 수 있는 기회를 상실하는 결과를 가져왔다. 이러한 기회 상실은 대학생활에서 같은 과 학생들과 어울리지 못하면서 조별 과제와 모임에서 고립되는 것으로 나타나게 되었다. 특히 심신이 지친 상태로 인해 자주 결석하게 되면서 상황이 악화되어 1학기를 마치지 못한 채 휴학을 하게 되었다. 초등학교 시절부터 자살을 생각했던 내담자는 휴학으로 인한 자괴감과 실패감에 의한 강한 자살충동과 더불어 불특정 다수를 향한 살해충동, 특히 토막살해 충동에 시달리게 되었다. 이러한 충동은 칼이라는 도구를 사용하려는 강한 역동이 수반되기 때문에 주방에 있는 식칼로부터 과도까지 모두 숨기게 만들었다. 내담자는 자신의 강한 충동을 막으려는 할머니를 때려 갈비뼈를 부러뜨리는 폭력을 행사했다. 이러한 상황에 처해진 내담자가 필자에게 의뢰되어 상담과 병행하게 되었다. 만성우울증으로 정신과에서 지속적으로 약물치료를 받고 있던 내담자는 힘없고 작은 목소리, 입을 다물지 못하여 흘리는 침, 부축해서 걷는 걸음 등으로 약물복용에서 나타나는 증상과 에너지 부족에서 나타나는 증상을 보였다. 개인상담과 미술치료를 병행하여 치료효과를 높였고, 그 후 집단상담을 할 수 있을 만큼 치료효과가 좋아서 집단상담에 참여시켰다.

집단상담의 주인공이 된 내담자는 라이프 스토리를 말하는 1부에서는 에너지가 부족해서 힘없는 목소리로 자신이 경험한 가정폭력과 학교폭력, 대학교를 휴학한 상황들을 표현했다. 역할극과 빈 의자 기법으로 진행되는 2부에서 필자의 도움으로 가족과 학교폭력의 가해자를 향해 분노를 표현하게 되었다. 특히 빈 의자 기법에서 학교폭력의 가해자라고 가정한 빈 의자를 향해 욕하고, 고함치며, 몽둥이(두꺼운 박스를 잘라서 만든 것)로 의자를 치고, 발로 차서 의자를 멀리 날려버리는 분노를 나타냈다. 이러한 치료과정에서의 역동성은 매우 빠르게 치료효과를 나타내는 계기가 되었다. 그런 분노의 감정들을 표출했던 내담자는 매주 계속되는 개인상담과 미술치료를 통해 점차 안정감을 찾아갔다. 이러한 치료효과는 집단상담 주인공 경험 후, 2개월이 못 미쳐서 정신병원에서 중도 우울증이라는 진단이 나올 정도로 호전되었다. 즉, 마음속에 축적되었던 분노가 폭발하면서 놀라운 치료효과를 나타낸 것이다. 현재 내담자는 학교생활의 기대감과 더불어 약간의 불안감이 있는 양가감정이지만 9월에 있을 복학을 준비하고 있다. 더 자세한 상황은 심리적인 건강성 부분에서 다루기로 한다.

다른 내담자들의 경우도 초등학교 시절에는 학교폭력의 피해자였는데 중학교에서는 가해자가 된 경우도 있다. 강한 분노를 나타내는 것으로 보아 학교폭력이 나타나는 현상의 저변에는 분노가 작용하는 것을 볼 수 있다.

② 블러킹 피해자의 학교폭력 가해자, 집단폭행 피해자 사례 : 남자가 되어 복수하고 싶은 충동(초등학교 2년 여학생)

어머니의 손에 이끌려 처음 필자를 찾아온 내담자는 머리카락은 헝클어져 있고, 티셔츠와 바지를 입은 옷차림은 흩트려진 채 흙이 묻어 있었다. 눈에는 강한 분노의 광선이 쏟아져 나오고, 호흡은 거칠어 씩씩거리는 소리를 내었다. 라포를 형성하는 과정을 거치고 필자의 질문에 대답하는 내담자의 표현을 축어록으로 나타내면 다음과 같다.

(상담자 - 상 / 내담자 - 내)

상 1: (따뜻하고 온화한 미소를 지으며) "OO아, 내가 어떤 것을 도와주면 좋겠니?"

내 1: (간절한 눈빛을 담아 상담자를 똑바로 응시하면서) "선생님, 나를 남자로 만들어 주세요. 엉 엉 엉" (소리 내어 통곡하기 시작한다).

상 2: (울음이 그치는 것을 기다렸다가 손을 잡아 주면서) "OO이가 남자로 만들어 달라고 하면서 우니까 선생님 마음도 많이 아프구나. 선생님이 OO이를 남자로 만들어 줄 능력이 없어서 미안해. OO이가 왜 남자가 되고 싶은지 말해 줄 수 있니?"

내 2: (강한 눈빛과 어조로) "복수하려고요. 여자 괴롭히는 남자애들 다 때려주려고요. 태권도 배워서 엄마 때리는 아빠도 복수하려고요."

------------------ 중략 --------------------

상 3: (A4 용지와 그림도구를 주면서) "OO아, 아빠를 그려 볼래?"

내 3: (A4 용지를 한참 동안 본 후에 망설이는 눈빛으로) "선생님, 아빠는 못 그리겠어요."

상 4: "그렇구나. OO아, 선생님이 OO이 아빠가 어떤 분이신지 보고 싶은데 어쩌지?"

내 4: (한참을 고민하더니, 밝은 미소로) "아, 좋은 생각이 났다. 우리 삼촌이 아빠랑 똑같이 닮았어요. 삼촌을 그리면 아빠를 볼 수 있어요." (삼촌을 그린다).

○○이는 아빠에 대한 두려움과 분노, 싫음, 사랑받고 싶은 마음 등의 양가감정으로 인해 아빠를 그릴 수가 없었다. 자신의 감정을 드러내는 것에 어려움을 느끼고 아빠와 닮은 삼촌을 그린 것이다. 이렇게 시작된 ○○이의 상담은 주 1회로 진행되는 ○○이의 개인상담과 엄마와 함께 하는 모녀상담, 부모님과 함께 하는 가족상담, 부모님의 집단상담(10회기) 참여 등으로 4개월 동안 지속되어 매우 만족할 만한 효과를 얻었다. 물론 학교를 전학가지 않았고, 학교폭력은 사라지고, "이젠 여자가 좋아요."라고 말하게 되었다. 집중적인 상담과정에서 부모가 ○○이를 이해하는 데서 출발하여 잘못한 것에 대한 용서를 구했고, 부족했던 사랑을 채워 주었다. 부부상담을 병행했기 때문에 ○○이는 부모가 서로 사랑하는 모습을 보게 되었다. 특히 ○○이가 퇴근하는 엄마와 단 둘이서 만들었던 행복한 추억(함께 맛있는 거 먹고, 쇼핑해서 예쁜 옷을 사는 등)은 편애에 대한 상처를 치유하게 만들었다.

이처럼 ○○이와 부모님이 단시간에 많은 상담에 참여할 수 있었던 것은 학교에서 ○○이를 다른 학교로 전학가기를 종용했기 때문이다. 학교에서는 ○○이를 일일이 찾아다니면서 남학생들의 집단폭행으로부터 보호해 주는 데 한계가 있어서 큰 문제가 발생하기 전에 방지한다는 최선책을 제시한 것이었다. ○○이는 여자애들을 괴롭히는 남학생들을 개인, 집단, 동급생, 고학년 등을 가리지 않고 응징하기 때문에 남학생들이 ○○이 한 명을 향해 집단폭행을 하고, 이에 맞서 싸우는 ○○이는 피를 흘리면서 대드는 형국이었다. 그동안 부모가 교문에 지켜서 기다렸다가 가해학생들을 혼내 주기도 했지만 오히려 역효과를 가져와 다른 남학생 집단이 ○○이를 집단폭행해서 문제가 더 확산되었다.

이러한 상황에서 상담을 하게 된 ○○이는 어린 시절부터 아빠가 보여주는 부정적인 모습을 보면서 아빠로 대표되는 남성에 대한 분노가 많았다. 예를 들면, "안돼, 하지 마."라는 많은 블러킹, 부당하게 느껴지는 체벌, 2살 어린 여동생을 더 예뻐하는 아빠의 편애 등을 당했고, 아빠가 엄마를 때리는 모습, 동생을 더 예뻐하는 엄마의 편애를 당하면서 성장했다. 더욱이 일하는 어머니가 밤늦게 귀가하면서 엄마 없이 아빠와 함께 있는 두려운 시간을 많이 보냈다. 이러한 상황이 여학생을 괴롭히는 남학생들과 싸움을 시작하여 ○○이 자신이 피를 흘릴 정도여도 싸움을 멈추지 않았던 것이다.

(4) 건강한 분노 표현법

사회환경의 영향을 받는 인간은 자기가 원하는 대로 살 수 없고 사회와 인간으로부터 통제받는 부분이 많다. 적절한 통제는 위계질서 확립 등의 긍정적인 측면을 가져오지만 지나친 통제로 나타나는 강한 블러킹은 상대방을 분노할 수 있는 상황에 노출시킨다. 모순점은 성장과정에서 강한 블러킹을 받은 경험자가 대부분 힘 있는 위치에 있게 되면서 강한 블러킹을 구사한다는 것이다. 한국 속담에 '싫어하면서 닮는다'는 말처럼 블러킹의 피해자가 가해자가 된 것을 볼 수 있다. 따라서 건강한 분노의 표현은 반드시 필요하다.

건강한 분노 표현은 아동이 성장과정에서 양육자에게 배우고 학습하게 된다. 하지만 양육자가 지속적으로 보여주는 건강하지 못한 분노의 표현은 아동이 배우고 학습하게 되거나 반대로 분노를 참는 것으로 영향을 끼치게 된다. 즉, 아동이 성인이 되어 어떤 형태로든 분노를 처리할 때까지 건강한 분노 표현을 경험할 수 없게 되어 어떻게 분노를 표현하는 것이 건강한 것인지 객관화된 기준이 정립되지 못하게 된다. 따라서 자신이 양육자와 달리 분노를 참는 것으로 차별화된 우월감을 지니고 있으면서 짜증으로 분노를 표현하여 가족을 힘들게 만들기도 한다.

블러킹도 언어로 표현되는 것처럼 건강한 분노 표현도 언어로 나타낸다. I-message 형태로 자신이 느끼고 있는 분노의 감정상태를 표현하는 언어를 사용해서 상대방에게 자신의 감정 상태를 나타내는 것이다. 예를 "나 지금 화가 나려고 해.", 또는 "나 지금 화가 나서 폭발할 것 같아." 등의 언어 표현은 격한 분노를 담고 있지 않아 상대방이 사실적으로 들을 수 있다. 따라서 상대방은 미안하다고 말해주거나 화나는 이유에 대해 알고 싶어 하는 등으로 갈등상황을 해결하려는 노력을 할 수 있게 된다. 필자의 가족들도 앞에 예를 들었던 표현들을 사용하여 가족과의 의사소통에서 화난 감정을 알리고 있다. 사용할수록 매우 좋은 분노 표현법인 것을 알 수 있다.

(5) 분노를 유발하지 않는 거절방법

● 흔쾌한 Yes, 미안한 No

인간은 자기 마음대로 하고 싶고, 자기가 최고가 되고 싶어 하는 욕구가 있다. 아담과 하와가 최상의 환경 조건을 가진 에덴동산에서 금단의 열매인 '선악을 알게 하는 열매'를 따 먹은 목적도 최고가 되어 자기 마음대로 살고 싶은 욕구 때문이었다. 이와 같은 맥락은 인간은 자신이 원하는 것을 관철하고자 하는 욕구가 있음을 밝혀 주고 있다. 나이가 어릴수록, 어린 시절의 결핍이 많을수록 강한 욕구를 지니고 있다. 여기서 다루고자 하는 것은 자녀의 욕구를 이해하고 그것에 대처하는 부모의 건강한 자세이다.

부모와 자녀 관계에서 어려움을 겪고 있는 부모들이 상담을 요청하고 상담이 진행되는 과정에서 필자는 그들에게 가장 신속한 상담 효과를 보기 원한다면 '흔쾌한 Yes, 미안한 No'를 훈습해야 한다고 말하고 있다. 필자는 '흔쾌한 Yes, 미안한 No'를 훈습하는 것은 부모-자녀 문제뿐만 아니라 부부문제를 비롯하여 모든 인간관계의 기본이라고 생각한다. 그 이유는 '흔쾌한 Yes, 미안한 No'가 전폭적으로 상대방의 입장을 이해하면서도 자신의 입장을 잘 표명할 수 있는 표현이기 때문이다. 따라서 '흔쾌한 Yes, 미안한 No'를 표현하는 부모를 보는 자녀는 자신이 이해받고 존중받는다는 생각을 하게 된다. 또한 비록 'No'라는 결과를 들었어도 자신의 요구를 들어주지 못해 미안해하는 부모에게 고마움을 느끼게 된다. 하지만 여기서 중요한 것은 '미안한 No'가 자녀를 통제하고 조정하는 데 사용해서는 안 된다는 것이다. 자녀는 '미안한 No'의 진정성을 잘 파악하고 있기 때문이다.

'미안한 No'의 진정성은 '흔쾌한 Yes'에서 비롯된다고 할 수 있다. 평소에 부모가 자녀에게 들어줄 수 있는 한계 안에서 '흔쾌한 Yes'를 보여주었다면 자녀는 자연스럽게 부모의 태도에서 부모의 한계를 알게 된다. 때로는 그 한계를 알지만 자신의 욕구를 알아 달라라는 차원에서 혼날 것을 각오하고 요구한다. 이때 부모가 '미안한 No'를 보여주면 자신의 욕구는 감소되고 부모를 존경하게 된다. '흔쾌한 Yes'를 잘하지 못하는 부모는 처음에는 '흔쾌한 Yes'를 하면 자녀가 버릇없어지고, 욕심이 많아질 것 같다는 오해를 하기도 하지만 상담이 진행되면서 나타나는 자녀의 긍정적인 반응에 오해가 사라지게 된다.

2) 심리적인 건강성

(1) 정서저장고와 심리적 건강성

스티븐 코비Stephen R. Covey 박사는 인간의 마음을 윗부분인 mind와 아랫부분인 heart로 나누고 그 사이에 창으로 구분이 되어 있으며, 정서저장고는 heart에 있는 것으로 보았다. 마음의 창과 정서저장고의 관계는 매우 밀접한 관계가 있어서 마음이 창이 열리는 횟수에 따라 정서저장고의 정서가 채워져 간다고 할 수 있다. 즉, 정서저장고는 처음부터 가득 들어 있는 것이 아니라 어린 시절부터 점진적으로 채워지는 것이기 때문에 마음의 창이 열려지는 것과 동시에 정서저장고를 채울 수 있는 것이라고 할 수 있다. 마음의 창이 열리는 시기는 어린아이가 칭찬, 위로와 격려, 존중과 귀히 여김을 받고 싶은 욕구가 있는 시점에서 열린다. 자랑스러운 일은 칭찬으로 보상받으며, 자기가치감을 느끼기 원하고, 신체적·정서적으로 힘들 때는 위로 받으며 소중한 존재라는 확인을 받고 싶어 한다. 이러한 원리를 좀 더 확대 해석하자면 다음과 같다.

크고 작은 칭찬과 인정, 지지와 격려 등이 정서저장고를 채우게 되면 충족감으로 인한 풍부한 정서와 인내할 수 있는 기다림과 관용, 이해할 수 있는 수용 등이 수반된 인간애가 풍성해진다. 하지만 마음의 창을 열고 기다린 기대감과 달리 정서저장고가 채워지지 않으면 실망감과 좌절감을 가지게 된다. 이러한 과정에서 정서저장고가 풍성해지거나 그 반대의 경우는 정서저장고가 메마르게 되는 결과를 가져오게 된다.

이러한 과정에서 더욱 문제가 되는 것은 칭찬과 인정, 지지와 격려 등과 반대되는 비난과 무시, 방임, 또는 지나친 간섭과 억압, 감당하기 힘든 체벌과 언어적·신체적 폭력은 이미 메마른 정서저장고가 심리적인 부도를 맞도록 만들게 된다. 경제적인 부도가 문제가 되는 것은 부도가 나면 본인은 물론이고 주변 가까운 사람들까지 심한 경제적인 피해를 경험하게 만드는 것이다. 이와 유사하게 심리적인 부도는 폭력성으로 나타나게 되므로 학교폭력, 사회폭력을 비롯한 모든 폭력의 원인이 될 수 있다. 따라서 메마른 정서저장고는 폭력의 가해자와 피해자를 만들어서 가족과 학교, 사회에 문제를 발생하게 만든다.

이와 같은 관점에서 보면 학교폭력을 비롯한 모든 폭력의 치료약은 가족과 사회의 따듯한 사랑과 관심으로 정서저장고가 채워지는 것이라고 할 수 있다. 학교폭력의 가해자가 가족 또는 자신을 믿어주는 대상이 지속적인 사랑과 관심을 받으면서 변화되는 사례들을 주변에서 보게 되는 것은 같은 원리이다.

(2) 심리적인 위와 심리적 건강성

신체적인 위가 건강하면 원활한 소화력에 의해 음식 섭취에 따른 영양소를 충분히 공급 받을 수 있어서 건강한 삶을 살 수 있다. 때때로 소화가 잘 안 되는 음식을 먹어도 시간이 좀 더 걸리지만 소화에는 어려움이 없다. 마찬가지로 인간의 마음을 심리적인 위로 예를 들 수 있다. 인간의 마음에는 긍정적인 느낌과 부정적인 느낌을 모두 담고 있다. 심리적인 위는 인간의 긍정적인 느낌인 사랑과 행복, 즐거움, 만족, 안정 등은 오래 담고 있어도 어려움이 없다. 그렇기 때문에 인간은 오래 담고 있어도 좋은 감정들을 좋아한다. 하지만 인간은 사회환경의 영향을 매우 민감하게 받기 때문에 부정적인 감정도 마음에 담고 있어야 한다.

건강한 사람은 신체적인 위도 건강하듯이 마음이 건강한 사람은 심리적인 위가 건강해서 긍정적인 감정과 부정적인 감정을 모두 담고 있으면서 처해진 문제가 해결되어 부정적인 감정이 해소되기까지 기다리는 능력이 있다. 때로는 적절하고 건강하게 해소하기도 한다. 하지만 심리적인 위가 건강하지 못한 사람들은 부정적인 감정이 주는 불쾌한 느낌과 터질 것 같은 강력한 느낌 때문에 신속하게 해소해야만 하는 어려움이 있다. 마치 신체적인 위에 소화하기 어려운 음식, 상한 음식 등을 먹으면 위에서 빨리 배설하려는 것과 같이 심리적인 위도 부정적인 감정과 느낌들은 담아두기 어려워 속히 배설하려는 욕구가 있다. 심리적으로 미숙할수록 심리적인 위가 허약하기 때문에 부정적인 느낌인 불행, 불안, 공포, 분노, 억울함, 근심과 걱정 등은 더 빠른 속도로 배설하게 된다.

이와 같은 관점에서 볼 때, 학교폭력의 가해자 학생들의 심리적인 위는 매우 허약하기 때문에 주변 환경과 주변인들로부터 오는 자극에서 발생되는 부정적인 감정들을 오래 담고 있지 못하고 자신보다 약한 학생들에게 쏟아 붓게 된다. 그렇게 쏟아 붓지 않으면 자신들의 심리적인 위가 견딜 수 없기 때문이다. 신체적인 위가 헐어서 위궤양이 되듯이 학교폭력의 가해자 학생들은 가정폭력의 피해자가 대부분이어서 이미 심리적인 위궤양 환자들이 되어 있기 때문에 작은 자극에도 민감하다. 학교폭력의 피해자가 가해자가 되는 경우도 심리적인 위가 견디기 어려워 심리적인 소화불량에 걸려 부정적인 것을 배설하기 때문이다.

심리적인 건강성은 신체적인 위궤양 환자에게 약물과 식이요법으로 고치는 것과 같이 긍정적인 감정들을 많이 경험하게 하고, 회복되는 시기에는 부정적인 감정들을 야기시키는 자극적인 환경을 가급적 피하는 것이 빠른 회복을 가져온다. 학교폭력의 가해자 학생들이 자신을 진정으로 이해하고 도우려는 성인들을 만나면서 건강하게 회복되는 것이 위와 같은 과정을 거쳤기 때문이다.

3) 1차적 환경인 가정의 변화

(1) 가정의 건강성

- 건강한 나무의 성장 요소: 태양, 산소, 양분(수분)
- 건강한 인간의 성장 요소
  - 태양: 따뜻한 애정, 사랑, 관심 등
  - 산소: 심리적, 정서적 자양분인 칭찬과 격려, 지지, 공감, 수용 등
  - 양분: 의식주, 신체적인 자양분
- 건강한 인간의 저해 요소 중에 가장 나쁜 것은 심리적인 일산화탄소이다.

일산화탄소의 특징: 실내의 산소를 모두 없게 만든다. 지속적으로 맡으면 중독증상(어지러움, 몸을 가누기 어려움, 구토 등)이 나타나고 심한 경우 목숨을 잃게 된다.
심리적인 일산화탄소: 비난, 명령, 무시, 폭력, 폭언 등

나무가 성장하는 데 있어서 태양, 산소, 양분(수분)이 필요하며 이것이 충분히 공급되면 나무는 멋지고 우람하며, 건강한 나무로 성장할 수 있다. 나무에게도 이런 요소들이 필요하듯이 인간에게도 성장의 3요소가 충족되어야 건강하고 멋지게 성장할 수 있다.

학교폭력의 가해자 학생들은 이러한 요소가 현저하게 부족하여 나타난 결과라고

볼 수 있다. 또한 매우 안타깝지만 학교폭력의 피해자 학생들에게도 개인에 따라서 성장의 3요소가 부족한 환경에서 성장했거나 성장하고 있는 것을 볼 수 있다. 따라서 학교폭력을 상담하는 교사들은 학교폭력의 가해와 피해에 노출되어 있는 학생들을 바라보는 시각이 매우 근원적인 것에서 출발해야 한다. 현재를 기점으로 하여 학교폭력의 가해자 학생이 과거에는 피해자였을 수 있다. 또한 현재의 피해자가 미래의 가해자가 될 수 있기 때문에 이들과 연관되어 있는 환경에서 문제의 원인을 찾고, 해결하며, 학부모에게 도움을 줄 수 있어야 한다.

심리적인 일산화탄소는 심하게 마실 경우 일산화탄소에 중독되어 목숨을 잃을 정도로 치명적이다. 어린 나무와 같이 관심과 애정어린 돌봄이 필요한 성장기의 아동과 청소년들이 가정 안에서 지속적으로 듣는 부정적인 언어(특히 비난과 무시)들, 신체적 폭력, 부모의 심각한 불화 등은 가정에서 벗어나고자 하는 욕구를 형성시킨다. 부모를 비롯한 양육환경에서 분출되는 심리적인 일산화탄소, 뿐만 아니라 불화한 부모가 서로에게 분출하는 심리적인 일산화탄소가 가중되면 가정은 숨이 막히게 된다. 심리적인 일산화탄소의 심각성은 심리적인 산소를 없애기 때문에 결국 숨이 막혀, 숨을 쉬려고 가정 밖으로 도피하게 만드는 것이다. 어른들의 "집 나가면 ○고생이고, 세상은 위험하다."는 말로는 청소년들의 가출을 막기가 어렵고, 가출한 청소년을 집으로 돌려보내도 다시 가출하는 가장 큰 이유 중 하나가 바로 여기에 있다.

필자는 이와 같은 원리에서 상담을 진행하여 학교폭력의 피해자와 가해자를 위한 상담에서 효과적인 결과를 보고 있다. 부모는 자신들이 자식을 위해 했던 말들이 심리적인 일산화탄소이고, 자녀가 그것에 중독된 증상을 보인다는 것에 매우 충격을 받게 된다. 그것을 인식과 동시에 변화가 시작되어 일산화탄소(비난, 명령, 무시, 폭력, 폭언 등) 분출이 중단되고, 서투르지만 자녀에게 산소(칭찬, 격려, 지지, 존중, 관용, 수용, 귀히 여김, 애정 표현 등)를 공급하기 시작한다. 마치 일산화탄소인 연탄가스 등을 마신 사람을 위한 우선적인 처치는 집 밖으로 옮겨 산소를 마시게 하는 것, 심한 가스 중독은 병원으로 옮겨 산소통에 넣는 응급처치를 하는 것과 같다. 즉

부모는 자녀에게 반드시 해줘야 할 언행과 금지할 언행을 배우고 즉각적으로 실행하게 된다. 마치 자녀의 심리적인 폐 속에 가득 찬 일산화탄소를 커다란 콤프레셔(산소를 공급하는 기계)를 가동하는 것과 같다. 콤프레셔는 탄광의 광부들이 깊은 막장에서 작업을 할 수 있도록 굴 밖에서 산소를 막강하게 분출하는 기계이다.

학교폭력의 가해학생들은 이미 가정에서 마시는 심리적인 일산화탄소를 마셨던 경험이 있고, 또래집단을 형성하여 가정 밖을 배회하고 있는 경우가 대부분이다. 이들은 대부분 성장과정에서 가정폭력의 희생자이며 부모의 불화와 별거, 이혼 등을 경험하면서 성장했다. 정상적이고 건강한 가정에서 양육받은 또래들에 대한 열등의식과 피해의식이 내재되어 있다. 또한 경제적인 어려움에 의한 상대적 박탈감이 있어서 자신들의 비행과 폭력에 대해 죄책감이 희박한 편이다. 자신들이 부모와 사회로부터 함부로 취급당한다는 부정적인 감정으로 인해 자신들이 함부로 대할 수 있다고 가늠한 또래 학생들을 괴롭히고 있는 것이다. 필자가 상담한 내담자 중에 토막살해에 대한 충동 이유에 대해 자신이 함부로 다뤄졌기 때문에 사람을 함부로 다룰 수 있는 것이 토막살해라고 표현하였다.

학교폭력의 피해자 중에서는 가정에서 지속적으로 분출되는 심리적인 일산화탄소에 노출되어 있어서 보편적인 학생들보다 심리적인 건강성이 약화되어 있는 경우가 많다. 따라서 심신이 건강하고 에너지가 있어 보이는 학생들보다는 학교폭력의 가해자들이 노리는 표적이 될 확률이 높다. 매우 안타까운 현실로서 학교폭력의 가해자들은 힘이 없고, 허약해 보이고, 관계를 잘 맺지 못해 또래들과 떨어져 홀로 있거나, 심리적인 건강성이 허약해 보이는 대상들을 주목표를 삼고 있다는 것이다. 심리적인 건강성을 지닌 학생이 학교폭력의 표적이 되어 학교폭력 피해자가 되는 경우도 있지만 유사한 학교폭력 피해를 당한 심리적으로 허약한 학생들과 차이점을 나타내고 있다. 가장 크게 나타나는 차이는 피해경험으로 인해 나타나는 결과이다. 그것은 힘든 상황을 이겨 낼 수 있는 힘과 성인 생활에서 나타나는 영향이다.

(2) 학교폭력에 대한 부모의 인식 변화

학부모들은 학교폭력에 대해 폭력의 가해자가 학교에 소속된 학생이며 발생 장소가 학교 안과 학교 밖이기 때문에 학교가 책임지며 효과적인 학교폭력 대처방안을 발휘하기를 원한다. 하지만 학교는 학부모들의 필요를 충족시켜 주지 못하고 있는 실정이다. 앞서 예를 든 사례에서 학교폭력 피해자를 학교 측에서 보호할 수 없으니 다른 학교로 전학을 가라는 것으로 더 큰 문제를 미연에 방지한다는 것이 최선이었다. 때로는 초기 학교폭력에 대한 대응 미숙으로 더 큰 폭력으로 확대되는 경우도 있다. 예를 들면 피해를 당한 학생이 담임선생님한테 이야기하고, 담임선생님은 가해학생을 불러다가 혼을 내고, 가해학생은 다시 피해학생에게 보복성 폭력을 휘두르는 결과를 가져온다. 이런 결과는 담임선생님으로 하여금 혼란과 죄책감을 갖게 만들어서 이후 학교폭력에 관해 적절한 대처방안을 세우기 어렵게 된다. 따라서 담임선생님은 자신의 역할에 대해 매우 제한적이 된다.

이와 같은 상황에서 대부분의 학부모들은 자녀가 학교폭력에 노출되지 않기 위해 근심하는 경우가 많지만 학교폭력에 노출되는 학생들의 특성과 그 원인에 대해서는 피상적으로 듣고 보는 경향이 있다. 따라서 가해학생들이 폭력행사의 목표로 노리는 대상을 미리 파악하고 대처할 필요가 있다. 예를 들자면 베테랑 경찰들이 도난 예방, 성폭력 예방, 소매치기 예방 등에 대해 발생할 문제 요소들을 미연에 제거하는 것에 대해 말해 주고 있는 것과 같다. 학교폭력 가해학생들이 노리는 특성을 알고 미리 대처하는 것이 현 상황에서는 최선이라고 생각한다. 만약 가해학생들이 노리는 대상이 심리적인 빨간색 상을 띠었다면 학부모들은 자신의 자녀를 파란색 상으로 만들어 그 범주에서 제외시킬 수 있는 전략이 필요하다. 그것이 바로 진정한 학교폭력을 예방하는 가장 효율적인 방법이라고 할 수 있다.

이와 같은 관점에서 볼 때, 학교폭력에 대한 예방은 학교와 사회가 적극적이며, 다양한 방법과 정책을 동원하여 학교폭력이 발생하지 못하게 만들어야 하는 것과 학교폭력 가해자 학생들에 대한 대처방안이 필요 적절하며, 때로는 강력하게 시행되어 학교폭력이 근절되어야 한다. 하지만 무엇보다 중요한 것이 학교폭력에 대한 학부모의 인식 변화이다. 학부모는 학교폭력 가해자와 피해자가 될 수 있는 특징들을 분명하게 인식하고 자신의 자녀에게 나타나는 특징들을 찾아내어 해결하는 노력이 매우 필요하다. 특히 학교폭력 가해학생들의 표적이 될 수 있는 특징을 명확하게 인식하고, 자신의 자녀에게서 적용시켜 보는 것이 선행되어야 한다. 즉, 자신의 자녀가 표적이 될 수 있는 요소를 조금이라도 지니고 있다면 그 요소를 없애 주는 데 집중하는 것이 가장 확실한 예방이 될 수 있다.

학교폭력이 발생한 상황에서의 학부모의 인식 변화도 매우 중요하다. 왜냐하면 자녀에게 발생한 사건이 일회성으로 끝나는 것이 아니라 지속적인 학교폭력의 피해자가 될 수 있기 때문이다. 지속적인 학교폭력의 피해자는 동일한 학교에서 나타나기도 하지만 문제를 피해 다른 학교로 전학을 간 상황에서도 나타난다. 이와 같은 상황에서 학급에 있는 모든 학생이 학교폭력의 피해자가 되지 않는 환경에서 자신의 자녀가 피해자가 된 문제를 깊이 분석할 수 있는 객관성과 분석력의 진단이 선행되어야 한다는 것이다. 특히 일시적인 학교폭력의 피해자가 아니라 지속적인 학교폭력의 피해자라면 더욱 신속하고 구체적으로 대처해야 한다. 학교폭력을 피해 다른 학교로 전학을 했지만 그곳에서도 학교폭력을 당하는 경우가 있기 때문이다. 심지어 학교폭력을 피해 중학교 여학생을 외국으로 유학을 보냈지만 그곳에서도 한국 학생들에게 같은 일을 당해 딸을 중도 귀국시킨 부모도 있다. 이러한 상황을 비추어 볼 때, 환경의 변화와 더불어 자녀가 새로운 환경에서 적응을 할 수 있는 방법 중 하나로서 대인관계의 특성을 파악하고 적절한 대책을 강구하는 것이 반드시 필요한 것을 볼 수 있다.

앞에서 나무의 성장 필요 요소와 인간의 심리 성장 필요 요소들을 비교하여 설명한 것처럼 따뜻한 애정, 사랑, 관심 등을 많이 받은 자녀는 태양 아래서 건강하게 자라 심리적인 바이러스에 면역체계가 형성된다. 또한 칭찬과 격려, 지지, 공감, 수용 등을 많이 받은 자녀는 심리적인 산소를 많이 마셨기 때문에 매사에 자신감이 있고, 어려움 앞에서 극복할 수 있는 의지가 있으며 융통성과 열린 마음으로 인간에 대한 친밀감이 있다. 적당한 의식주는 자녀가 자신의 품위를 유지할 수 있다.

의식주가 부족해도 정서적인 자양분이 충족된다면 더 자신감 있고, 목표가 분명하여 친구들 사이에서도 귀감이 될 수 있는 위치를 선점하고 고수할 수 있다. 이와는 다르게 자녀가 가정 안에서 부모의 불화나 부모의 근심과 걱정을 끌어안게 될 때, 대부분의 자녀는 또래들과 다른 색깔을 띠게 되고 그 색깔이 강도가 진해지면 학교폭력의 대상이 된다. 가정의 어려움이 자녀에게 영향을 미치는 것은 막을 수 없지만 자녀를 위해, 자녀 입장에서 되도록 적게 영향을 받게 하는 것은 부모의 노력으로 가능한 일일 수 있다. 영화 '인생은 아름다워'에서 유태인 수용소에서 유태인 아빠가 수용소의 열악한 환경과 죽음의 공포가 성장기의 어린 아들에게 악영향을 미치지 않도록 노력하고, 총살형을 당하러 가는 중에도 아들이 받을 충격을 최소화하기 위해 마지막 노력을 하는 모습은 매우 감동적이며 부모의 노력이 어디까지인지를 잘 보여주고 있다.

CHAPTER 11

학교폭력 예방교육

1. 초등학생 대상 예방교육 강의법

1) 학교폭력 예방교육의 필요성

학교폭력의 문제는 점차 큰 사회적 문제로 인식되고 있다. 급기야 2013년 정부는 학교폭력을 척결되어야 할 중요한 범죄 중의 하나로 보고 전국의 학교와 지역사회에 학교폭력에 대한 엄중한 대처 및 예방교육의 필요성에 대하여 강조하였다. 2013년 4월 청소년폭력예방재단에서 발표한 '2012년 전국 학교폭력 실태조사' 결과에 의하면 학교폭력 피해학생 중 45%가 자살을 생각해 봤다고 한다. 2011년 12월 대구에서 발생한 중학생

자살 사건과 2013년 3월 경북 경산에서 발생한 고등학생 자살 사건은 몇몇 심약한 학생들의 충동적인 행동이 아님을 보여주고 있다. 2013년 경산 고등학생이 남긴 유서를 통해 살펴보면 대부분의 학교폭력이 교실, 복도, 화장실 등과 같은 교내에서 자행되고 있음에도 경찰이나 교사들의 눈을 피해 은밀하게 일어나고 있어 실제로 교사들이 모두 알기 어렵다고 한다. 더욱이 친구들 사이의 학교폭력이 발생했을 때 이를 목격한 학생 중 45%가 '말리지 않고 못 본 척했다.'고 답했으며, 그 이유에 대해서 대부분 '나도 당할까 봐(31%)', '관심이 없어서(27%)', '도와줘도 소용없을 것 같아서(24%)'라고 답했다. 누구보다 학교폭력을 효과적으로 방지할 수 있는 대다수의 학생들이 학교폭력에 대해 '방관'하고 있는 것이다. 그 밑바탕에는 '두려움'과 '무관심'이 뿌리 깊게 자리하고 있다. 따라서 학교폭력 예방을 위해서는 학생들의 마음속에 자리 잡은 공포와 무관심을 해결하는 것이 무엇보다 시급하며, 실제로 학교폭력이 발생했을 때 친구들을 어떻게 도와주어야 하는지에 대한 대처법 등 실제적인 학교폭력 예방교육이 필요하다.

2) 학교폭력 예방교육 실태

2004년 「학교폭력예방 및 대책에 관한 법률」이 공포되면서 각 학교는 적어도 6개월에 1회 이상 학교폭력 예방교육을 실시하여야 한다고 되어 있으나 2010년 청소년폭력예방재단의 조사에 따르면 주로 형식적인 방법으로 실시하고 있어 그 효과에 대하여 기대하기 어려웠다. 청예단(청소년폭력예방재단)의 조사결과를 보면 각 학교의 예방교육은 실제로 전체의 71.8%가 실시한 것으로 보고를 하고 있으나, 주로 비디오 시청, 강당 강의, 시청각 강의 등 매우 형식적이고 수동적인 형태의 교육이 주로 실시되었다는 것을 알 수 있었다.

〈청예단 2010년의 실태조사 결과 요약〉

- **실태** : 최근 1년간 학교폭력 예방교육을 받은 경우(71.7%)보다 받지 않은 경우가 많았다.
- **횟수** : 주 2회 이상(34.0%), 1회(37.7%)
- **교육방법** :
  - 비디오 시청(26.7%)
  - 전문 강사의 강당 강의(22.6%)
  - 전문 강사의 방송 및 시청각 강의(13.6%)
  - 학교교사의 동영상 활용 강의(13.1%)
  - 경찰관 교육(11.1%)
- **문제점** : 학교폭력의 심각성에 비해 학교의 예방교육은 소극적이며 형식적인 틀에 갇혀 있다는 평가를 받았다.

3) 학교폭력 예방교육 프로그램 현황

우리나라 학교폭력 예방교육은 한국청소년상담복지개발원, 청소년폭력예방재단, 삼성사회정신건강연구소, 서울대 발달심리연구소, 청소년보호위원회 등에서 프로그램이 진행되어 왔다. 최근에는 학교 현장에서 일하는 교사들이 직접 학교폭력 예방을 위한 연구에 나서고 실제적인 프로그램(평화샘 프로젝트) 개발에 나서기도 하였다. 또한 한국교육방송(EBS)에서도 학교폭력의 문제와 대안에 대하여 시리즈로 영상물을 제작하여 공중파로 내용을 보여주고 있어 현장의 학생뿐 아니라 일반인들도 학교폭력에 대한 실제적인 인식 전환을 위한 노력이 각계에서 이루어지고 있음을 알 수 있다.

(1) 한국청소년상담복지개발원의 [멋진 우리]

① 초등학생 고학년 대상

② 정직, 배려, 자기조절의 3가지 덕목 강조

③ 인지, 정서, 행동의 통합적 프로그램

④ 프로그램의 내용

	회기	내용	목표
만남의 장	1. 반갑다 친구야	자기소개 / 우리의 다짐	프로그램의 목표를 이해하고 자기소개를 통해 서로에게 관심을 가지며 활동 시 규칙을 인식한다.
	2. 신기한 문방구	신기한 문방구	마음을 사고파는 구매과정을 통해 학생들이 생각하는 멋진 사람이 되기 위한 정직, 배려, 자기조절과 같은 덕목이 기본임을 깨닫게 한다.
	3. 훌훌 터는 기쁨	거짓말 투표 / 우리는 왜 거짓말을 할까/ 고백쪽지	거짓말의 의미, 심리적 배경을 이해하고 마음속에 담아두었던 거짓말의 기억을 되살리며 앞으로 거짓말을 하지 않겠다는 다짐을 한다.
활동의 장	4. 혼자는 이제 그만	외톨이 게임 / 벽 뚫기 게임 / 춤추는 세탁기	혼자됨의 의미와 어려움을 인식하고 서로에 대한 관심과 노력을 통해 배려의 필요성과 기쁨을 느낀다.
	5. 관심은 기본	사진 찍기 / 칭찬세례	상대방의 모습을 유심히 관찰하는 경험을 통해 상대방을 새롭게 인식하는 계기를 갖게 되고 배려의 즐거움과 유익함을 깨닫는다.
	6. 더불어사는 마음	더불어사는 마음	배려 받고 싶은 상황에 대한 역할극을 통해 더불어 사는 마음을 실천하는 것이 무엇인지 안다.
	7. 잠깐맨	잠깐맨 / 계속맨	화를 어떻게 다스릴 수 있는지 역할연습을 통해 배운다.
	8. 수호천사	수호천사	친구들의 수호천사가 되어 직접 배려행동를 실천하고 자신의 수호천사가 누구인지 알아맞히는 과정에서 배려받는 행동과 도움을 주는 행동의 의미를 깨닫는다.
	9. 멋진 우리	멋진 우리	스스로에게 상을 주어 자신의 긍정적인 모습을 깨닫게 하고 자신의 변화된 모습에 대하여 평가해 본다.

출처: 최현, 2007.

(2) 청소년폭력예방재단의 [내가 바로 지킴이]

① 초·중·고 대상

② 교육자료 : 학교폭력의 개념, 예방과 대처법, 협동심과 책임감 배양 활동으로 구성

③ 교육자료 예시(자료의 출처: 청예단교육센터)

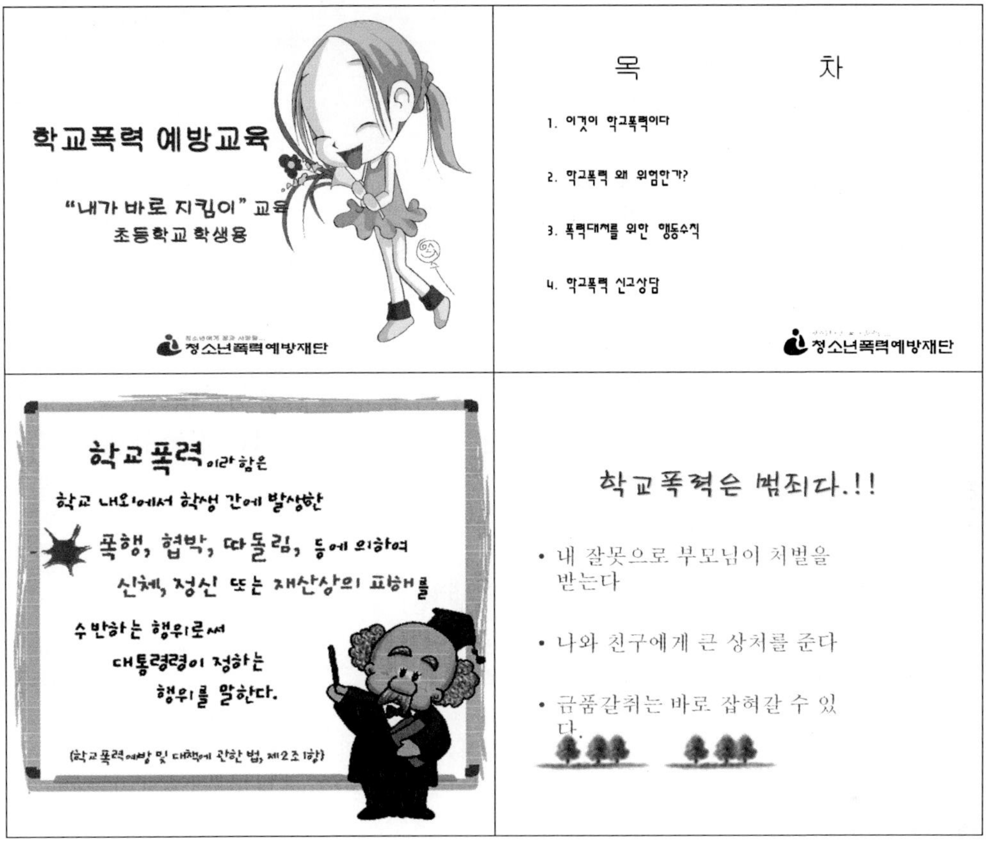

(3) 평화샘 프로젝트 [멈춰]

① 교사의 모임(평화샘)이 개발

② 노르웨이 올베우스의 폭력에 대처하는 4대 규칙과 멈춰제도, 핀란드의 키바 코울루 프로젝트를 기반으로 하여 우리나라 실정에 맞게 수정 보완

③ 학교폭력에 대처하는 4대 규칙

- 우린 다른 친구들을 괴롭히지 않을 것이다.
- 우린 괴롭힘을 당하는 친구를 도울 것이다.
- 우린 혼자 있는 친구들과 함께 할 것이다.

• 만일 누군가 괴롭힘을 당하고 있는 것을 알게 되면 우린 학교나 집의 어른에게 적극 알릴 것이다.

④ 1주일에 1회 모두 20시간

⑤ 역할극, 단편영화 감상, 학생토론, 발표

(4) 지상파 다큐 프로그램 SBS [학교의 눈물]

• SBS [학교의 눈물]

- 1부 일진과 빵셔틀: 교실에서 벌어지는 학교폭력의 실태
- 2부 소나기 학교: 피해학생과 가해학생이 9박 10일 동안 한 학교에서 생활
- 3부 질풍노도를 넘어: 학교폭력을 막기 위한 우리나라와 스웨덴의 프로그램 소개

(5) 국내 주요 학교폭력 예방교육의 내용

개발 보급처	프로그램 이름	대상 및 내용
한국청소년상담복지개발원	[멋진 우리]	• 초등학생 고학년 대상 • 정직, 배려, 자기조절의 3가지 덕목 강조 • 인지, 정서, 행동의 통합적 프로그램
청소년폭력예방재단	[내가 바로 지킴이]	• 초, 중, 고 대상 • 학교폭력의 개념, 예방과 대처법, 협동심과 책임감 배양 활동으로 구성 • 학교폭력 OX퀴즈, 예방나무, 으랏차차, 무비오케, 예방교육 강의 등
	[친구야 놀자]	• 초등 5학년~중학교 2학년 대상 • 1박 2일 캠프 • 또래관계를 잘 맺기 위한 상담, 심리극을 활용
청소년보호위원회	[폭력 및 왕따 예방교육]	• 체육교과 과정 중 • 주 1회 1시간씩 총 4회기 • 학교폭력상황과 관련된 사회인지적 기술 익히기

<table>
<tr><th>개발 보급처</th><th>프로그램 이름</th><th>대상 및 내용</th></tr>
<tr><td rowspan="2"></td><td>[무지개 프로그램]</td><td>• 초, 중, 고 대상
• 10회기
• 마음의 힘, 관심과 사랑, 친구상담, 학교갈등 통찰 희망 가꾸기, 선배 체험 나누기</td></tr>
<tr><td>[학교폭력 예방 수업지도]</td><td>• 초, 중, 고 대상
• 학교폭력에 대한 이해를 돕기 위해 개발된 프로그램
• 총 4회기</td></tr>
<tr><td>학교교육학술정보원</td><td>[학급에서의 집단따돌림 예방]</td><td>• 초, 중, 고 대상
• 총 4~6회기
• 친밀감 형성, 의사소통, 대인관계 기술, 자기개방, 공동체 의식 익히기</td></tr>
<tr><td rowspan="2">서울대학교 심리학과 발달심리연구소</td><td>[시우보우 프로그램]</td><td>• 초, 중, 고 대상
• 이타행동, 대인관계, 의사소통, 인권과 평화의식, 폭력문화, 집단따돌림 등 학교폭력에 대한 이해
• 학교별 10편. 10분 내외 한 주제에 대한 시청각 자료 활용</td></tr>
<tr><td>[햄핑]프로그램</td><td>• 초, 중 대상
• 8회기
• 학교폭력에 대한 인식, 방관자와 중재자 역할, 학교폭력 법률과 대처요령</td></tr>
</table>

4) 초등학생 학교폭력 예방교육을 위한 고려점

(1) 폭력예방교육의 사전조건

학교폭력 예방교육은 학교폭력이 발생하기 전에 이를 막기 위해 실시하는 것이다. 따라서 사전에 충실하게 연구되고 계획되어 진행되는 것이 필수적이다. 이는 학생들과 학교 전체에 학교폭력에 대한 올바른 인식이 자리 잡고, 일상생활 속에서 학교폭력을 근절할 수 있도록 다양한 방법이 사용될 수 있도록 해야 하기 때문이다. 이를 위해 다음과 같은 선행조건이 필요하다.

- 학교폭력 예방교육에 관한 교사의 전문성 향상
- 연중 예방교육 실시 계획
- 학교폭력 예방 및 상담을 전담하는 상설기구의 설립
- 학교－부모－지역사회 간 폭력예방을 위한 협력 공동체 구성

5) 초등학생 폭력 예방교육의 구성

(1) 교육의 방향

초등학교에서 학생들에게 예방교육프로그램을 계획할 때 먼저 고려해야 할 방향은 다음의 5가지이다. 친구 간에 갈등이 발생했을 때 평화롭게 해결하는 방법 알기, 허용되어서는 안 되는 폭력이 무엇인지에 대한 인식, 화를 내는 올바른 방법, 성폭력에 대한 올바른 인식, 친구 간의 신뢰관계를 해치지 않는 프로그램 적용 등이다.

① 비폭력 갈등해결 교육

학교에서는 빈번하게 학생들 간 갈등이 발생하지만, 갈등이나 다툼에 대하여 무조건 나쁜 것으로 규정하고 빨리 해결을 봐야겠다는 인식을 갖도록 해서는 학생들 마음에 분노나 억울함을 남기고 후에 더 큰 갈등으로 확대될 수 있다. 따라서 교실 내의 갈등을 비폭력적인 방식으로 긍정적으로 해결하도록 도움으로써 갈등이 폭력으로 발전되지 않도록 하고, 건강한 사회성 향상의 기회로 삼아야 할 것이다.

② 폭력에 대한 민감성 향상

보통 폭력을 행하는 가해학생들은 장난을 쳤을 뿐이라고 말한다. 그러나 피해를 당하는 학생의 입장에서는 괴롭힘을 당하는 것이다. 학생들에게 장난이 아닌 괴롭힘으로 생각되는 행동이 무엇인지를 인식하도록 하여야 한다. 따라서 예방교육에서는 무엇이 허용될 수 없는 행동인지에 대한 구체적인 인식을 갖도록 하여야 한다.

③ **분노와 폭력을 구별하는 방법 익히기**

대부분의 문제가 되는 학교폭력은 학생들이 감정을 더 이상 참지 못하여 폭발하듯이 분출하게 될 때 나타난다. 학교폭력은 화를 더 이상 참지 못하여 발생하는 경우가 많다. 물론 지속적으로 괴롭힘을 가하는 경우도 많지만 특히 평소의 폭력 피해자가 가해자의 입장으로 바뀌는 경우를 보면 분노의 감정이 충동적으로 폭발할 때 나타난다.

분노의 감정을 느끼지만 말로 표현하는 데 어려움을 겪는 학생들이나 더 이상 참지 못할 지경에 이르는 학생들의 감정상태가 폭력으로 이끌어지곤 한다. 따라서 분노의 감정이 폭력으로 연결되지 않도록 대안적 방법과 기술을 훈련할 수 있는 내용이 예방교육에서 다루어져야 한다.

④ **성폭력은 성 문제가 아니라 폭력의 문제임을 인식하도록 한다.**

보통 학교에서 성 교육은 학교폭력 교육과 별개의 내용으로 다루어지는데, 더 이상 이를 분리해서 다룰 것이 아니라 성폭력도 학교폭력의 일부분으로 다루어져야 한다. 대부분의 성범죄는 그릇된 성에 대한 인식과 피해자에 대한 무감각함에서 비롯된다. 따라서 성폭력은 가해자의 성문제로만 다루어져서는 안 되고 성폭력을 당하는 피해자의 입장이 함께 고려되어야 한다. 따라서 학교에서의 성교육은 건강한 성 인식에 초점을 둘 뿐만 아니라 학교폭력의 차원에서 다루어져야 할 것이다.

⑤ **학생들 간의 신뢰로운 인간관계 형성을 기반으로 하여야 한다.**

범죄에 대한 지나친 두려움이나 안전의식은 학생들 간의 불신이나 지나친 경계심으로 이어질 수 있다. 친구들과의 친밀감 형성과정에서 필수적으로 일어나는 사소하고 긍정적인 신체접촉까지도 부정적으로 인식되어 과도한 경계심과 불신으로 이어질 수 있다는 것이다. 따라서 학생들의 건강한 정서발달을 해치는 방향의 과도한 프로그램이 되지 않도록 신중하게 프로그램을 개발하여야 한다.

(2) 예방교육의 목표

기존의 학교폭력 예방교육 프로그램을 살펴보면 대부분 다음과 같은 교육의 목표를 담고 있다.

① 폭력을 인식하고 폭력을 멈추기
② 타인의 입장에서 생각하고 존중하기
③ 존중, 배려, 참여 등 건강한 가치관 형성하기

(3) 배워야 할 전략 및 기술

학생들이 학교폭력에 건강하게 대처할 수 있도록 돕기 위해서는 다음과 같은 전략을 배워야 한다.

① 평화적 갈등해결 방법
② 감정조절 방법
③ 자신에 대한 가치인식(자존감 형성)과 타인의 입장에 대한 존중
④ 효과적인 의사소통 기술

(4) 초등학생에게 적절한 예방프로그램의 구성

초등학생을 대상으로 하는 예방교육의 프로그램은 직접 강의나 설명식 해설보다는 직접적인 참여와 사전 연습이 포함될 필요가 있다. 초등학생들은 귀로 듣는 학습보다 온몸으로 실천하는 경험교육이 더 효과적이기 때문이다.

- 단순한 강의나 동영상 시청이 아닌 직접적인 참여나 경험을 통한 인식개선이 필요하다.
- 활동의 예 : 역할극 놀이/수호천사나 마니또 게임/또래 폭력에 관한 이야기를 읽고 토론하기

6) 초등학생 대상 학교폭력 예방교육 강의 실제

초등학생을 대상으로 한 예방교육 방법을 이해하기 위해서는 각국의 다양한 예방교육 프로그램을 살펴볼 필요가 있다. 성공적인 프로그램으로 인식되고 있는 프로그램들을 살펴 우리 실정에 맞는 프로그램으로 적용 활용할 필요가 있기 때문이다.

(1) 미국의 갈등해결 프로그램 RCCP

① 배경

1985년부터 뉴욕시 교육위원회와 사회적 책임을 위한 교사모임 Educators for Social Responsibility 은 학교에서 발생하는 폭력을 예방할 목적으로 갈등해결프로그램 Resolving Conflicts Creatively Program; RCCP 을 개발하여 사용하고 있다. RCCP는 초등학교 교사와 학생들이 갈등을 비폭력적인 방법으로 해결하고, 다른 문화에 대하여 긍정적으로 인식하도록 함으로써 건전한 갈등해결 분위기가 조성되도록 도움을 주고 있다.

② 내용

51개의 레슨으로 구성되어 각 레슨당 30~60분 정도 실시하도록 되어 있다. 이 같은 내용은 주로 교사들이 학생들과 인터뷰, 소집단 토론, 브레인스토밍을 하는 활동으로 진행된다.

- 건설적인 의사소통
- 효과적인 감정표현
- 갈등분석 및 해결
- 선입견 및 편견 억제
- 상대방 존경과 고마움 인식
- 정서 경험
- 관용, 협동심 등 가치관 형성
- 자기 주장 훈련

③ 절차

(사전교육) 교사 연수	➡	(본 프로그램 실시) 훈련받은 교사가 학급학생 대상으로
갈등해소와 집단 간 이해에 관한 교사 연수를 받는다.		• 학급 수업시간에 실시 • 경청하기 • 자기 주장하기 • 공감하기 • 타인의 관점 이해하기 • 협상하기 • 문제해결 • 갈등분석 • 편견 억제하기
		• 51주 레슨 • 각 레슨당 30~60분 • 역할놀이 • 인터뷰 • 소집단 토론 • 브레인스토밍

④ 효과

갈등해결 프로그램RCCP의 효과는 여러 측면에서 긍정적인 효과를 나타내었는데, 그 내용은 다음과 같다(김갑순, 2004).

- 폭력과 싸움이 감소
- 함부로 말하거나 반박하는 것이 감소
- 학생들 간의 의심이 감소
- 또래 중재자의 자부심과 자아존중감이 증가
- 교사가 이전에 비해 효과적으로 갈등처리
- 평화로운 학교분위기 조성

(2) 미국의 PATHS 프로그램

① 배경

2003년 그린버그 등에 의해 개발된 대안적 사고 전략 프로그램Promoting Alternative Thinking Strategies; PATHS은 유치원에서 초등학교 5학년까지 학생들을 대상으로 정서인식, 긍정적 교우관계, 문제해결능력 등 친사회적 행동기술 훈련으로 구성되어 있다.

② 절차

프로그램 매뉴얼 제공	➡	(본 프로그램 실시) 교사가 학급 학생 대상으로
		• 학급 수업시간에 실시 • 사회적 문제해결력 • 정서인식, 긍정적 교우관계 형성
		• 57주 레슨 • 각 레슨당 20~30분 • 소집단 토론 • 게임식 수업 • 모델링 • 비디오 시청 • 학부모 편지나 숙제를 이용하여 가정에서 연습하도록 함

③ 효과

프로그램의 실시 결과 현저하게 학생들 간의 공격행동이나 폭력행동이 감소되었음을 알 수 있었다.

(3) 미국의 Second Step Preventing Aggression by Promoting Social Competence 프로그램

① 배경

2000년에 프레이 등(Karin S Frey, Miriam K Hirschstein, Barbara A Guzzo)에 의해 개발되었다. 학령 전기부터 중학교에 이르는 학생들을 대상으로 하는 이 프로그램은 폭력에 관한 태도나 행동을 변화시키기 위한 학급단위 교육과정이다. 이 프로그램은 학생들 간의 공격적인 행동이 사회적 행동기술의 부족에 기인한다고 보고 다양한 사회적 기술이 향상될 수 있도록 프로그램을 구성하였다.

- 사회성 향상을 통해 공격적 행동 줄이기
- 타인의 입장 알기
- 대인관계 문제해결력 기르기
- 충동 통제하기
- 분노 조절하기 등

② **활용기법**

- 모델링
- 리허설
- 역할극
- 언어 중재과정

③ **절차**

프로그램 매뉴얼 제공	➡	(본 프로그램 실시) 교사가 학급 학생 대상으로
		• 학급 수업시간에 실시 • 충동조절, 분노조절, 공감능력 향상
		• 주 2회 레슨당 30분 정도 • 또는 1~3일 정도 캠프 • 교사가 학급 전체에 그림카드를 보여주면서 • 카드 뒷면에 제시된 내용을 실시한다. • 토론 • 교사 모델링 • 역할극 • 교정적 피드백 • 강화 • 가족지침서 제공

④ **효과**

프로그램에 참가한 학생들은 식당이나 운동장에서 신체적 공격행동의 빈도가 감소하였으며 친사회적 행동은 자주 사용하였다. 그러나 반사회적 행동은 줄어들지 않았다.

7) 초등학교 대상의 학교폭력 예방교육 강의법

초등학생을 대상으로 하는 예방교육은 단순한 캠페인이나 일회성 교육, 동영상을 통한 일방적 교육은 효과가 없다. 힘들지만 오랜 시간을 들여 직접 체험할 수 있는 다양한 방법이 사용되어 직접 가해자와 피해자의 입장이 되어 보는 경험이 요구된다. 이러한 직접 경험이 생활 속에서 실천될 가능성을 높여 주기 때문이다. 따라서 초등학교 학교폭력 예방교육을 구성하기 위해서는 그동안 효과적이었던 여러 프로그램들의 공통점을 살펴보고 우리 실정에 맞도록 계획하고 적용할 필요가 있다.

초등학생을 대상으로 하는 예방교육들을 살펴본 결과 다음과 같은 공통점이 있음을 알 수 있었다.

첫째, 단순한 시청각 자료와 강의법의 효과는 미약하다.

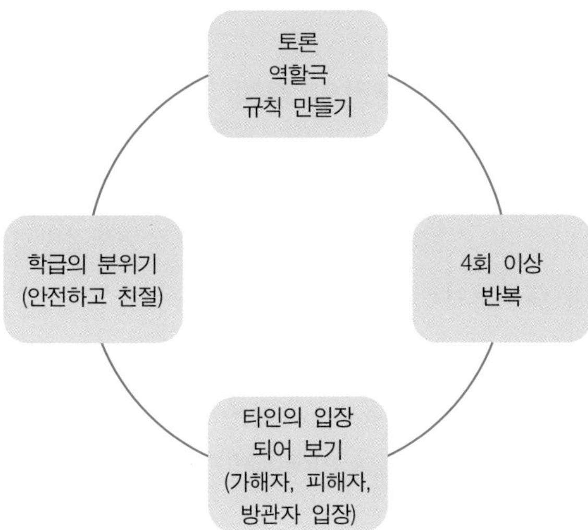

둘째, 학생들이 생활 속에서 직접 체험할 수 있는 강의법이 필요하다(역할극, 토론, 학급회의 등).

셋째, 일회성 교육보다는 총 4회 이상의 반복적인 학습이 효과적이다.

넷째, 학급과 학교 전체의 분위기가 변화되어야 한다. 학생들이 몸으로 안전감을 느낄 수 있도록 학교와 학급 전체의 분위기가 달라지도록 해야 한다.

다섯째, 가해자, 피해자, 방관자가 발생하지 않도록 모든 학생들의 적극적인 참여를 유도하는 것이 필요하다.

여섯째, 학생들이 직접 피해자가 되어 그들의 입장을 공감할 수 있도록 하는 체험적 경험이 요구된다.

일곱째, 학교폭력의 가능성이 있는 학생들에게 긍정적인 사회성을 기를 수 있도록 직접적인 교육을 실시하여야 한다. 특히 그들이 친사회적 행동(협동, 배려, 양보 등)을 배우고 익힐 수 있는 기회를 만들어야 한다.

여덟째, 토론, 규칙 정하기, 역할극, 직접 평가 등 다양한 교육방법이 적용되어야 한다.

2. 중 · 고등학생 대상 예방교육 강의법

1) 중 · 고등학생들의 학교폭력의 특징

중 · 고등학교에서 발생하는 학교폭력은 초등학교에서 발생하는 학교폭력과는 그 내용과 구조가 다르다. 초등학생들의 경우 아직 갈등해결방법이 미숙하기 때문에 발생하는 경우가 대부분이라면, 중 · 고등학교에서 발생하는 학교폭력은 평소부터 보이지 않는 갈등구조가 존재하는 가운데 다분히 의도적이고 계획적으로 괴롭힘을 가하는 경우가 많다. 따라서 중 · 고등학교 학교폭력 예방교육을 실시하기 위해서는 중 · 고등학생들의 학교폭력을 이해하고 이에 맞는 예방교육 프로그램의 개발이 이루어져야 한다.

① **학급 내 힘의 피라미드**

중·고등학교 학급 내에는 보이지 않는 물리적 힘을 근거로 한 '힘의 피라미드'가 존재할 수 있다. 힘이 센 아이와 힘이 약한 아이, 그리고 중간 정도의 힘을 가지고 있으나 평소 타인에 대하여 무심한 아이들로 구성된 힘의 피라미드가 존재한다. 이 때문에 학급 내에서 한 아이가 다른 아이를 괴롭히면 '다른 아이'는 자신보다 더 약한 '또 다른 아이'를 괴롭힘으로써 폭력의 악순환이 형성될 수 있다.

② **공격성의 연령 차이**

공격성을 행사하는 방식이나 정도가 중학생이냐 고등학생이냐에 따라 다르다. 보통 물리적·신체적 공격은 중학생에게서 더 많이 나타나고, 고등학생들에게서 방관자적 특징이 더 많이 나타난다.

③ **따돌림의 성차**

학교폭력의 방식이 성별에 따라 확연히 차이가 난다. 주로 여학생들 사이에서는 직접적인 공격이나 폭력보다는 은근히 따돌리고 뒤에서 나쁜 소문을 만들어서 유포하는 등의 간접적인 방법이 자주 사용된다. 이와 달리 남학생들은 보다 직접적인 방식으로 폭력을 행사하는데 신체적으로 폭력을 가하거나 언어적·신체적으로 집단괴롭힘을 행하는 경우가 많다.

④ **폭력 가해학생에 대한 두려움과 안전에 대한 불안감**

중학교와 고등학교에 다니는 일반학생들은 폭력학생들에 대한 막연한 두려움을 가지고 있다. 대개 청소년시기 학교폭력 학생들은 성인 폭력 서클들과 연계되어 있는 경우가 많아서 실제로 피해학생과 일면식이 없는 사람들이 집단으로 폭력을 행사하는 경우가 많다. 따라서 일반학생들의 경우 친구가 당하고 있는 학교폭력에 어떤 형태로든 관여하는 것이 위험하다고 생각하며 되도록 방관자적 입장을 취하는 것이 안전하다고 생각한다.

Q 학교폭력 관련 문제들이 발생하는 이유를 골라주세요. (중복응답)

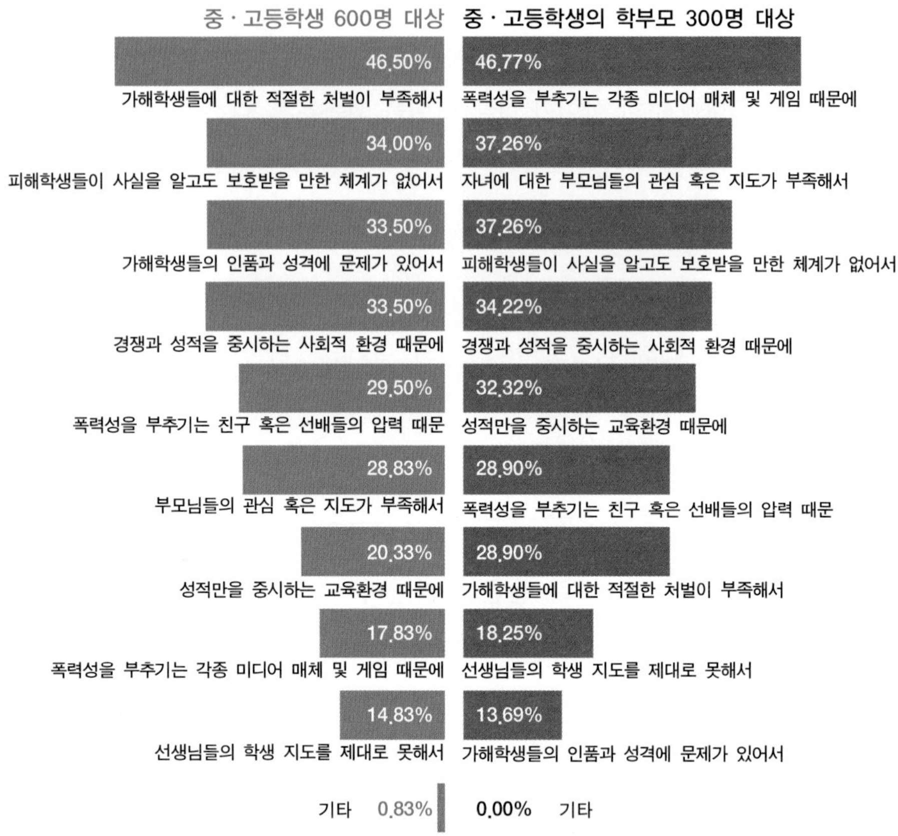

모바일 리서치 업체 오픈서베이(www.opensurvey.co.kr, 대표 김동호)가 전국 900명(중 · 고등학생 각 300명, 중 · 고등학생 자녀를 둔 부모 300명)을 대상으로 한 설문조사 결과, 부모와 자녀 간 학교폭력 원인에 대한 시각차가 뚜렷함이 드러났다.

[출처] 학교폭력 원인 1위, 부모는 '폭력적 게임', 학생은 '처벌 부족' 작성자 비즈매거진
http://blog.naver.com/bizmagazine?Redirect=Log&logNo=30162494397

그림 11-1 부모-자녀 간 서로 다르게 생각하는 학교폭력의 원인 비교

⑤ **지속적인 괴롭힘**

중・고등학교에서 이루어지는 학교폭력은 일회성인 경우가 드물다. 피해자로 낙인이 찍히는 학생은 가해학생들로부터 길게는 1년 이상 장기간에 걸쳐 괴롭힘을 당하기도 한다. 가해학생들은 피해학생의 행동과 반응을 통해 약점을 인식하고 이를 이용하여 지속적으로 괴롭힘을 가하는데 피해학생은 이러한 과정을 통해 돌이킬 수 없는 정신적 상처를 입고 해서는 안 될 자살을 선택하기도 한다.

⑥ **폭력 가해학생의 법적 처벌에 대한 직접적인 정보의 부족**

학생들이 학교폭력을 행했을 때 어떤 식으로 처벌을 받는지에 대한 정보를 잘 알고 있지 못하여 폭력을 알린 당사자의 안전을 누가 보장하는지 등에 대한 인식이 부족하다. 그래서 자신이 폭력을 당하거나 친구의 어려움을 보면서도 직접 신고하거나 도움을 청하기 어렵다.

2) 중 · 고등학교 학교폭력 예방교육에서 반드시 담아야 할 내용들

(1) 중・고등학생 학교폭력 예방교육을 위한 선행조건

① **안전한 학교환경 조성**

앞서 살펴본 바와 같이 중・고등학교 내에서 벌어지는 학교폭력은 지속적이고 세력화되어 있어 평소 학교생활 속에 깊숙이 자리 잡고 있는 경우가 많다. 피해학생이 매일의 생활 속에서 학교폭력의 피해를 입고 있을 수 있으며, 이를 날마다 지켜보는 친구들도 자신에게 돌아올 보복이 두려워 점점 방관자적으로 변해가고 자신들의 행동을 정당한 것으로 합리화하는 분위기가 조성되어 가고 있다. 이러한 분위기를 쇄신하고 생활 속에서 학교폭력이 사라지도록 하기 위해서는 먼저 학교와 학급 분위기가 안전하게 변모해야 한다. 매일의 교실환경과 학교 구석구석에 교사의 관심이 미칠 수 있도록 물리적・심리적으로 분위기를 조성할 필요가 있으며 학생들이 교사의 시선을 피해 학교폭력을 행사하거나 당하지 않도록 구석구석 신변의 안전에 대한 조처가 이루어져야 한다.

② 폭력과 관련된 엄격한 학교 규칙을 명문화

중·고등학생들은 자신의 행동에 대하여 책임을 지도록 교육을 받아야 한다. 학교폭력의 경우에도 또한 그 과정이 적용되어야 한다. 이를 위해 사전에 폭력과 관련된 엄격한 학교 규칙이 정해지고 이것이 명문화되도록 하여야 한다. 특히 이를 자주 볼 수 있는 곳에 게시함으로써 학교 내에서 더 이상 학교폭력을 용인하지 않는다는 것을 알릴 필요가 있다. 필요에 따라서는 학습회의를 통해 학생들 스스로가 만들어 낸 규칙을 명문화하여 이를 게시하고 지킬 수 있도록 하는 것도 좋다.

③ 교사의 학교폭력 지도에 대한 전문성 향상과 솔선수범

중·고등학교 교사들의 학교폭력 지도는 오랫동안 구태의연한 방식으로 이루어지는 경우가 많았다. 반성문이나 체벌, 벌점, 봉사 등으로 학교폭력을 지도하여 왔기 때문에 학생들 스스로 무엇이 잘못되었는지에 대한 인식이 없이 그저 시키니까 받는다는 식의 무책임한 행동을 반복해 왔다. 이러한 학생들의 태도가 개선되도록 하기 위해서는 교사들이 먼저 변화를 위한 노력을 해야 한다. 평소 불친절하고 거친 언어를 사용하는 교사들은 자신의 교육습관을 점검하여 학생들의 인격을 모욕

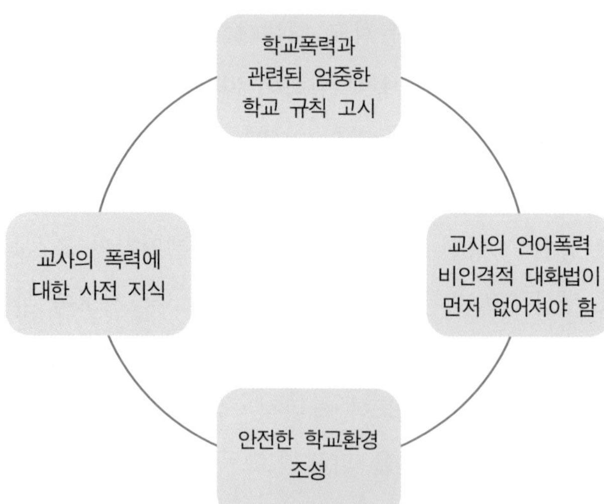

하고 바람직하지 않은 반사회적 행동을 모델링하도록 하는 것은 아닌지에 대한 반성을 하여 교사 스스로 학교폭력 지도에 대한 책임감을 느끼며 솔선수범하려는 자세를 가져야 할 것이다.

(2) 학부모 학교폭력 예방교육

① 학교폭력 지도에 대한 정책과 원칙을 공유

학교는 학부모에게 학교폭력과 관련된 엄정한 법적 절차에 대하여 정책을 분명하게 고지하고 내용을 공유할 필요가 있다.

② 학교폭력 보호 서비스에 대한 안내

학부모는 자녀가 학교폭력의 피해를 입거나 가해자로서 법적 절차를 받아야 할 때 어떠한 보호와 지도를 받는지에 대한 서비스를 안내받아야 한다.

③ 예방적 부모교육 실시

중・고등학교 학생들의 학교폭력은 가정의 무관심과 방임, 학업에 대한 과도한 스트레스, 부적절하고 심각한 신체 및 언어폭력, 가정불화 등과 밀접한 관련을 가지고 있다. 특히 돌봄을 오랫동안 제공하지 않고 있는 가정의 자녀들이 학교에서 학교폭력의 가해자 및 피해자가 되는 경우가 많다. 따라서 사전에 학교폭력이 발생하지 않도록 하기 위해서는 부모-자녀 관계의사소통 훈련 등 청소년시기에 대한 지식과 양육방법에 대한 부모교육이 지속적으로 실시되어야 한다.

(3) 중・고등학생을 대상으로 한 예방교육에 반드시 담아야 할 내용

- 폭력에 대한 인식 개선
- 폭력에 대한 민감성 증진
- 실질적 대처방법
- 비폭력적 갈등해결 방법
- 성장하는 자아에 대한 인식과 평가

1. 폭력에 대한 인식 개선	• 누구든 맞아도 되는 사람은 없으며, 업신여길 만한 사람도 없다. • 지나치게 행동하는 사람도 맞아야 정신 차릴 수 있다는 생각은 잘못된 것임을 깨달아야 한다. • 성희롱, 성폭력은 성문제가 아니라 폭력임을 인식해야 한다.
2. 폭력에 대한 민감성 증진	• 무엇이 폭력인지에 대한 인식이 분명해지도록 해야 한다. • 피해학생을 폭력으로부터 구조해야 하는 당위성에 대한 인식을 갖도록 해야 한다. • 방관자적 자세는 폭력의 또 다른 형태임을 깨닫도록 해야 한다.
3. 실질적인 대처방법	• 친구나 자신에게 폭력이 발생했을 때 실제로 어떻게 해야 하는지에 대하여 실제적인 방법을 습득할 수 있도록 해야 한다.
4. 비폭력적 갈등해결 방법	• 친구들과 갈등이 발생했을 때 비폭력적으로 갈등을 해결할 수 있는 방법에 대해 안내한다. • 비폭력적 갈등해결이 자아성장의 한 과정임을 인식할 수 있도록 해야 한다.
5. 성장하는 자아에 대한 인식과 평가	• 어려운 문제를 이겨낸 후에 자신이 심리적으로 성장했음을 느낄 수 있도록 기회를 마련해 주어야 한다.

3) 중 · 고등학생 학교폭력 예방교육의 한계

초등학생들에 비해 생물학적인 충동수준이 높은 청소년들은 순간의 분노감정을 억누르지 못해 폭력을 행사하는 경우가 많다. 이러한 충동적 분노 표출은 단순히 친구관계의 악화에서 비롯되기보다는 학생의 평소 가정환경과 밀접한 관련을 가지고 있다. 오랫동안 위기와 불화를 겪고 있는 가정의 학생이라면 정서불안과 충동조절의 어려움을 항상 경험하고 있을 것이다. 이러한 친구들은 잠재적인 학교폭력의 당사자들이 될 가능성이 높다. 따라서 가해 또는 피해가 예상되는 학생들을 사전에 선별하여 개별상담이나 심리검사를 실시해야 할 필요가 있다. 또한 가정의 문제와 연관이 되어 있든 교우관계가 연관되어 있든 학교폭력의 문제는 대개 신뢰로운 인간관계 형성의 부족과 관련되어 있으므로 가해학생이 순간적으로 분노하였다고 하더라도 그 순간 떠올릴 수 있는 중요한 누군가(부모, 교사 등)의 심리적 힘이 충동조절에 절대적인 영향력을 끼칠 수 있음을 인지하고 학생들과 직접 만나는 교사나 상담사들은 늘 관심을 가지고 학생들과 좋은 관계를 맺기 위해 노력해야 한다.

4) 중 · 고등학생 학교폭력 예방교육의 과정

중 · 고등학교 시기는 초등학교 시기와 달리 자신의 행동에 대한 책임을 인식하고 스스로 바람직한 행동을 선택해야 한다. 이는 더 이상 청소년들이 교육받은 대로만 행동하는 시기가 아니라 스스로 자신의 행동을 선택하고 실천하는 시기이기 때문이다. 따라서 이 시기에는 사회성 기술의 훈련이나 대처기술에 대한 단순한 연습이 아닌 학교폭력의 폐해나 법적 책임절차에 대한 실질적인 인식과정을 통해 스스로 어떻게 행동을 하는 것이 자신에게 도움이 될지를 결정하는 능력을 기르도록 하여야 한다. 이를 위해 중 · 고등학생을 대상으로 하는 예방교육은 기본적으로 3단계에 걸쳐 진행하는 것이 바람직하다.

- 1단계 : 인식 개선 프로그램
- 2단계 : 학교폭력에 대한 구체적인 대처법 및 법적 책임에 대한 이해
- 3단계 : 인간관계 개선 및 자아성장 프로그램

인식개선 프로그램 (폭력에 대한 보다 구체적이고 적극적 인식 증진)	➡	학교폭력에 대한 구체적 대처법 습득	➡	인간관계 개선 및 자아성장 프로그램
• 강의나 동영상 • 성폭력, 성추행, 은밀한 따돌림, 폭력의 방관도 폭력일 수 있음을 깨닫게 한다.		• 강의와 모델링, 역할극 • 피해자의 대처 • 가해자의 처벌 절차 • 피해자와 가해자의 구분 • 목격자가 해야 할 일 등		• 소집단 토론 • 집단활동 • 자기평가 등 • 긍정적 타인평가

5) 학교폭력 예방 프로그램의 실제

(1) 청소년을 대상으로 한 학교폭력 예방 교육 프로그램(김설희, 2006)

프로그램명	대상	회기	진행방식	내용	운영기관
폭력 및 왕따	중학생	4	주 1회	학교폭력에 대한 이해와 인식 교육	한국심리학회 청소년위원회
청소년기를 밝고 건강하게	중학생	6~10	특성에 맞게	약물 관련 교육과 학교폭력 교육	사회정신건강연구소
집단따돌림 예방	중・고등	6~10	주 1회	[친한 친구] 프로그램/ 장점 찾기	서울시교육청
학교폭력 예방 수업지도	초・중・고	4		학교폭력에 대한 이해	청소년보호위원회
즐거운 학교생활을 위한 인성프로그램	중학생	5		자아성장 프로그램	서울시교육연구원
사랑의 씨실과 날실	중학생	5		대인관계, 내가 만약, 내 모습 관찰하기	서울시교육청
집단따돌림 예방 프로그램	중학생	5	HR시간	왕따의 입장 되어 보기, 집단따돌림 발생 시 예방 및 대처법	서울시교육청 청소년상담센터
학교부적응 예방 및 지도	중・고등	8	2시간씩	자신의 권리 알기, 인권교육, 유대감 형성	중앙대부설 사회복지관
집단따돌림 예방교육	초・중・고	4-6	수업중	친밀감 형성, 의사소통 기술, 대인관계 기술, 공동체 의식	한국교육학술정보원
또래문화 프로그램	중・고등	학기별	HR시간	동아리활동, 예방캠페인, 또래상담, 왕따예방	한국청소년개발원

(2) 주요 예방교육 프로그램

① 서울시교육청 [친한 친구 프로그램]

서울시교육청에서 중·고등학생들을 대상으로 개발한 프로그램이다. 토론과 역할극, 학급회의 등 다양한 방법으로 사회성을 향상시키고 교우관계를 개선할 수 있도록 돕고자 하였다.

- 중·고등학생 대상
- 한 학급 전체
- 총 10회기
- 친구 사귀는 방법
- 역할극
- 장점 찾기 등

② 한국청소년상담복지 개발원의 [솔리언 또래상담]

2007년 개발된 프로그램으로 일정 기간의 상담훈련을 받은 비전문가 학생이 비슷한 연령의 또래에게 도움을 제공하도록 하는 프로그램이다.

- 훈련받은 청소년이 상담가 역할
- 어려움을 호소하는 또래 친구를 지지하고 지원하는 과정
- 2011년 창의적 체험활동 프로그램으로 선정
- Friendship, Counselorship, Leadership의 3가지 덕목으로 구성

③ 청소년폭력 예방재단의 [친구야 놀자]

초등학교 고학년에서 중학교 2학년의 학생들을 대상으로 1박 2일 캠프를 진행하는 프로그램이다. 하루종일 친구들과 함께 생활하면서 유대감 형성, 친구관계를 잘 맺기 위한 상담, 심리극 체험 등을 경험한다. 서먹했던 친구들도 하루 동안의 공동체 생활을 통해 자연스럽게 친해지고 서로 좋은 이야기도 나누면서 친구관계를 잘

맺는 방법을 직접 체험하도록 하였다.

- 초등 5학년에서 중 2학년
- 1박 2일 캠프
- 또래관계를 잘 맺기 위한 상담, 심리극 등

④ 사회정신건강 연구소의 [한 번 더 생각해 봐]

삼성 사회정신건강연구소가 개발하여 보급한 학교폭력 예방교육 프로그램이다. 슬기로운 생각, 건강한 행동, 배려하는 마음을 기르는 것을 목표로 하며 학교폭력 가해학생들의 갈등해결 방법을 잘 알지 못함을 인지하고 이들에게 갈등상황에서 어떻게 대처하면 좋은지에 대한 교육을 실시하고 자존감 향상 및 평화적인 갈등해결 방법을 익힐 수 있도록 돕는다.

- 일반 청소년 대상
- 총 16회기
- 폭력에 대한 가치관 재정립
- 폭력의 3가지 입장
- 갈등해결
- 문제해결 기술 등

3. 중·고등학생 학교폭력 예방교육의 강의법

중·고등학생들의 학교폭력 문제는 단순히 친구관계에 국한되지 않고 오랫동안 학생들 마음속에 상처로 자리 잡은 가정문제가 영향을 주는 경우가 많다. 그래서 가정에서 해결되지 않은 불안이나 긴장을 학교에서 약한 친구들을 괴롭히거나 폭력을 행사하면서 표현하는 경우가 많다.

그러나 중·고등학생들은 시기적으로 가정과 부모로부터 심리적 독립을 해야 하는 나이이다. 그러므로 더 이상 가정환경이나 부모의 부적절한 양육으로 인해 학생 자신의 폭력행동이 정당화되도록 해서는 안 되며 스스로 책임 있는 행동을 할 수 있도록 돕는 과정이 필요하다.

이를 위해 다음과 같은 내용을 포함하는 것이 바람직하다.

첫째, 중·고등학교 학생들의 편견(폭력가해자에 대한 과장된 불안, 교사에 대한 불신 등)과 불안을 공감해 주어야 한다. 스스로 책임 있는 행동을 해야 할 나이가 되었지만 학생들은 아직 현실을 있는 그대로 인지하지 못하고 실제보다 과장되게 인식하는 경우가 많다. 이는 아직 심리적 성숙이 완성되지 않았기 때문이다. 따라서 학생들의 이 같은 불안과 불신에 대하여 공감해 주고 보다 다양한 측면을 살펴 스스로 안전하게 행동할 수 있는 방법에 대하여 선택할 수 있도록 도와야 한다.

둘째, 학교폭력에 대한 기존의 생각을 재점검하는 실제적인 과정이 필요하다. 학생들은 학교폭력에 대해 맞을 만하다거나 누가 먼저 잘못을 했으니 정당하다는 식의 폭력에 대한 심각성을 덜 인식하는 경향이 있다. 따라서 학생들이 기존에 가지고 있는 학교폭력에 대한 인식을 확인하고 보다 바람직한 방법으로 학교폭력을 인식할 수 있도록 도와야 할 것이다.

셋째, 직접적인 경험이 필요하다. 초등학생들과 마찬가지로 중·고등학생들도 다른 사람의 입장이 되어 생각하는 데는 아직 어려움이 있다. 따라서 타인의 입장이 되어 생각할 수 있는 기회와 경험을 제공해야 하며 예방교육을 실시하는 것이 바람직하다(심리극, 역할극, 또래상담 등).

넷째, 자아성장의 기회를 가져야 한다. 청소년기는 자기 자신에 대하여 고민하고 성장하려는 노력을 아끼지 말아야 할 때이다. 그러나 아직 다가올 미래가 막연한 청소년의 입장에서는 세상의 긍정적인 모습을 보고 희망을 갖기보다는 불안과 긴장으로 인해 자신에 대한 처지에 대해 깊은 생각이나 더 나은 미래를 위한 고민을 하지 못하고 도망가고자 하는 행동을 자주 보인다. 따라서 학생들이 스스로 자신에 대하여 불안한 감정 없이 고민할 수 있도록 도움을 주어 평소에 자신이 가지고 있는 편견이나 불안을 떨칠 수 있도록 돕고 학교폭력에 적극적으로 대처하는 과정에서 자신의 성장을 경험할 수 있도록 해야 한다(자신의 용기와 노력에 대한 자존감 인식 등).

다섯째, 다양한 교육방법을 사용하여야 한다. 일방적인 강의식 교육이 아니라 다양한 교육방법을 사용하여 학교폭력의 심각성을 인식하고 학교폭력이 발생했을 때 자신이 할 수 있는 행동에 대하여 미리 연습해 볼 수 있도록 해야 한다. 주로 사용될 수 있는 교육방법으로는 강의 외에 역할극, 상담, 모델링, 토론 등 다양한 활동이 있다.

Chapter 12 학교폭력대책자치위원회 구성과 운영

PART 04 학교폭력자치위원회

CHAPTER 12

학교폭력대책 자치위원회 구성과 운영

1. 학교폭력 전담기구

학교폭력 전담기구는 학교폭력에 대한 실태조사와 학교폭력 예방 프로그램을 구성 · 실시하고 학교의 장 및 자치위원회의 요구가 있을 때 학교폭력에 관련된 조사결과 등 활동결과를 보고하기 위하여 학교폭력 문제를 담당하는 곳이다.

- 전담기구 구성권자 : 학교장
- 전담기구 구성원 학교장은 교감, 전문 상담교사, 보건교사 및 책임교사(학교폭력 문제를 담당하는 교사) 등으로 학교폭력 문제를 전담하는 기구(이하 "전담기구)를 구성, 상시 운영해야 한다.
- 개정된 학교폭력예방 및 대책에 관한 법률(2012.3.21 개정)에서 학교폭력 전담기구 구성원에 교감이 추가되었다.

단계	처리내용	비고
학교폭력 사건 발생 인지	사건 발생을 인지한 교사, 학생, 보호자 등은 학교폭력 전담기구에 신고	
⬇		
신고 접수 및 학교장보고	• 학교폭력 전담기구는 신고된 사안을 신고대장에 반드시 기록하고, 학교장과 담임교사에게 보고한 후 피해·가해학생 보호자에게 통지 • 사안이 중대한 경우, 학교장 및 자치위원장에게 즉시 보고	학교폭력 전담기구
⬇		
즉시조치 (긴급조치 포함)	• 피해학생과 가해학생 즉시 격리 • 피해학생 및 신고·고발한 학생이 가해학생으로부터 보복행위를 당하지 않도록 조치 〈피해학생〉 • 「아동·청소년의 성보호에 관한 법률」에 따라 성폭행에 대해서는 반드시 수사기관에 신고하고, 성폭력 전문상담기관 및 병원을 지정하여 정신적·신체적 피해 치유 • 피해학생의 신체적·정신적 피해를 치유하기 위한 조치 실시 • 피해학생의 보호가 긴급한 경우, 「학폭법」 제16조 제1항에 따라 학교장은 피해학생에 대한 조치(제1호, 제2호, 제6호)를 취한 후, 자치위원회에 즉시 보고하여 추인 〈가해학생〉 • 가해학생의 선도가 긴급한 경우, 「학폭법」 제17조 제4항에 따라 학교장은 가해학생에 대한 조치(제1호부터 제3호까지, 제5호 및 제6호의 조치를 할 수 있으며, 제 5호와 제6호는 병과조치할 수 있음)를 취한 후, 자치위원회에 즉시 보고하여 추인	학교장, 학교폭력 전담기구, 담임교사
⬇		
사안조사	• 학교폭력 전담기구에서 구체적인 사안조사 실시 – 피해·가해학생의 면담, 주변 학생 조사, 설문조사, 객관적인 입증자료 수집 등 • 피해·가해학생 심층면담 • 조사한 결과를 바탕으로 사건보고서 작성 • 성폭력의 경우 비밀유지에 유의	학교장, 학교폭력 전담기구, 담임교사
⬇		
관련학생/ 보호자 면담	• 조사결과에 대해 해당 학생 부모에게 알리고, 향후 진행 절차 등에 대해 통보	학교폭력 전담기구, 담임교사
⬇		
사건보고	• 가해 및 피해 사실 여부에 관하여 종합적으로 정리하여 학교의 장 및 자치위원회(자치위원회의 요청이 있는 경우)에 보고	학교폭력 전담기구
⬇		
자치위원회		

1) 학교폭력 전담기구 역할

(1) 신고 및 접수절차[1]

• 학교폭력 사안발생 시

학교폭력 신고 접수	▶	신고 대장 기록	▶	사건보고	▶	접수공지
• 책임교사 등 전담기구에 다양한 경로로 접수된 사례들은 신고서를 받음		• 신고서를 신고 접수 대장에 기재하여 보관		• 학교장에게 보고 • 담임교사에게 통보		• 접수 사실을 피해학생 학부모에게 통보, 통보일자, 통보방법 등 통보사실을 기록함

• 전담기구는 학교폭력 신고 접수대장을 비치하고 117 신고센터, 학교장, 교사, 학생, 학부모, 외부인으로부터 신고받은 사안에 대해 기록관리한다(구두, 이메일, 홈페이지, 핸드폰 등을 통해서 접수된 사례에 대해서 신고서를 받는다).

• 학교폭력 신고 접수대장은 학교장, 교원의 학교폭력 은폐 여부를 판단하는 중요한 기초자료로 활용되므로 사소한 폭력이라도 신고한 것은 접수하여야 한다.

• 학교폭력 대책자치위원회 개최 전 사전심의 : 신고된 학교폭력사안에 대해 사전심의를 실시하고 심의내용을 보고서로 작성하여 학교장 및 자치위원장에게 보고한다.

• 집중보호 또는 관찰대상 학생에 대한 생활지도에 대하여 학생을 담임교사와 함께 지속적인 상담 및 기록을 진행한다.

2) 학교폭력 전담기구 구성원의 역할[2]

학교폭력 전담기구 담당 교사들은 서로 유기적인 협력을 통해 효과적으로 사안을 처리할 수 있도록 한다.

1) 학교폭력 책임교사 워크숍 p. 61.
2) 학교폭력 책임교사 워크숍 p. 68.

(1) 책임교사

사안조사 방향에 대해 판단을 내리고, 사안조사를 전반적으로 총괄 피해, 가해학생의 담임교사 및 전문상담교사 등의 협조를 얻어 사안의 진상을 조사한다.

학교폭력상황 주의학생 안전 및 질서 유지, 진행상황 등을 육하원칙에 따라 기록하고 증인 및 증거자료 확보 후 자치위원회에 보고한다.

(2) 보건교사

피해·가해학생의 신체적·정신적 피해상황을 파악하고, 응급조치 및 신속하게 피해학생을 파악하여 전문기관에 의뢰한다.

긴급한 사안의 경우 119에 연락을 취하고 피해학생 병원 이송 시 동승한다.

(3) 상담교사

책임교사가 필요하다고 판단하여 협조를 요청한 경우, 피해·가해학생에 대한 심리검사 및 상담을 실시하여 학생에 대한 소견을 제시한다.

학생에 대한 조사과정 자체가 상담의 과정이므로 상담의 기본태도를 지키면서 조사를 진행한다.

상담 시 주의사항 → 피해·가해학생의 서로 간의 대면상담은 피한다.

피해·가해학생에 대한 심리검사를 실시하여 학생의 상태에 대한 소견을 제시한다.

학교의 장 및 자치위원회의 요구가 있을 때에는 조사결과 등 활동결과를 보고하여야 한다.

(4) 정보 보안에 관한 책임

가해학생·피해학생 및 제20조에 따른 신고자, 고발자와 관련된 자료를 누설할 경우 300만 원 이하의 벌금이 부과됨에 유의한다(학교폭력예방 및 대책에 관한 법률 제21조, 제22조).

(5) 사안조사 진행과정[3)]

사안조사방법[4)]

- 서면조사, 해당 학생 및 주변 학생 조사, 사안 현장 조사, 설문조사 등을 통해 종합적인 방법으로 신속하게 자료를 확보한다.
- 면담조사를 하는 경우에는 육하원칙에 근거하여 구체적으로 확인서를 받는다.
- 객관적이고 공정한 사안조사를 실시한다.
- 피해·가해학생의 확인이 어긋날 시, 목격한 학생의 확인을 받거나 증거자료 확보를 통해 적극적으로 사안조사에 임한다.
- 전담기구 소속교사는 학생, 보호자, 목격자, 담임교사 등을 면담조사한 후에 학교폭력 사안조사 보고서를 작성한다.

● 학교폭력 예방활동[5)]

학교폭력실태 조사	• 2회 이상 정기적으로 학교폭력에 대한 실태조사를 실시하여 학교폭력 사안처리의 기초자료로 활용하고 학교폭력 예방계획 수립에 반영함.
학교폭력 예방교육	• 학생, 교직원, 보호자에게 시행할 예방교육프로그램 계획을 수립하고 운영함. • 학교폭력 예방교육 계획 수립 시 자치위원회의 심의를 거치도록 함(필요시 외부 전문기관의 자문 실시).

3) 교원의 세부 역할

(1) 담임교사: 학교폭력 관련 학생 관찰, 해당 학생 보호자 연락, 학교폭력 사안 감지 및 접수, 학교폭력 신고 이메일 확인

(2) 학교폭력 전담기구

- 교감: 학교폭력 전담기구 총괄
- 책임교사: 신고함 양식 구비 및 관리, 방학 중 학교폭력 신고서 양식 구비 및 관리, 학교 홈페이지 게시판 관리, 학교폭력 신고 이메일 관리, 학교

3) 사안처리절차 경기도교육청 장학자료 9호.
4) 학교폭력 사안처리 가이드북, p. 92.
5) 학교폭력 책임교사 워크숍, p. 68.

폭력 신고서 총 관리 및 접수

- 전문상담교사: 학교폭력 피해·가해 추정 학생 면담, 학교폭력 관련 학생 관찰
- 보건교사: 학교폭력 피해학생 피해상황 파악

(3) **관리자** : 책임교사, 담임교사 등의 지도·감독, 재발 방지 주력

- 효율적인 학교폭력 신고 및 접수를 위한 전담기구 공통 업무
  ① 신고 및 접수 사례에 대한 심의
  ② (학생·보호자 대상) 학교폭력예방 및 신고교육 실시 계획 수립 및 시행
  ③ (교사대상) 학교폭력예방 및 사안처리 교육 실시 계획 수립 및 시행
  ④ 설문조사 실시 계획 및 시행, 설문지 조사결과 보고
  ⑤ 신고 포스터 부착 및 관리
- 사안조사절차

면담	▶	정보 수집	▶	사실 확인	▶	욕구 파악	▶	면담일지 및 보고서 작성	▶	사건 보고

- 전담기구의 사안조사 기준[6)]
- 학교폭력 조사 기준
  - 전담기구는 폭력행위의 유형별 중점 파악 요소, 폭력행위의 경중 판단 요소 등을 파악

폭력 유형		중점 파악 요소
신체적 폭력		상해의 심각성, 감금·신체적 구속 여부, 성폭력 여부
경제적 폭력		반환 여부, 손괴 여부, 협박/강요의 정도
정서적 폭력	괴롭힘	지속성 여부, 협박/강요의 정도, 성희롱 여부
	따돌림	
언어적 폭력		욕설/비속어, 허위성, 성희롱 여부
사이버 매체 폭력		명의도용, 폭력성/음란성, 유포의 정도, 사이버 성폭력 여부

6) 학교폭력 사안처리 가이드북, p. 95.

※ 사안에 해당하는 모든 폭력 유형 검토

폭력 행위의 경중 판단 요소 내용

〈학교폭력예방 및 대책에 관한 법률 제16조의2, 제17조 제2항〉
- 피해학생이 장애학생인지 여부
- 피해학생이나 신고·고발학생에 대한 협박 또는 보복행위인지 여부

〈학교폭력예방 및 대책에 관한 법률 시행령 제19조〉
- 가해학생이 행사한 학교폭력의 심각성·지속성·고의성
- 가해학생의 반성의 정도
- 해당 조치로 인한 가해학생의 선도 가능성
- 가해학생 및 보호자와 피해학생 및 보호자 간의 화해의 정도〈기타〉
- 교사(敎唆)행위를 했는지 여부
- 2인 이상의 집단폭력을 행사한 것인지 여부
- 위험한 물건을 사용했는지 여부
- 폭력행위를 주도했는지 여부
- 폭력서클에 속해 있는지 여부
- 정신적·신체적으로 심각한 장애를 유발했는지 여부

– 사안 조사 기준에 따라 조사를 실시하고 전담기구 사안조사 결과보고서를 작성한다.

2. 학교폭력대책자치위원회

1) 자치위원회란[7)]

학교폭력의 예방 및 대책에 관련된 사항을 심의하는 심의기구이다

(1) 학교폭력대책자치위원회 구성(학교폭력예방 및 대책에 관한 법률 제12조)

학교장은 학교폭력의 예방 및 대책에 관련된 사항을 심의하기 위하여 학교에 학교폭력대책자치위원회(이하, 자치위원회)를 설치한다.

7) 학교폭력 책임교사 워크숍, pp. 57~59.

• 「자치위원회 심의사항」

① 학교폭력의 예방 및 대책수립을 위한 학교체계 구축

② 피해학생의 보호

③ 가해학생에 대한 선도 및 징계

④ 피해학생과 가해학생 간의 분쟁조정

⑤ 학교폭력 예방 및 대책에 관하여 책임교사 또는 학생회의 대표가 건의하는 사항

(2) 자치위원회 구성

자치위원회는 위원장 1인을 포함하여 5인 이상 10인 이하의 위원으로 구성하되 대통령령으로 정하는 바에 따라 전체 위원의 과반수를 학부모 전체회의에서 직접 선출된 학부모 대표로 위촉하여야 한다(법률 제5조 제1항).

단, 학부모 전체회의에서 학부모 대표를 선출하기 곤란한 사유가 있는 경우에는 학급별 대표로 구성된 학부모대표회의에서 학부모 대표로 위촉할 수 있다.

자치위원회 위원위촉(학교폭력예방 및 대책에 관한 법률 시행령 제9조)

- 해당 학교의 교감
- 해당 학교의 교사 중 학생 생활지도의 경력이 있는 교사
- 법 제5조 1항에 따라 선출된 학부모 대표
- 판사, 검사, 변호사
- 해당 학교를 관할하는 경찰서 소속 경찰 공무원, 해당 지역의 경찰청 여성청소년계, 지구대, one-stop 지원센터, 학교폭력 전담 경찰관
- 의사의 자격을 가진 사람
- 그밖에 학교폭력예방 및 청소년 보호에 대한 지식과 경험을 가진 사람 학교폭력SOS지원단, 청소년상담복지센터, 청소년 전문인력 등

위원 위촉 시에는 학교폭력 사안을 중립적으로 다룰 수 있고 사안에 대해 전문적 심의가 가능한 사람을 위촉하여야 한다. 특히 학부모 대표 위촉 시 의사나 법률 전문가인 학부모가 적극 참여할 수 있도록 노력해야 한다.

2) 학교폭력대책자치위원회 운영

(1) 운영원칙

학교장은 자치위원회를 분기별 1회 이상 개최하고, 자치위원회의 위원장은 다음 사항의 경우 회의를 소집해야 한다.

자치위원회를 소집해야 하는 경우(학교폭력예방 및 대책에 관한 법률 제13조)
① 자치위원회의 재적위원 4/1 이상이 요청하는 경우
② 학교의 장이 요청하는 경우
③ 피해학생 또는 그 보호자가 요청하는 경우
④ 학교폭력이 발생한 사실을 신고받거나 보고받은 경우
⑤ 가해학생이 협박 또는 보복한 사실을 신고받거나 보고받은 경우
⑥ 그밖에 위원장이 필요하다고 인정하는 경우

- 소집 방식
  - 원칙 : 위원장이 서면으로 통보한다.
  - 예외 : 긴급을 요하는 사안이 있는 경우에는 전화통화 등을 이용하여 신속하게 소집을 통보할 수 있다.
- 회의록 작성
  - 회의의 일시, 장소, 출석위원, 토의내용 및 의결사항 등이 기록된 회의록을 작성하여야 한다(법률 제13조 제3항).

(2) 자치위원회의 위원장 호선 및 위원의 임기

- 위원장은 위원 중에서 호선하며, 위원장이 부득이한 사유로 직무를 대행할 수 없을 때에는 위원장이 미리 지정하는 위원이 그 직무를 대행한다(시행령 제14조 제2항).
- 자치위원회 위원의 임기는 2년으로 한다. 다만, 사임 등으로 새로 위촉되는 임기는 전임 위원 임기의 남은 기간으로 한다(시행령 제14조 제3항).

(3) 자치위원회 회의의 개의와 의결

- 자치위원회의 회의는 재적위원 과반수의 출석으로 개의하고, 출석위원 과반수의 찬성으로 의결한다(시행령 제14조 제4항).

3) 자치위원회 역할[8)]

(1) 구성원의 역할

- 위원장 – 필요하다고 판단할 때 교장에게 위원회 소집 요청
  회의 주제
  간사 1인 지명
- 위원 – 회의 안건 심의
  분쟁조정 참여
- 간사 – 회의록 작성 및 자치위원회 사무처리

(2) 피해·가해학생 및 보호자 의견 확인 기회부여

- 자치위원회는 피해학생에 따른 조치를 요청하기 전에 피해학생 및 그 보호자에게 의견 확인의 기회를 부여하는 등 적정한 절차를 거쳐야 한다.
- 자치위원회는 가해학생에 따른 조치를 요청하기 전에 가해학생 및 그 보호자에게 의견 확인의 기회를 부여하는 등 적정한 절차를 거쳐야 한다.

(3) 피해학생 보호조치

- 자치위원회는 피해학생의 보호를 위하여 필요하다고 인정하는 때에는 피해학생에 대하여 해당하는 조치를 하도록 학교의 장에게 요청할 수 있다.

8) 학교폭력 사안처리 가이드북, p. 103.

(4) 가해학생 선도 · 교육조치

- 자치위원회는 피해학생의 보호와 가해학생의 선도 · 교육을 위하여 가해학생에 대하여 해당하는 조치를 하도록 학교의 장에게 요청할 수 있다.

(5) 분쟁조정

- 자치위원회는 학교폭력과 관련하여 분쟁이 있는 경우에는 그 분쟁을 조정할 수 있다.

재심청구

- 자치위원회 또는 학교의 장이 피해학생 보호조치 및 가해학생 선도 · 교육조치에 따라 내린 조치에 대하여 이의가 있는 피해학생 또는 그 보호자는 그 조치를 받은 날로부터 15일 이내, 그 조치가 있음을 안 날로부터 10일 이내에 지역위원회에 재심을 청구할 수 있다(법률 제17조 제1항).
- 자치위원회가 가해학생 선도 · 교육조치 중 전학과 퇴학조치에 대하여 이의가 있는 학생 또는 그 보호자는 그 조치를 받은 날부터 15일 이내, 그 조치가 있음을 안 날로부터 10일 이내에 시 · 도 학생조치 조정위원회에 재심을 청구할 수 있다(법률 제17조 2항).

학교장의 역할

- 자치위원회의 피해학생에 대한 조치 요청이 있는 때에는 학교의 장은 피해학생 보호자의 동의를 받아 7일 이내에 해당 조치를 하여야 하고 이를 자치위원회에 보고하여야 한다(법률 제16조 제3항).
- 제1항에 따른 요청이 있을 때에는 학교의 장은 14일 이내에 해당 조치를 하여야 한다(법률 제17조 제6항).
- 학교의 장은 교육감에게 학교폭력이 발생한 사실 및 제16조, 제16조의 2, 제17조, 제17조의 2 및 제18조의 규정에 따른 조치 및 그 결과를 보고하고, 관계 기관과 협력하여 교내 학교폭력 단체의 결성예방 및 해체에 노력하여야 한다(법률 제19조).

4) 자치위원회 진행과정

개최 알림	진행자가 자치위원회 개회를 알림
자치위원회 개요, 안내	자치위원회 목적, 회의 진행절차, 회의 시 주의사항 전달
사건조서 보고	책임교사가 사건조사서를 보고
피해측 진술	피해자측에 진술시간을 준다. 먼저 사건을 진술하고 가해자측의 입장을 말하도록 한다.
가해측 진술	가해자측에 진술시간을 준다. 사건을 진술하고 가해자측의 입장을 말하도록 한다.
질의응답	질의응답을 통해 참석자들이 사건을 중립적으로 볼 수 있도록 한다.
합의 조정	치료비 등 합의금에 대해 합의 조정한다.
합의 결정	피해·가해측 퇴실 후 자치위원회들끼리 협의를 통해 피해자에 대한 보호조치와 가해자에 대한 선도조치의 내용과 수위를 결정한다.
가·피해학생 조치 결정	합의내용을 고려하되 조치는 반드시 하여야 한다.

(1) 서류 준비

- 필요한 서류를 미리 준비한다(예: 사안 조사서, 관련 학생 확인서, 증거자료 등).

서류 전달

자치위원회에서 하게 될 사안보고에 관련된 자료들을 자치위원회 시작 전에 위원과 위원장에 전달하도록 한다. 이는 위원과 위원장이 자료를 충분히 숙지한 후에 보고를 받도록 하기 위함이다.

(2) 공간 준비

- 피해 · 가해측 대기 장소 준비 : 자치위원회 개최 전에 책임교사가 사전에 가해측과 피해측이 있을 장소를 따로 지정한다.
- 회의 좌석 배치 준비 : 자치위원회 진행 시의 대립과 갈등을 완화하기 위해 회의 좌석 배치도를 미리 준비하도록 한다.

가해측과 피해측의 확인 시 대면의 문제

피해 · 가해측이 확인 시 같은 공간에 있는 경우, 자유로운 의견 개진이 어려울 수 있다. 따라서 피해측은 확인 후 퇴실하고, 대기하고 있던 가해측이 회의실에 들어와서 확인하는 것이 효과적이다. 이와 같이 진행해야 피해 · 가해측이 마찰 없이 회의를 원만하게 진행할 수 있다.

- 피해측 유의사항[9)]
  - 피해 학부모는 자치위원회에 참석하는 경우 피해학생의 진술서, 주변인의 증언 및 진술서 등 사건과 관련된 증거자료를 준비한다.
  - 비록 감정이 불편하고 힘들어도 가해측의 감정을 자극하고 인격을 모독하는 언행을 삼가는 것이 사건 해결에 도움이 된다.
  - 피해학생 보호 및 향후 학교 적응을 위한 현실적이고 합리적인 조치사항을 미리 정리하고 피해측 진술시간에 요구사항을 전달한다.
  - 가해학생에 대한 처벌 및 조치에 대해 감정적인 요구보다 가해학생이 진심으로 반성하고 향후 재발하지 않도록 하는 것에 초점을 두는 것이 좋다.
  - 신체폭행으로 치료비 문제가 있을 경우, 자치위원회 참석 이전에 미리 진단서를 준비하고 향후 진료에 대한 전문의의 소견서를 첨부하는 것이 좋다.
  - 치료비는 진단서를 기준으로 기본적인 치료비를 요구하는 것이 좋다.
  - 정신적 피해보상금은 객관적으로 증명할 수 있는 범위 내에서 가능하다. 정신적 피해에 대한 진단서는 2주 이상 정신과 병동에 격리되어 정신감별을

9) 김규태 외 6명 공저(2013). 학교폭력의 예방 및 대책, 양서원. pp. 189~190.

받아야만 가능하므로 정신감별보다는 심리진단서를 발급받는다. 피해학생의 정서적 어려움과 심리적 문제가 학교폭력으로 인한 것인지 여부가 객관적으로 증명되면 학교폭력으로 인한 직접적인 치료비를 요청할 수 있다.

- 가해측 유의사항
  - 가해학생의 진심어린 사과가 문제해결에 가장 중요한 요소이므로 자치위원회를 통해 피해학생과 학부모에게 공식적으로 사과하도록 한다.
  - 피해학생에게 원인 제공의 문제를 들어 감정이 상하지 않도록 주의하고 가해행동은 어떠한 이유에서도 용납되지 않음을 인정하고 사과하도록 한다.
  - 피해학생이 병원에 입원해 있는 경우 병문안을 통해 피해측의 상한 감정을 위로하도록 한다.
  - 피해학생이 치료비를 요구하기 전에 치료비에 대한 언급을 먼저 하는 것이 상식적이며, 진단서를 기준으로 치료비를 지급하도록 한다.
  - 자치위원회에서 합의된 치료비의 금액과 지급기간은 반드시 지키도록 한다.
  - 사실에 근거하여 사건을 처리하고 가해학생이 자신의 잘못에 대해 책임지도록 지도하되, 부모로서 자녀의 잘못을 함께 책임지려는 모습을 보여주는 것이 자녀의 도덕적 판단기준과 인성교육에 도움이 된다.

서면으로 결과통보 시 주의점

- 피해측 : 제16조 제1항 및 제17조 제1항에 따라 내린 조치에 대하여 이의가 있는 피해학생 또는 그 보호자는 그 조치를 받은 날로부터 15일 이내 지역위원회에 재심을 청구할 수 있음을 안내한다.
- 가해측 : 제17조 제1항 제8호와 제9호에 따라 내린 조치에 대하여 이의가 있는 학생 또는 그 보호자는 그 조치를 받은 날로부터 15일 이내 시·도 학생조치 조정위원회에 재심을 청구할 수 있음을 안내한다.

5) 학교폭력대책자치위원회 조치사례

학교폭력 발생 사안에 대한 조치

학교장은 학교폭력 대책 자치위원회의 피해학생의 보호 또는 가해학생에 대한 조치를 요청 받은 때에는 14일 이내에 해당 조치를 하여야 함.

(1) 피해학생에 대한 보호조치 및 피해보상[10]

자치위원회 개최 전	자치위원회 개최 후
심리상담 신체적 피해의 치유	학교폭력예방 및 대책에 관한 법률 제16조에 따른 보호조치의 실행 심리상담 및 조언, 일시보호, 치료를 위한 요양 등에 소요되는 비용의 보상

자치위원회는 피해학생의 보호를 위하여 필요하다고 인정하는 때에는 피해학생에 대하여 다음 각 호의 어느 하나에 해당하는 조치(수개의 조치를 병과하는 경우를 포함한다)를 할 것을 학교장에게 요청할 수 있다(법률 제16조 제1항).[11]

- 제1호 : 심리상담 및 조언
- 제2호 : 일시보호
- 제3호 : 치료 및 치료를 위한 요양
- 제4호 : 학급 교체
- 제5호 : 삭제(2012.3.21)
- 제6호 : 그밖에 피해학생의 보호를 위하여 필요한 조치

10) 학교폭력 책임교사 워크숍, pp. 53~56.
11) 학교폭력예방 및 대책에 관한 법률(일부개정 2012.3.21 법률 제11388호)

(2) 피해학생 보호조치에 대한 구체적 설명[12)]

- 제1호 : 심리상담 및 조언

학교폭력으로 받은 정신적·심리적 충격으로부터 회복할 수 있도록 하기 위하여 학교 내의 교사 혹은 학교 외의 전문 상담기관의 전문가에게 심리상담 및 조언을 받도록 하는 조치이다. 학교 내 상담교사가 없을 때는 외부 상담기관과 연계한다.

- 제2호 : 일시보호

지속적인 폭력이나 보복을 당할 우려가 있는 경우 일시적으로 보호시설이나 집 또는 학교상담실 등에서 보호를 받을 수 있도록 하기 위한 조치이다.

- 제3호 : 치료 및 치료를 위한 요양

학교폭력으로 인하여 생긴 신체적·정신적 상처의 치유를 위하여 일정 기간 출석을 하지 아니하고 의료기관 등에서 치료를 받도록 하는 조치이다.

  - 피해학생이 보호조치로 집이나 요양기관에서 신체적·심리적 치료를 받을 때는 치료기간이 명시된 진단서 또는 관련 증빙자료를 첨부하여 자치위원회에 제출하도록 보호자에게 안내한다.

- 제4호 : 학급 교체
  - 지속적인 학교폭력 상황 및 정신적 상처에서 벗어나도록 하기 위해서 피해학생을 동일 학교 내의 다른 학급으로 소속을 옮겨 주는 조치이다.
  - 피해학생 입장에서는 새로운 학급에 적응해야 하는 부담이 있으므로, 조치 결정에 있어 피해학생의 의견을 적극 반영하는 것이 좋다.
- 제5호 : 삭제
- 제6호 : 그밖에 피해학생의 보호를 위하여 필요한 조치
  - 피해학생 보호를 위하여 필요하다고 판단되는 다양한 조치방법으로는 치료 등을 위한 의료기관에의 연계, 법률 구조기관 등에 필요한 협조와 지원요

12) 학교폭력사안처리 가이드북, pp. 110~111.

청, 신변보호지원 등을 할 수 있다.

추가보호조치

- 출석일수 산입 : 학생의 결석이 피해학생 보호조치(법률 제16조 제1항) 등 보호가 필요한 학생에 대하여 학교의 장이 인정하는 경우 그 조치에 필요한 결석을 출석일수에 산입할 수 있다(법률 제16조 제4항).
- 불이익 금지 : 보호조치를 받았다는 사실 자체가 성적평가 등에서 불이익으로 작용하지 않도록 해야 하며, 피해학생이 결석하게 되어 부득이하게 성적평가를 위한 시험에 응하지 못하게 된 경우에도 학교 학업성적관리규정에 의거하여 불이익이 없도록 조치해야 한다.
- 피해학생에 대한 보호조치 등으로 인해 피해학생이 결석하게 되는 경우 학교의 장은 학생의 가정학습에 대한 지원 등 교육상 필요한 조치를 마련해 주는 것이 바람직하다.

(3) 장애학생의 보호(법률 제16조 제2항)

- 누구든지 장애 등을 이유로 장애학생에게 학교폭력을 행사하여서는 아니된다.
- 자치위원회는 학교폭력으로 피해를 입은 장애학생의 보호를 위하여 장애인 전문 상담가의 상담 또는 장애전문 치료기관의 요양 조치를 학교의 장에게 요청할 수 있다.

(4) 피해학생 보호조치 시 유의사항

① 학교장은 피해학생 보호자의 동의를 받은 후 보호조치 실행
   - 피해학생 보호자가 다른 조치를 요구하는 경우, 재심의 절차에 의해 보호조치를 실행할 수 있음

② 보호조치에 필요한 결석을 출석일수에 산입하고 성적 등을 평가함에 있어 학생에게 불이익을 주지 않도록 노력하여야 함
   - 피해학생이 장·단기 결석을 하게 되는 경우 학습권 보호를 위해 가정학습에 대한 지원 등 교육상 필요한 조치를 취해야 함

③ 등·하교 시 보호 전문상담기관 연계 치료 등 피해학생이 안정된 학교생활을 할 수 있을 때까지 학교 차원에서 지속적인 관심과 노력을 기울여야 함

(5) 피해학생의 심리상담 등에 소요되는 비용의 부담

① 피해학생이 전문상담단체나 전문가로부터 심리상담 및 조언, 일시보호, 치료를 위한 요양 등에 소요되는 비용은 가해학생이 부담하여야 함.

② 다만, 피해학생의 신속한 치료를 위하여 학교장 또는 피해학생의 보호자가 원하는 경우에는 「학교폭력예방 및 대책에 관한 법률」 제16조에 따라 학교안전공제회 또는 시·도교육청이 부담 후 구상권 행사 가능함

(6) 상급학교 진학 시 가해학생과 같은 학교에 배정되지 않도록 조치

① 학교장은 자치위원회에서 조치를 받은 사안과 관련하여 피해학생이 가해학생과 상급학교에 배정되지 않을 것을 희망하는 경우 시·도교육감 또는 교육장에게 통보하여야 함.

② 시·도교육감 또는 교육장은 통보를 받은 사안에 대하여 피해학생이 가해학생과 동일한 학교에 배정되지 않도록 조치하게 됨(학교폭력예방 및 대책에 관한 법률 시행령 제20조 제4항).

사 례

집단따돌림 학생에 대한 장기간 폭행[13)]

○○고등학교 1학년 피해학생은 교실 출입문에서 다른 반의 가해학생과 부딪혔고, 싸울 것을 강요당하자 사과하면서 싸움을 거부하자 폭행을 당함.

이 사건 이후 다른 학생들도 피해학생을 만만히 보고 수시로 교내에서 욕설을 하며 협박함. 가해학생은 발차기를 보여준다며 수차례 발로 피해학생을 폭행함. 또 수학책을 빌려주지 않는다는 이유로 피해학생을 폭행하였으며, 휴식시간에도 교실에서 주먹과 발로 폭행하였고, 가해학생이 체육시간 후엔 센 척하며 부추기자 가해학생 친구가 피해학생을 폭행함.

결과 : 자치위원회는 가해학생들을 징계하고 피해학생의 적극적인 보호를 위해 가정에서 요양토록 조치함.

1. 따돌림 학생에 대한 교사의 지속적인 관심

- 분석 : 교사의 무관심과 학생의 미신고로 상습적인 폭행징후를 파악하지 못하여 장기간 폭행이 반복됨.
- 방안 : 학교폭력 진단자료 활용과 수시상담을 통해 요선도 학생 및 학급분위기를 수시로 파악해야 함. 요선도 학생에 대한 적극적인 면담으로 학생생활 실태를 정확하게 파악하여 학교폭력 예방지도를 해야 함. 신고교육 미신고자에 대한 방조책임 교육 등 학생에 대한 교사의 지속적인 관심과 노력이 필요함.

2. 피해학생에 대한 적극적인 보호조치, 가해학생은 선도조치

- 분석 : 자치위원회는 피해학생의 요구를 수용하여 가정에서 요양을 하도록 조치함.
- 방안 : 피해학생은 통상 지속적인 학교폭력의 피해로 인해 학교에 나오기를 두려워하는 경우가 많아 강제로 학교에 나오도록 하면 피해가 커질 수 있으므로 학교가 피해학생의 상태를 이해하고 심리적 부담을 최소화하기 위해 가정에서 요양토록 조치한 것은 바람직한 대처였음. 가정에서 요양할 경우 출석인정, 성적처리 시 불이익금지, 학습권보장 등의 후속조치가 필요함. 가해학생은 접근, 보복금지의 선 조치가 필요함.

피해학생의 보호조치 시 유의점

- 출석인정 : 피해학생이 학교폭력으로 인해 학교에 나오지 못했을 때 상당한 이유가 있을 경우 학교장이 인정하면 출석으로 인정할 수 있다(학교폭력법 제16조 3항).
- 성적평가 불이익 금지 : 학교장은 피해학생에 대한 조치로 인해 성적 등을 평가함에 있어서 피해학생이 불이익을 받지 않도록 노력해야 한다(학교폭력법 제16조 4항).
- 학습권 보장 : 피해학생이 장·단기간 결석하게 되는 경우 교장은 가정학습에 대한 지원 등 교육상 필요한 조치를 마련해 주는 것이 바람직하다.

13) 김규태 외 6명 공저(2013). 학교폭력의 예방 및 대책, 양서원, pp. 339~340.

(7) 가해학생에 대한 조치 및 재활치료[14)]

• 자치위원회 개최 전

- 가해학생의 선도가 긴급한 경우 학교폭력예방 및 대책에 관한법률 제17조 4항에 따른 조치
- 중대한 사안의 경우, 학교장은 가해학생에 대해 즉시 출석정지

• 자치위원회 개최 후

- 조치의 엄정한 시행
- 가해학생 재활치료 지원
- 조치사항의 학교생활기록부 기록 등 사후 생활지도

① **가해학생의 특별교육이수**(학교폭력예방 및 대책에 관한 법률 제17조 제3항)

자치위원회로부터 다음의 조치를 받은 가해학생은 교육감이 정한 기관에서 자치위원회가 정한 기간 동안 특별교육을 이수하거나 심리치료를 받아야 한다.

• 가해학생 및 보호자 특별교육

- 제1항 제2호부터 제4호까지 및 제6호부터 제8호까지의 처분을 받은 가해학생은 교육감이 정한 기관에서 특별교육을 이수하거나 심리치료를 받아야 하며, 그 기간은 자치위원회에서 정한다(법률 제17조 제3항).
- 학교장은 가해학생 특별교육이수 조치를 결정한 경우, 교육감이 지정한 기관에서 그 학생의 보호자도 특별교육을 이수하도록 하여야 한다. 보호자가 특별교육에 불응할 경우, 학교장은 법률에 의하여 300만 원 이하의 과태료가 부과됨을 안내하고 특별교육을 이수할 것을 재통보하여 이수하도록 하여야 한다(법률 제17조 제9항, 제22조 제2항).

---

14) 학교폭력 책임교사 워크숍, pp. 54~55.

② 가해학생에 대한 조치[15)]

자치위원회는 피해학생의 보호와 가해학생의 선도・교육을 위하여 가해학생에 대하여 다음 각 호의 하나에 해당하는 조치(수 개의 조치를 병과하는 경우를 포함한다)를 할 것을 학교의 장에게 요청하여야 한다.

- 제1호 : 피해학생에 대한 서면사과
- 제2호 : 피해학생 및 신고・고발 학생에 대한 접촉, 협박 및 보복행위의 금지
- 제3호 : 학교에서의 봉사
- 제4호 : 사회봉사
- 제5호 : 학내외 전문가에 의한 특별교육이수 또는 심리치료
- 제6호 : 출석정지
- 제7호 : 학급 교체
- 제8호 : 전학
- 제9호 : 퇴학처분

③ 가해학생에 대한 선도가 긴급한 경우의 조치

학교의 장은 가해학생에 대한 선도가 긴급하다고 인정할 경우 우선 제1호로부터 제3호까지, 제5호와 제6호의 조치를 할 수 있으며, 제5호와 제6호는 병과 조치할 수 있다. 이 경우 자치위원회에 즉시 보고하여 추인을 받아야 한다.

④ 가해학생 보호조치에 대한 구체적 설명

- 제1호 : 피해학생에 대한 서면사과

  가해학생이 피해학생에게 서면으로 그동안의 폭력행위에 대하여 사과를 함으로써 서로 화해하도록 하는 조치이다.

- 제2호 : 피해학생 및 신고・고발 학생에 대한 접촉, 협박 및 보복행위의 금지

  피해학생이나 신고・고발학생에 대한 가해학생의 접근을 막아 더 이상의 폭력

15) 학교폭력사안처리 가이드북, pp. 112~113.

이나 보복을 막기 위한 조치이다.

• 제3호 : 학교에서의 봉사

가해학생에게 반성의 기회를 주기 위한 조치이다.

학교에서의 봉사

• 단순한 훈육적 차원이 아니라, 봉사의 진정한 의미를 알고 학생 스스로 잘못을 깨달을 수 있는 봉사방법을 선정하여 선도적 · 교육적 차원에서의 봉사활동을 실시한다.
• 가해학생에게 학교 내의 화단 정리, 교실의 교구 정리, 화장실 청소, 장애 학생의 등교 도우미 등을 하도록 하게 한다.
• 학교에서의 봉사는 출석정지하고는 의미가 다른 조치이므로 되도록 학습권을 침해하지 않도록 한다.
• 지도교사를 생활지도부장 외에도 담임교사, 생활지도부 교사, 상담교사 등으로 다양하게 구성한다.

• 제4호 : 사회봉사

사회구성원으로서의 책임감을 느끼기 위한 조치이다.

– 학교에서는 사회봉사를 실시하는 기관과 업무 협조를 긴밀히 하고, 각종 확인 자료와 담당자 간의 통신을 통하여 사회봉사가 실질적으로 이루어질 수 있도록 한다.

• 제5호 : 학교 내외 전문가의 특별교육이수 또는 심리치료

교육감이 정한 기관에서 특별교육을 이수하거나 심리치료를 받아야 하며, 그 기간은 자치위원회에서 정하는 조치이다.

• 제6호 : 출석정지

가해학생을 학교에 출석하지 못하게 함으로써 반성의 기회를 주고 일시적으로 피해학생과 격리시킴으로써 피해학생을 보호하기 위한 조치이다. 가해학생에 대한 출석정지기간은 출석일수에 산입하지 않는다.

• 제7호 : 학급 교체

가해학생을 피해학생으로부터 격리하기 위하여 같은 학교 내의 다른 학급으로

옮기는 조치이다.

- 제8호 : 전학

가해학생을 피해학생으로부터 격리시키고 피해학생에 대해 더 이상의 폭력행위를 하지 못하도록 하기 위하여 다른 학교로 소속을 옮기도록 하는 조치이다. 자치위원회에서 가해학생에 대하여 전학조치를 의결하면 학교의 장은 14일 이내에 전학조치를 취해야 하며, 가해학생이 다른 학교로 전학을 간 이후에는 전학 전의 피해학생 소속 학교로 다시 전학올 수 없도록 하여야 한다.

- 제9호 : 퇴학처분

피해학생을 보호하고 가해학생을 선도·교육할 수 없다고 인정될 때 취하는 조치이다. 다만 의무교육과정에 있는 가해학생에 대하여는 적용하지 아니한다.

가해학생에 대한 조치별 적용기준(시행령 제19조)

– 법 제17조 제1항의 조치별 적용기준은 다음 각 호와 같다.

- 가해학생이 행사한 학교폭력의 심각성 · 지속성 · 고의성
- 가해학생의 반성 정도
- 해당 조치로 인한 가해학생의 선도 가능성
- 가해학생 및 보호자와 피해학생 및 보호자 간의 화해의 정도
- 피해학생이 장애학생인지 여부

가해학생에 대한 우선 출석정지기준(시행령 제21조)

– 법 제17조 제4항에 따라 학교의 장이 출석정지 조치를 할 수 있는 경우는 다음 각 호와 같다.

- 2명 이상의 학생이 고의적 · 지속적으로 폭력을 행사한 경우
- 학교폭력을 행사하여 전치 2주 이상의 상해를 입힌 경우
- 학교폭력에 대한 신고, 확인, 자료 제공 등에 대한 보복을 목적으로 폭력을 행사한 경우

자치위원회 결과 생활기록부 기재방법[16)]

- '12년 3월 1일 이후 발생한 학교폭력 사안부터 적용하여 학교생활기록부에 입력하는 데 구체적인 기재방법은 아래와 같다.

입력 영역	가해학생 조치사항 「학폭법」 제17조 1항
학적사항 특기사항 : 학적 변동의 사유를 입력한다. 특기사항 중 학교폭력과 관련된 사항은 학교폭력예방 및 대책에 관한 법률 제17조에 규정된 가해학생에 대한 조치사항을 입력한다.	• 8호(전학) • 9호(퇴학처분)
출결상황 특기사항 : 결석사유 또는 개근 등 특기사항이 있는 경우 학급 담임교사가 입력한다. 특기사항 중 학교폭력과 관련된 사항은 학교폭력예방 및 대책에 관한 법률 제17조에 규정된 가해학생에 대한 조치사항을 입력한다.	• 4호(사회봉사) • 5호(특별교육이수 또는 심리치료) • 6호(출석정지)
행동특성 및 종합의견 : 행동특성 중 학교폭력과 관련된 사항은 학교폭력예방 및 대책에 관한 법률 제17조에 규정된 가해학생에 대한 조치사항을 입력한다.	• 1호(서면사과) • 2호(접촉, 협박 및 보복행위 금지) • 3호(학교에서의 봉사) • 7호(학급 교체)

통고제도(소년법 제4조 제3항)

- 개념: 10세 이상 14세 미만 소년이 법령 저촉 행위를 하는 경우 보호자·학교장·사회복리시설장이 수사기관을 거치지 않고 직접 법원에 사건을 접수시켜, 소년법원의 조사와 심리를 통해 보호처분 등 조치를 취하는 제도이다.
- 장점 : 수사를 받지 않아 기록이 남지 않고 보호자·학교·법원이 공동 대응, 신속한 문제해결이 가능하며 전문조사관 조사 및 전문가 진단·심리상담 조사 등 전문적 도움을 제공받을 수 있다.

16) 학교생활기록 작성 및 관리지침(시행 2012.6.29). 교육과학기술부훈령 제257호, 2012.6.29, 일부개정)

PART 05 치료 프로그램

CHAPTER 13

미술치료

1. 미술치료의 이해

1) 미술치료의 개념

미술치료는 첫째, 미술창작활동은 심리적인 해소에 따른 안정감을 수반한다. 미술활동을 하는 내담자는 심리적으로 축적되어 있던 부정적인 감정들을 그림을 통해 배설할 수 있어서 마치, 바람이 가득 들어 있던 풍선의 바람을 빼는 것과 같은 원리이다. 둘째, 미술창작활동은 무의식을 의식화하는 과정을 수반한다. 그림 작업은 언어표현에서 나타나는 방어기제를 약화시켜 자신의 심리상태와 처해 있는 상황을 보다 분명하게 인식하는 경험을 할 수 있다.

셋째, 미술창작활동은 의사소통의 향상을 수반하는 비언어적 의사소통의 도구이다. 언어표현에 미숙한 내담자라도 미술치료 과정에서 자신의 그림을 설명하며, 그 그림을 분석하는 치료자 간에 반복되는 상호 의사소통은 언어적 소통능력을 향상시켜 준다. 넷째, 미술창작활동은 자신에 대한 새로운 이해와 해석, 통찰, 직관의 향상을 가져온다. 내담자는 자신의 그림을 분석하는 과정에서 과거의 반추, 현재 상황, 미래의 소망 등으로 진솔하게 표현되는 자신과 환경에 대해 객관적인 입장이 되어 통합적인 접근을 할 수 있다. 다섯째, 미술창작활동은 치유와 성장을 발현시킨다. 자발적인 자기표현 과정에서 현실의 문제해결, 갈등 해소, 긍정적인 변화를 통한 치유와 창작활동에서 오는 만족감과 성취감을 경험할 수 있다.

2) 학자들의 주장

미술치료의 용어는 울만Ulman이 'Blletin of art therapy' 창간호(1961년)에서 사용하면서 미술치료는 정신치료, 교육과 재활 등 폭넓게 사용될 수 있지만 공통된 의미는 시각예술이라는 수단을 이용하여 인격의 통합 혹은 재통합을 돕기 위한 시도라고 표현하였다. 울만은 미술치료라는 용어 사용과 더불어 나움버그Naumburg의 견해와 크래머Kramer의 견해를 하나로 통합하여 미술치료는 치료와 창조라고 주장하였다. 그 당시 나움버그의 견해는 심리치료 과정에서 그림을 매체로서 이용하는 방법art in therapy으로 치료에 중점을 두고 있었고, 이와 반대 입장에서 크래머는 치료로서의 미술Art as therapy, 즉 창조적 행위 그 자체가 치료적 가치가 있어서 그림의 치료적 속성은 그림에 대한 자기표현과 승화작용을 함으로써 자아가 성숙한다고 주장하고 있었다(한국미술심리치료협회, 2007: 30-32).

3) 미술치료의 장점

① 자유로운 비언어적 의사소통에 따른 치료대상의 영역이 확장된다.

미술표현은 언어적 의사소통과 달리 언어 법칙과 현실의 규범에서 통제를 적게 받는 자유로운 표현이기 때문에 의사소통에 어려움을 지닌 사람들, 특히 어린이, 노인, 다문화인, 언어장애인 등이 자신을 편안하게 표현할 수 있는 의사소통 수단이다.

② 감정적 해방의 즉시성과 반복성의 효과가 있다.

미술작품은 그리는 과정에서 1차적인 해소, 그림을 설명하면서 2차적인 해소, 완성된 그림을 놓고 치료자와 주고받는 과정에서 3차적인 해소를 가져오기 때문에 감정 해소에 매우 효과적이다. 이러한 효과는 미술작품을 창작하면서 환기되는 기분, 심신의 이완, 부정적인 감정의 완화 등을 경험할 수 있다.

③ 객관적인 시각과 통합적인 통찰능력을 향상시킨다.

미술작품 속에 표현되는 자신에 대해 객관적인 관찰과정이 훈습되면서 자신과 환경, 타인, 문제 등을 분리·통합하는 능력을 배양할 수 있다. 따라서 전체와 부분을 자유자재로 조명하며 분석하는 능력에서 수반되는 통찰능력이 효과적인 치료와 연결될 수 있다.

④ 창조성에서 오는 삶의 에너지와 삶의 질이 향상된다.

미술활동을 통한 자발적인 자기표현은 개인적인 만족감 획득과 미술작품 완성에 대한 성취감, 인간관계 등에서 자신감이 향상된다. 또한 미술창작활동에서 나타나는 상담자와 내담자 간의 치료적 동맹은 내담자의 외로움과 공허함 같은 느낌을 극복하도록 도와준다.

⑤ 미술작품 제작의 보편성이 따른다.

미술치료에서는 미술에 대한 훈련이 필요하지 않은 이유는 그림을 잘 그리고를 보는 것이 아니라 어떻게 표현하는가에 중점을 두기 때문에 내담자의 나이나 능력, 국적, 그림에 대한 재능 등과는 무관하게 누구나 쉽게 할 수 있는 비언어적 자기표현 방법이다.

⑥ 구체적인 유형의 즉시성 획득과 치료적 동맹을 촉진시킨다.

미술작품은 내담자의 시각과 촉각을 통한 자발적인 활동에 의한 결과물로서 구체적이고 즉시적인 창조물이 형성되기 때문에 치료 초기에 치료자와 내담자의 치료적 동맹을 맺는 데 있어서 보다 빠른 분위기를 형성한다.

⑦ 자료의 영속성이 용이하다.

미술작품의 보관성은 내담자의 치료에 필요한 반추와 연계를 위한 재검토를 즉각적이며 가시적으로 확인시켜 통찰을 일으킬 수 있는 장점이 있다. 따라서 치료 효과를 향상시킬 수 있고, 특히 내담자가 과거와 현재의 변화된 그림에서 자신의 치유와 성장, 변화에 대한 관찰이 가능하다.

⑨ 심리치료의 대상이 확장된다.

심리치료의 대상은 언어치료, 자아정체감 형성, 자신감 형성, 정서적 안정, 대인관계 및 불안 대처능력 향상, EQ 향상, 적응을 위한 예방, 부모-자녀관계 증진, 문제해결력 향상, 바람직한 가치관의 형성을 필요로 하는 아동과 성인에게 실시할 수 있다.

상담 미술치료 영역은 아동을 중심으로 한 모든 문제(학업부진, 무력감, 공격성, 회피성, 이상행동이나 비행문제를 가진 아동), 청소년들의 다양한 고민과 갈등(학업, 이성, 진로 및 직업, 성격문제)을 미술매체와 기법을 통해 해결하고 건강한 자아정체감과 가치관을 형성할 수 있도록 하며, 부부 및 가족 간의 심리적 갈등이나 어려운 문제의 해결과 상호 의사소통을 향상시켜 원만한 부부 및 가족관계 확립과 행복한 가정생활을 영위할 수 있도록 해준다.

4) 미술치료사의 역할

미술치료사의 역할은 크게 정서적 지지와 기술적 보조자로 구분된다. 또한 미술치료사는 먼저 치료의 촉진을 가져오는 미술매체를 자유자재로 다루며, 미술창작활동을 즐길 수 있어야 한다. 동시에 내담자가 흥미를 갖고 미술창작활동을 할 수 있도록 돕는 역할이다. 흥미가 없는 미술활동은 노동과 같고, 표현에 중점을 두기보다 작품의 완성도에 중점을 두면 미술활동은 부담스러운 과정이 되어 치료효과를 감소시키며 때로는 치료가 중단될 수 있다. 따라서 미술치료사는 먼저 작품의 완성도에서 자유로워야 한다.

(1) 정서적 지지자

정서적 지지란 치료자가 내담자의 마음의 흐름에 함께 따라가며 '공감'과 '수용'이라는 큰 틀에서 내담자의 언어적 표현과 작품 속에서 나타나는 비언어적 표현을 중심으로 내담자에게 언어적 표현을 해주는 것이다. 즉, 작품에서 나타나는 내담자의 심리상태를 내담자가 느낄 수 있도록 상담자의 언어로 표현하는 것이다. 따라서 미술에서 나타나는 시각적 표현을 언어적 표현으로 사용하여 상담자로부터 내담자 자신이 공감과 수용을 받는다는 느낌이 들도록 한다. 아동의 그림에서 치료자의 표현은 아동에게 용기를 주는 효과를 나타내어 미술치료 외의 다른 환경에서도 새로운 시도를 할 수 있게 된다. 예를 들면 그림에서 표현된 노란색 꽃은 "꽃이 노랗구나.", 집이 크면 "집이 아주 크구나."로 표현한다. 하지만 이러한 표현은 칭찬이 아니며, 칭찬과 혼동하지 않는 것이 매우 중요하다. 예를 들면 치료사가 "잘 그렸구나." 등의 칭찬은 표현보다 완성도에 중점을 두는 것으로 비추어지게 된다. 따라서 아동이 칭찬받고자 하는 마음이 커서 그림을 통한 마음의 표현보다 그림의 완성도에 집중하게 된다.

(2) 기술적 보조자

기술적 보조자는 내담자, 특히 아동의 미술재료 사용에 있어서 기술적인 좌절을 느끼지 않도록 돕는 역할이다. 치료자가 중점적으로 살펴야 하는 것은 아동이 미술재료 사용을 망설이고 있는 것이 기술적인 능력 부족 또는 습관적인 의존상태인지를 잘 관찰해야 한다. 만약 전자의 경우라면 "네가 원한다면 재료 사용하는 방법을 알려줄 수 있어."로 표현하는 것이 좋다. 하지만 후자의 경우라면 아동이 습관적인 의존에서 벗어날 수 있고, 자율적인 그림 제작에 대한 성공 경험을 길러 주어 그림 제작을 완성할 수 있도록 돕는 것이 치료효과를 높일 수 있다.

5) 미술치료사의 자질

미술치료사는 환자를 도와주는 상담 초기에 신속한 치료적 동맹과 효과적인 치료 결과를 얻기 위해서는 인성적 자질과 전문적 자질이 향상되어 있는 준비가 있어야 한다. 이러한 준비는 '자기인식self-awareness'의 과정을 시작하여 자기 개인에 대한 작업(즉 치료사 자신의 억제된 감정, 결핍과 상처, 미해결과제 등)의 과정, 상담이론 교육의 충실성 등을 충분히 가져야 한다. 즉, 상담이론을 통한 미술과 상담이론과의 연계성이 필수적이다. 특히 내담자 경험(개인상담, 집단상담)을 통해 치유와 성장을 경험하는 것은 매우 중요한 것으로서 치료사 자신이 치유와 성장을 경험한 것에 비례하여 내담자들을 효과적으로 도울 수 있기 때문이다. 이러한 관점에서 볼 때, 치료사의 자질은 완성된 것이 아니며, 지속적으로 가꾸고 성장해 가야 하는 것이다. 또한 치료사의 자질은 크게 인성적 자질과 전문적 자질로 구분할 수 있다.

(1) 인성적 자질

① 신뢰성의 기초가 되는 겸손함, 인내심, 온화함, 안정감, 진정성에서 비롯된 열정, 경청하는 자세, 풍부한 유머감각 등이 있어야 한다.

② 자기 자신에 대한 수용, 이해와 존중이 있어야 한다. 치료사의 자기수용과 이해, 그리고 자기존중은 타인존중과 수용의 토양이 된다.

③ 자율성은 치료의 과정을 성공적으로 이끌어 갈 수 있는 힘으로써 건강한 자율성은 내담자에게 주도적이지 않으면서도 위기의 상황에 흔들림이 없는 능력이다.

④ 공감능력은 자신의 감정, 분노, 무력감, 두려움 등이 치유된 경험이 있을 때

강화된다.

⑤ 선입견과 편견은 내담자를 있는 그대로 보는 시각 부족을 가져오며, 특히 내담자의 주호소 문제를 통한 목표와 전략을 세우는 데 방해요소이다. 따라서 선입견과 편견 제거는 타인에 대한 개방과 수용성을 촉진시킨다.

⑥ 치료과정에서 매우 중요한 직관력과 통찰력, 창의성과 의사소통 능력(대화와 감정의 소통능력)은 인내심이 토양이 되어 있을 때 더욱 효과적이 된다.

⑦ 비밀보장의 책임(치료상황의 내용, 사적인 문제 보호)을 분명하게 인식한다.

(2) 전문적 자질

① 인간의 이해의 기초학문인 인간학, 철학, 심리학, 교육학과 사회학 지식

② 상담이론 및 상담기법, 정신의학의 진단 및 평가

③ 미술이론과 치료에 대한 안목, 미술실기의 기초적 훈련(매체의 사용법, 치료기법, 내담자의 수준과 증상에 대한 개별적 적용 목적)

④ 미술사 및 미술과 미술치료에 대한 학문적 지식과 미술활동에 대한 이해와 해석능력(색채와 형태에 대한 상징적 의미)

⑤ 내담자의 욕구에 대한 분명한 인식의 정확성, 치료과정에서의 상호관계와 의사소통에 대한 훈련

⑥ 슈퍼비전 경험(미술치료 실습에서 확인되는 자기경험과 실습과정에 대한 슈퍼비전)

⑦ 내담자 경험(개인치료와 집단치료 경험 등)을 통한 자신의 치유와 성장 적용

⑧ 치료계획과 실행능력의 정확성과 융통성, 평가작업을 문서화하는 능력

⑨ 치료에 대한 윤리적, 법적 책임 준수

6) 미술치료의 목적과 효과

미술치료의 효과는 무엇보다 치료를 받는 학생들에게 매우 새롭고 의미 있는 경험을 제공하는 것으로 시작된다고 할 수 있다. 그것은 미술치료가 자발적, 비자발

적인 형태를 띤 내담자나 가족들의 심리적 부담감을 약화시킬 뿐만 아니라 미술이라는 매체 사용에 적극적으로 참여하기 때문이다. 무엇보다 미술치료는 학교폭력의 피해자와 가해자, 그리고 그들의 가족구성원들의 방어를 감소시키며 미술이라는 매체를 통해 서로에 대한 깊은 이해를 시작할 수 있다는 장점이 있다.

언어를 통해 서로의 다른 점을 인식하게 되는 과정은 경우에 따라 장시간이 소요되며 그 과정에서 서로에게 상처를 줄 수 있지만 미술이라는 매체를 통해서는 단시간에 크게 나타나는 차이를 상처 없이, 있는 그대로 인식하게 되는 것이다. 또한 상담자가 제시한 동일한 주제를 가지고 그림을 그리기 시작하고, 나타난 결과를 직접 눈으로 확인할 수 있다는 장점은 서로를 이해하는 첫걸음을 내딛는 것으로 시작될 수 있다.

학교폭력은 눈에 보이지 않은 뿌리 깊은 구조에 의해 견고하며 대부분 오랜 시간에 걸쳐 누적되어 온 문제이기 때문에 자칫 저항을 불러일으키기 쉬운 문제들인 경우가 많다. 뿐만 아니라 대부분 이해받지 못하고 있다는 억울한 자의 이슈를 지니고 있기 때문에 학교폭력상담을 진행하는 상담자는 상담 첫 회기에 균형 잡힌 시각으로 그들의 이슈를 깊은 공감과 이해로 수용성을 보이며 진행하여야 하는 어려움이 있다. 따라서 학교폭력에 노출되어 있는 학생들은 상담자에게 자신이 이해받고 있다는 신뢰감이 선행되어야 효과적인 상담의 결과를 가져올 수 있다. 이러한 관점에서 미술치료를 학교폭력상담 첫 회기에 실시하는 것은 매우 적절한 접근이라고 할 수 있다.

이와 같은 맥락에서 미술치료를 학교폭력상담에 접목시키는 치료형태의 장점을 살펴보면 다음과 같다.

첫째, 미술이라는 매체를 통해 구성원 모두 동일하게 자신의 심리상태를 드러내며 자신의 그림에 대해 언어적으로 설명하면서 자신의 내면에 대한 새로운 인식과 통찰을 얻게 된다. 뿐만 아니라 그 과정에서 상담자에게 자신의 있는 그대로를 수용받는 느낌을 얻게 되어 상담에 대한 긴장과 불안감이 감소된다.

둘째, 미술제작 과정은 구성원들이 내적으로 억압시켰던 분노와 불안, 우울, 두려움, 무기력, 좌절감, 절망감 등의 에너지를 활성화시켜 삶의 에너지를 회복시키는 작용을 한다. 이러한 효과는 구성원들이 처음 상담실을 내방했을 때와 상담 후 귀가하는 때와 현저하게 달라지는 에너지의 표현들을 볼 수 있다.

셋째, 미술 제작과정을 통해 구성원들은 창조적이며 자유롭고, 투사적인 과정을 경험한 결과물을 통해 성취감을 경험할 수 있다. 특히 부모들은 미술제작 과정에서 어린 시절의 향수를 경험하며 현실에서 느끼는 삶의 무게를 잠시 벗게 되는 여유로움도 느낄 수 있다.

넷째, 구성원들은 미술 제작에 따른 결과물에 의해 상담사가 제시했던 동일한 주제가 각자의 그림에서 다르게 표현되는 것을 보면서 서로의 다양성을 쉽게 인정하게 된다. 즉, 상담의 현장에 오기까지 서로의 다양성을 인정해 주기를 원했던 점이 그림을 보면서 통찰이 일어나게 되는 것이다.

다섯째, 학교폭력에 노출된 당사자와 가족이 함께하는 가족미술치료의 장점은 가족구성원들을 결속시키며 세대 간의 차이를 좁혀 나가는 인간 이해를 가져온다. 상담사가 제시한 동일한 주제를 근거로 동일한 미술재료들을 사용하여 가족구성원 전체가 상담실에서 미술 제작에 몰두하는 모습은 가족을 하나로 묶어 주는 통일성을 경험하게 되기 때문이다. 미술작업에 몰두하는 부모들의 모습이 매우 낯설지만 신선함과 재미가 느껴지고, 부모 역시 같은 인간이라는 인간 이해가 친밀감을 형성하게 된다. 즉, 자신들의 가정에서는 통합과 연합이라는 단어가 생소하게 느껴질 정도로 갈등과 분열을 지속적으로 경험했던 자녀들은 가부장적인 패턴을 보이며 힘 있는 권위체로만 느껴지던 아버지, 잔소리와 간섭으로 이해보다는 조정하고 통제하려는 패턴이 고정되어 있던 어머니가 긍정적인 이미지로 새롭게 느껴지게 된다.

2. 미술치료 상담 실제

1) 학교폭력 미술치료 프로그램

(1) 사전검사: 매체-A4용지, 4B연필, 지우개

① 집-나무-사람 그림검사 House-Tree-Person test; HTP

벅 Buck 이 개발하고 벅과 해머 Hammer 가 발전시킨 것으로 집 House 그림을 통해 내담자의 환경, 즉 가족 간의 상호작용과 내담자의 집안에 대한 역동성과 현재 상황, 그리고 대인관계 형태에 대해 잘 알 수 있다.

집 그림에서 중점을 두는 것은 자아강도를 나타내는 벽과 내담자가 타인과 사회 속에서 맺고 있는 관계의 질과 형태를 나타내는 창문과 현관문이다. 벽이 허술한지, 창문과 문이 있는지, 크기와 위치는 어떤지, 문의 손잡이가 있는지 등을 관찰한다. 벽이 허술한 것은 자아강도가 약한 것을 나타낸다. 대인관계와 외부 환경과의 상호작용을 나타내는 창문이 없다면 대인관계와 외부 환경과의 상호작용을 억제하고, 크기가 작다면 소극적이며, 지나치게 크다면 과도한 상호작용과 친밀함의 욕구를 나타낸다. 세상과 자신과의 접근 가능성을 표현하는 문이 없다면 세상과 분리되고자 하는 불안이 있고, 작은 크기와 지나치게 큰문은 세상과의 접근의 과소와 과도를 나타낸다. 문에 손잡이가 없는 것은 타인이 자기세계에 출입하는 것에 거부와 불안을 나타낸다.

나무 Tree 그림에는 무의식적으로 표현되는 내담자의 신체상, 자기대상이 나타나 내담자가 자기 자신에 대해 느끼고 있는 정보를 얻을 수 있다. 자아강도를 나타내는 나무줄기가 약하게 그려지면 자아강도가 약한 사람으로 해석할 수 있다. 반대로 지나치게 크고 강조된 줄기는 과장되게 강한 사람으로 보여주고 싶은 욕구를 나타낸다. 나무의 나이는 내담자의 심리적 나이를 나타낸다. 특히 내담자가 죽은 나무라고 표현하는 것에 중점을 두는 이유는 내담자가 자신을 죽었다고 생각할 만큼 심각한 상황을 표현하고 있어서 치료적 예후가 부정적일 수 있다. 또는 나무의 밑면이 잘린 상태에서 싹이 올라온 것은 자신의 인생을 새롭게 시작하고 싶은 욕구와 희망을 나타낸다. 자아강도가 약한 사람일수록 나무에 부가적인 것을 많이 포함하며 사과와 새는 애정욕구를, 나무에 비해 지나치게 많은 열매는 성취욕구를 나타낸다. 줄기에 그려진 옹이는 미술공부를 하지 않은 내담자에게는 자아의 상처를 표현하는 것으로 해석한다.

사람Person 그림은 의식적인 자기표상으로 내담자의 성격구조와 심리상태를 잘 드러내 준다. 사람의 크기는 나무의 크기와 해석이 유사하며, 생략된 얼굴표정은 치료에서의 나쁜 예후, 만족한 인물화는 좋은 예후를 나타낸다. 생략되거나 과장된 부분과 지워진 부분에는 갈등과 불안 또는 장애를 나타내며, 발부터 시작하여 마지막으로 얼굴을 그리면 심한 내담자의 불안감과 불안정감을 진단할 수 있다. 자기 자신을 부정하고 싶은 내담자는 목까지만 그리고 얼굴 전체를 생략한다. 지나치게 옷을 많이 입힌 그림, 알몸이거나 속옷만 입은 그림은 유아적이고 성적 부적응증, 관음증, 과시적인 경향이 있다. 동성을 먼저 그리지 않고 이성을 먼저 그린 경우는 성정체성의 약화, 이성에게 몰두된 상태이거나 압도당하고 있는 것으로 볼 수 있다. 동성애 경우에도 동성을 먼저 그리는 경우가 있다. HTP 그림검사는 비교적 많이 알려져 있는 검사여서 자세한 진단기준은 생략한다.

② 빗속의 사람 그림검사Draw-a-Person-in-the-Rain test; PITR

빗속에 서 있는 사람을 그리도록 하는 검사이다. 이는 그 사람이 현재 겪고 있는 스트레스의 양과 이를 방어기제의 와해나 퇴행 없이 얼마나 잘 다루고 있는가를 측정한다. 비는 스트레스, 비의 질은 느껴지는 스트레스의 양을 나타낸다. 비가 내리면서 비가 고여 있는 웅덩이는 스트레스가 쌓여 있는 상태에서 스트레스를 받고 있는 것을 나타낸다. 스트레스에 대한 방어기제는 비에 대한 방어, 즉 우산, 비옷, 나무로 상징되어 나타난다. 우산의 크기, 우산의 크기와 우산대의 적절성과 안전성이 적절한 대처능력을 소유한 것으로 볼 수 있다.

심한 스트레스 상태인 경우에는 우박 크기의 강한 빗줄기와 먹구름, 우산이 날아갈 정도의 세찬 비바람과 번개를 볼 수 있다. 우울증 상태에 있는 내담자는 벤치에 앉아 비를 맞으면서 울고 있는 자신을 그린다. 심한 우울증으로 약물치료를 받고 있는 경우에는 비가 내리는 강가에서 우산도 없이 비를 맞고 있는 뒷모습, 즉 강을 바라보고 있는 자기 모습을 그리기도 한다. 스트레스를 싫어하는 내담자는 우산과 비옷, 장화를 신고, 비를 그리지 않는 경우가 흔히 있다.

③ 동적 가족화 그림검사 Kinetic-Family-Drawing test; KFD

동적 가족화는 움직임을 첨가한 일종의 투사화로 개인을 통해 가족의 역동성을 파악하기에 용이하다. 정신분석학, 장이론, 지각의 선택성 등과 같은 이론을 기초로 한다. 그리는 사람의 눈에 비친 가족들의 일상생활태도나 감정을 그림으로 나타냄으로써 그리는 사람의 주관적인 판단에 의존한다. 객관적이고 물리적인 환경으로서의 가족인지의 성격보다는 자신이 주체적·선택적으로 지각하는 주관적 심리적 환경으로서의 가족인지가 적용된다.

- 목표 1 : 자신이 가족 내에서 자신을 어떻게 보고 있는가를 파악할 수 있다.
- 목표 2 : 개인을 통하여 가족 안에서의 상호작용과 역동성을 파악한다.

④ 상담과정으로의 적용

내담자가 설명하면서 자신과 가족에 대한 느낌이 선명해지며, 평소에 느끼지 못했던 부분에 대한 통찰이 일어날 수 있다.

- 질문 : 주제를 들었을 때, 그림을 그리면서, 완성 후에 느끼는 것은?
  - 현재의 가족 모습, 바라는 가족 모습을 반영할 수 있다.
  - 누구를 그릴 때 가장 힘들었는지
  - 평소의 가족과 그림은 어떤 차이가 있는지
  - 그린 순서, 인물의 나이와 행위 중 생략한 사람은, 가족 외에 첨가한 사람, 지우고 다시 그린 사람을 확인한다.

- 중점 분석
  - 순서 : 가족 내의 중심인물, 힘이 있거나 존경하는 사람 등을 먼저 그린다. 반면 가장 약하거나 싫은 사람을 마지막에 그린다.
  - 위치 : 위치에 따른 인물 분석은 그림 용지의 중심에 그려진 대상은 가정 안에서 중심, 위쪽은 가정을 실질적으로 이끌어 가고, 우측은 힘 있는 대상, 왼쪽은 힘 없는 대상, 아래쪽은 우울, 허약한 인물을 주로 그린다.
  - 크기 : 크기는 그려진 대상의 파워를 나타낸다. 인물의 나이(실제 나이 또는 심리적인 나이를 표현한다), 거리(내담자 자신과 친밀하거나 친밀하기 원하는 사람을 곁에 그린다. 그림의 거리는 심리적인 거리와 비례한다)
  - 생략한 가족 : 내담자와 갈등관계 등, 가족 외에 첨가한 사람(친구, 친척, 이웃집 사람 등으로 가족 간의 긴장관계, 불안과 공포, 불안정 등 부정적인 감정 해소를 위한 첨가), 지우고 다시 그린 사람(갈등관계)을 확인한다.
  - 행위 : 가장 중요한 것으로 가족 모두가 장애물 없이 한 공간에 동일한 주제 안에서 같은 곳을 보거나 서로를 바라보는 것이 가족의 화목한 분위기를 나타낸다.
  - 구획화 : 가족 각자가 자기만의 공간에서 활동하도록 선으로 구분을 한다. 심한 경우에는 아동과 성인 모두에게서 종이를 접어 완전히 구분하여 그림을 시작한다. 포위(가구, 줄넘기, 돗자리 등으로 선 밖으로 나오지 못하도록 포위한다).
  - 도구 사용 : 망치, 칼, 낫, 총은 공격성으로 분노의 방향을 나타낸다. 불, 태양, 다리미, 난로, 취사도구 등은 열기가 적당하면 온화, 따뜻함을 나타내지만 강렬하면 애정욕구와 애증, 분노 등을 나타낸다.
  - 회전된 인물상 : 가족들의 시각과 다른 방향을 바라보는 인물로서 내담자 자신이면 가족에서 고립된 상태, 가족일 경우는 그 사람이 고립된 상태 또는 고립시키고 싶은 표현이다.

2) 초기 프로그램(동기유발 및 신뢰감 형성)

초기 프로그램은 동기유발 및 신뢰감 형성이 상담자와 내담자 간, 내담자와 내담자의 가족들 간, 내담자의 가족들 간에 매우 중요하다. 비밀보장과 상호 동등한 위치에서의 상담 분위기가 조성되기 위해 상담자를 비롯한 가족상담 참여자들은 닉네임을 정하여 명찰을 부착하고 닉네임의 의미를 설명하며 시작한다.

(1) 난화

난화Scribble는 케인Cane, 나움버그Naumburg가 개발한 기법으로 그림을 그린 사람의 무의식 속에 잠자고 있는 상상을 표출시키고 저항감을 줄이는 데 도움을 줄 수 있다.

① 치료목표

- 치료사와 내담자 간의 신뢰감을 형성하고 그림의 저항감을 줄여 무의식을 의식화하는 데 도움을 준다.
- 학교폭력에 노출된 심리적 위축감과 압박감에서 벗어나는 자유로움을 경험하게 한다.
- 낙서 같은 선들의 집합에서 나타나는 이미지들이 자신이 원하는 이미지라는 것에 새로운 경험을 하게 되어 새로운 인식의 지평이 확장되며 상상의 세계가 주는 신선함을 느끼게 된다.

② 준비물: 4절지 스케치북, 색연필, 파스넷 등

③ 방법

- 굳어 있고, 경직된 몸과 마음을 이완하기 위해 간단한 팔 돌리기 운동을 한다.
- 눈을 감고 어린 시절 불렀던 동요를 흥얼거리며 마음가는 대로 선을 자유롭게 그린다.
- 숨은 그림 찾기처럼 그려진 선을 돌려 보면서 상징화할 수 있는 이미지를 찾는다.

- 이미지를 찾으면 색칠을 하여 이미지를 구체화시킨다.

(2) 난화 상호 이야기법

난화 상호 이야기법은 난화에 나카이 교수가 만든 '테두리법'을 첨가하여 개발한 것이다. 집단이나 치료사와 내담자가 함께 할 수 있는 기법으로 각각 종이 한 장씩을 나누어 테두리 선을 그어서 교환한 다음 각자가 만든 난화를 바꿔가며 형상을 채워가는 그림이다.

① 치료목표

- 치료사와 내담자 간의 관계형성에 도움을 준다.
- 내담자 스스로가 자신의 문제를 인식하도록 한다.

② 준비물 : 4절지 스케치북, 색연필, 파스넷 등

③ 방법

- 치료사와 내담자가 종이 한 장씩을 나누어 갖고 각자의 도화지에 테두리 선을 그린 후 교환한다(이때 테두리 선을 긋는 이유는 내담자가 그림을 그리기 쉽게 하며 저항을 줄여 주는 효과를 준다).
- 치료사가 그린 난화에는 내담자가 나머지 형상을 완성하고 반대로 내담자가 그린 난화에는 치료사가 형상을 찾아 완성한다.
- 치료사와 내담자가 각자 다른 종이에 그린 그림이 무엇인지 이야기한다.
- 두 장의 그림을 합친 후 각자 이야기를 만들고 제목을 붙여서 발표한다.

④ 난화와 난화 상호 이야기법의 가족상담 적용

- **목적**
  - 난화라는 주제를 통해 심리적인 자유를 느끼게 하며 미술작업에 대한 부담감을 감소시킨다.
  - 미술치료의 창작과정에 대한 자신감과 성취감을 고양시킨다.

- 구성원들이 경험한 어린 시절의 느낌(긍정적, 부정적)을 공유하며 공감대를 형성하여 친밀감이 향상되게 한다.
- 난화 상호 이야기법이라는 주제를 통해 자신이 그린 난화를 구성원이 정성들여 형상을 찾아주고 예쁘게 색칠까지 해주는 과정에서 존중받는 느낌을 받게 한다.
- 구성원들이 여러 장의 난화에서 이야기를 만들고 하나의 제목을 도출해 나가는 과정에서 서로의 의견을 존중하며 상호 조화를 이루어 내는 긍정적인 경험을 하게 한다.
- 무질서한 낙서 같은 난화에서도 구성원들 각자의 성격, 당면한 문제, 소망 등이 들어 있는 것에 놀라움과 흥미를 경험하게 한다.

• **방법**

〈난화〉

- 색깔 선택 : 자신이 좋아하는 색깔의 매체를 선택한 후 책상 위에 놓는다.
- 미술제작 과정 : 동요를 마음속으로 흥얼거리며 난화를 그리게 한다. 자유자재로 팔을 움직이며 형태가 없는 자유로운 선을 계속 긋게 한다.
- 보이는 형상을 찾아 색깔을 칠하고, 형상에 대한 이야기를 나누게 한다.

〈난화 상호 이야기법〉

- 구성원들이 서로 도화지 한 장씩을 나누어 갖고, 상대방의 도화지에 테두리선을 그려 준다.
- 난화를 그린 후에 서로 교환하여 상대방의 난화에서 형상을 찾고 색깔을 칠해 완성해 준다.
- 구성원들이 각자가 찾은 상대방의 난화에 이야기를 만들고 이야기를 연결하여 하나의 스토리를 만들고 제목을 붙이고 발표한다.

- 상담 마무리와 효과
  - 구성원이 함께 하는 작업에 대해 느낀 점들을 나눈다.
  - 구성원들이 어린 시절의 심상이 떠올리던 때의 느낌, 감정, 생각 등에 대해 자유롭게 이야기하며 각자의 이해도를 높인다. 부부인 경우에는 배우자의 어린 시절에 대해 깊은 이해가 형성되며, 부모-자녀인 경우에는 부모의 어린 시절에 대한 재경험이 현재 자녀가 경험하고 있는 문제의 원인을 이해하는 데 쉽게 도달할 수 있게 된다.

3) 중기 프로그램(치료효과)

(1) 동적 학교화

동적 학교화는 내담자의 학교생활을 파악하려는 진단검사로서 학교생활의 문제점을 진단할 수 있다. 내담자 자신과 친구 한 명, 선생님이 학교에서 무엇인가를 하는 것을 그리라는 주제를 준다.

① **치료목표**

- 학교 내에서의 친구, 교사와의 상호관계 및 학업 성취성을 파악할 수 있다.
- 학교폭력에 노출되어 있는 학생들 대부분은 현재 자신이 처해 있는 상황을 그림으로 표현하여 억압된 스트레스를 해소할 수 있다.
- 내담자 스스로가 자신의 문제를 인식하도록 한다.

② **준비물:** 4절지 스케치북, 색연필, 파스넷 등

③ **실시방법**

- 지시

  "당신 자신을 포함하여 선생님과 한 명 이상의 친구가 학교에서 무엇인가 하고 있는 그림을 그려 보세요. 만화나 막대기 같은 사람들이 아니고 완전한

사람을 그려 주세요. 모두가 무엇이든 하고 있는 그림을 그리도록 하세요. 당신 자신도 그리는 것을 잊어서는 안 됩니다." 만약 내담자가 그림에 대해 질문한다면 "완전히 자유입니다"라는 대답을 한다.

④ **동적 학교화 해석기준**

지우고 다시 그리는 경우는 그 대상에 대한 불안과 갈등상황을 나타내며, 자신과 주변 인물의 뒷모습을 그릴 경우는 거부감, 외면을 나타내며, 자신의 옆모습을 그린 경우는 낮은 자존감을 표현하는 것으로 볼 수 있다.

⑤ **동적 학교화의 가족상담 적용**

학교폭력을 경험하고 있거나 경험한 적이 있는 내담자는 동적 학교화를 그리는 것에 부담스러움을 느끼거나 힘들었던 경험을 떠올리기 싫어서 그림을 그리지 않고 머뭇거리기도 한다. 그런 경우에는 내담자의 힘들어하는 감정을 먼저 다루어 주고 그림을 그리게 한다. 그림을 그리게 되면 1차적인 감정 해소와 그림에 대한 설명을 하면서 2차적인 감정 해소가 일어난다. 상담자와의 상호 소통에 의해 학교생활에 대한 부정적인 감정들과 학교폭력에 대한 고통을 보다 구체적으로 표현하고, 그에 대한 스트레스는 현저하게 저하된다. 뿐만 아니라 자신에 대한 객관적인 시각이 형성되어 자신에 대한 통찰과 대처능력이 생기기도 한다.

(2) 동물 가족화

가족을 상징 동물로 나타내서 가족들의 관계, 그 속에서 자신의 존재를 알아볼 수 있다. 내담자가 자신을 포함한 가족을 동물로 표현하는 것이 동적 가족화보다 용이하며, 가족 내의 역동성을 상담자와 가족구성원 모두 파악할 수 있다. 동적 가족화와 매우 유사한 형태이지만 가족 개인의 성격과 특성, 서열, 힘의 우세 등이 특징 있는 동물로 명확하게 표현된다. 같은 종류의 동물로 표현되거나 가족의 특성에 따라 종류별로 표현되기도 한다.

① **치료목표**

- 자신이 가족 내에서 자신을 어떻게 보고 있는가를 파악하며 가족들의 이해를 얻게 된다.
- 개인을 통하여 가족 안에서의 상호작용과 역동성을 파악한다.
- 개인이 가족구성원들에게 어떻게 비춰지는가를 선명하게 인식되면서 자신의 행동에 긍정적인 변화를 가져올 수 있다.
- 가족구성원들을 동물로 표현하면서 심리적으로 해소되는 부분이 있다.

② **준비물 :** 4절지 스케치북, 연필, 파스넷 등

③ **방법**

- 동물의 사진으로 본인과 가족을 나타내기도 하지만 주로 연필을 사용하여 먼저 가족의 특성을 동물로 표현하는 밑그림을 그린다.
- 색칠을 하고 자신과 가족을 특정 동물로 표현한 이유를 설명하면서 가족 안에서 본인은 어떤 존재인가에 대해 그림에 대한 설명을 하게 한다.

④ **동물 가족화의 가족상담 적용**

- 내담자가 자신을 작은 동물로 표현하고 무리에서 떨어져 있다면 위축된 고립형이며, 자신을 상부에 위치하며 강한 동물로 표현하는 경우에는 지배형으로 볼 수 있다. 자신을 크게 먼저 그리고 한가운데 위치하면 자기중심형이지만, 부모로 표현되는 동물이 강하고 크며, 위에 위치하면 부모가 지배형으로 부모에게 위압감을 느끼며 내담자 본인은 위축된다. 그림 그리기를 중단하거나 감정표현을 거부하는 경우에는 거부형으로 볼 수 있다.
- 가족구성원 각자가 자기 자신을 표현하는 것과 상대방이 표현하는 것을 통해 객관적인 시각과 변화에 대한 동기부여가 촉진된다.

(3) 돌려가며 그리기

- 상담자와 내담자가 하나의 용지를 돌려가며 그림을 그린다. 그림으로 대화하는 방법들을 익히면서 학교폭력 현장에서 자신의 마음을 표현할 수 있는 능력을 함양한다.
- 가족구성원들이 하나의 용지를 돌려가며 그림을 그린다. 그림활동 시 느꼈던 솔직한 자신의 감정들을 서로 나누면서 상호작용을 증진시킨다.

① 치료목표

- 타인에 대한 배려와 관심을 유도한다.
- 미술 제작과정에서 자유롭고 창의적인 표현으로 역동적인 분위기를 경험하게 한다.
- 가족구성원들이 함께하는 협동화 제작과정에서 자신의 모습과 역할을 인식하게 하여 변화에 대한 동기부여를 제공한다.

② 준비물 : 4절지, 연필, 파스넷, 크레파스, 색연필 등

③ 방법

- 가족구성원들이 각각 먼저 한 가지 색깔을 선택하고 한 장의 종이를 서로 돌려가며 그림을 그려서 전체를 완성한다.
- 그림활동 시 불편했던 감정이나 기분 좋았던 감정 등을 가족구성원들이 자유롭게 표현하고 수용하게 한다.

④ 돌려가며 그리기의 가족상담 적용

가족이 함께 돌려가며 그리는지, 자신 있게 자신을 표현하는지, 자기중심적으로 독점하려고 하는지, 소심하고 조심스럽게 그림을 그리는지, 다른 사람의 그림을 꾸며 주기만 하는지, 구성원이 그린 그림을 지우는지 등의 내용들을 바탕으로 가족구성원들이 표현할 수 있도록 한다. 이러한 과정에서 구성원들이 자신에 대해 알고 있는 것이 선명해지고, 미처 인지하지 못했던 부분은 새롭게 인식할 수 있도록 하여 자신의 변화에 대해 충분히 노력할 수 있게 한다.

(4) 대화 그림

가족 안에서 언어적, 비언어적인 대화로 그림을 그리면서 의사소통을 비롯한 상호관계성의 중요성을 인식하게 한다. 또한 가족구성원들의 요구를 한 장의 그림에 모두 담아내려는 상호 협동적인 역할을 경험하게 한다.

① **치료목표**

- 비언어적인 대화 그림에서 자신과 가족이 상대방의 마음을 알아채는 민감성을 파악한다.
- 비언어적인 대화 그림 제작과정을 통해 가족 간의 상호작용의 중요성을 확인한다.
- 언어적인 대화 그림 제작과정을 통해 가족구성원 전체의 특성, 관계맺기의 패턴, 소망 등을 확인하고 수용하며 조화와 부조화를 통찰하며 변화의 동기를 제공한다.
- 언어적인 대화 그림 제작과정을 통해 가족구성원 전체가 협동하여 그림을 완성시킴으로써 성취감과 만족감을 경험하게 한다.

② **준비물 :** 전지나 4절지, 파스넷, 크레파스, 색연필 등

③ **방법**

- 비언어적 그림 대화 : 가족구성원들이 각각 먼저 한 가지 색깔을 선택하고 한 장의 종이 안에 자유화를 완성하라는 상담자의 지시에 따라 침묵상태에서 그림 제작을 하게 한다.
- 언어적 그림 대화 : 가족구성원들이 각각 먼저 한 가지 색깔을 선택하고 한 장의 종이 안에 자유화를 완성하라는 상담자의 지시에 따라 서로가 그리고 싶은 내용들을 조율한 상태에서 그림 제작을 하게 한다.

④ 대화 그림의 가족상담 적용

- 그림활동 시 불편했던 감정이나 기분 좋았던 감정 등을 가족구성원들이 자유롭게 표현하고 수용하게 한다.
- 비언어적, 언어적 그림 대화 제작과정에서 경험되는 차이점에 대한 느낌들을 자유롭게 표현하고 수용하게 한다.
- 가족구성원 중에서 누가 먼저 그림을 시작했는지, 공간 점유율의 차이, 몰입의 정도, 가족의 소망이나 그려진 그림에 대한 태도 등을 주제로 깊은 통찰을 경험하게 되어 가족 안에서의 자신의 태도에 대한 변화가 시작될 수 있도록 한다.

(5) 감정 표현하기

① 치료목표

- 내담자가 지니고 있는 다양한 감정의 근원적인 원인을 파악할 수 있다.
- 다양한 감정을 지닐 수 있고, 그것을 표현할 수 있는 자유가 있다는 것을 알게 해주어 편안하게 감정을 표현할 수 있도록 돕는다.

② **준비물 :** 다양한 크기의 도화지, 크레파스, 사인펜 등

③ 방법

- 한 장의 도화지에 행복한 얼굴, 슬픈 얼굴, 화난 얼굴을 그리게 한다.
- 위의 감정들을 느꼈던 시기와 상황을 글로 적은 후 상담사와 함께 이야기를 나눈다.
- 현재는 위의 감정들이 어떤 경우에 드는지와 어떻게 표현하는지를 말할 수 있도록 돕는다.
- 학교폭력에 대해 느꼈던 감정들을 충분히 표현하도록 도와서 부정적인 감정들을 해소할 수 있게 한다.

④ 감정 표현하기 그림의 가족상담 적용

- 가족구성원 모두가 한 장의 종이에 행복한 얼굴, 슬픈 얼굴, 화난 얼굴을 그리게 한다.
- 표현의 다양성을 먼저 인식하게 하고 그림 설명을 내담자가 먼저 하게 하고 가족들은 그림에 나타나는 감정들을 적극적으로 공감하게 한다. 그 후 가족원들의 그림 설명을 하게 하고 같은 방법으로 진행한다.

(6) 9분할법

① 치료목표

- 내담자가 지니고 있는 다양한 생각을 정리하여 현재 처해 있는 상황에 대해 통합적이며 포괄적 인식을 하도록 돕는다. 특히 학교폭력의 피해자는 자신이 경험한 사건과 감정들을 보다 분명하게 인식하며 개인에 따라 대처능력도 얻게 된다.
- 상담자는 내담자가 경험했던 사건과 감정, 현재의 고민 등을 보다 분명하게 파악할 수 있다.

② 준비물: A4용지, 연필, 지우개, 사인펜, 색연필 등

③ 방법

- 치료사가 종이에 검은색 테두리를 그리고 화면을 9분할을 하여 내담자에게 준다.
- 방향과 순서는 상관없이 학교생활에서 힘든 부분을 생각나는 대로 그리도록 제시하고, 그림으로 그리기 힘들면 글로 표현하게 한다.
- 완성된 그림을 보고 전체에 맞는 주제나 제목을 쓰게 하고 이야기를 이어 나가게 한다.

④ 9분할법 그림의 가족상담 적용

- 내담자가 학교폭력에 대해 느꼈던 감정들을 충분히 표현하도록 도와서 부정적

인 감정들을 해소할 수 있게 하고 가족상담인 경우에는 가족의 충분한 공감과 위로를 표현하게 한다.

(7) 자화상 만들기

① 치료목표

- 내담자가 학교폭력 피해자일 경우에는 폭력 경험으로 인한 신체적, 심리적 좌절감에서 오는 부정적인 자기인식을 긍정적인 자기인식으로 변화시킬 수 있도록 돕는다. 가해자일 경우에도 자신에 대해 부정적인 자화상의 긍정적인 변화와 폭력의 피해자를 소중한 인격체로 인식할 수 있도록 돕는다.
- 상담자가 내담자가 경험했던 사건과 감정, 현재의 고민 등을 보다 분명하게 파악할 수 있다.

② 준비물 : 찰흙 2덩이, 신문지 2장, 물이 담긴 종이컵 1개 등

③ 방법

- 찰흙을 양손으로 충분히 주무르고 으깨도록 제시한다. 학교폭력 피해자인 경우는 먼저 주먹으로 찰흙덩이를 세게 치도록 하여 마음속에 있는 분노의 감정을 해소하게 한다. 학교폭력 가해자 역시 폭력을 발생시키는 내적인 분노의 감정을 해소하게 한다.
- 찰흙 작업은 일시적인 퇴행을 가져오기 때문에 어린 시절의 천진성을 회복시키며 또한 자연물의 특징이 주는 좋은 감촉들이 우울감을 해소와 기분 좋은 감정으로 변화시킨다.
- 자신의 현재 모습 또는 변화고 싶은 미래 모습인 자화상의 형태를 만드는 과정에서 물로써 자화상을 지속적으로 쓰다듬으며 완성하도록 한다. 이 과정에서 신체적이고, 심리적인 자신에 대한 소중함이 느껴지며, 따뜻하고 온화한 어머니 같은 대상이 자신을 소중하게 어루만져 주는 것 같은 긍정적인 감정이 형성된다. 따라서 낮은 자존감과 자신을 싫어하고 혐오스럽게 여기던 것을 소

중한 자신으로 느껴지는 변화가 시작되어 눈물을 흘리기도 한다. 특히 학교폭력의 가해자는 자화상을 물로 쓰다듬으면서 자신을 소중하게 여기게 되는 변화와 자신에게 당한 학교폭력의 피해자의 소중함을 연상하게 되면서 학교폭력 발생이 제거된다.

④ **자화상 만들기의 가족상담 적용**

- 학교폭력을 유발하고 강화시키는 자극 요인은 대부분 가정에서 비롯될 수 있다. 양육자가 지속적으로 보여주는 소중히 여김을 받은 자녀는 자신과 타인을 소중히 여기는 기본성을 가지고 있어서 부정적인 감정들이 폭력으로까지 발전되지 않는다. 학교폭력의 가해자와 피해자 모두에게 가족과 함께하는 자화상 만들기는 만드는 과정과 결과물에서 서로의 이해와 소중함을 감각적으로 절실하게 느끼게 하는 시간이다. 특히 물로 쓰다듬는 행위는 서로에게 부족했던 스킨십의 필요성을 많이 느낄 수 있다. 또한 제작과정에서 물로 많이 쓰다듬을수록 자화상의 표면이 아름답게 되는 것을 볼 수 있기 때문에 대강 쓰다듬은 결과물과 비교하는 과정에서 자녀에 대한 사랑의 관심과 스킨십의 효과를 시각적으로 평가할 수 있게 된다.
- 결과물이 완성되면 함께 모여 자녀, 부모 순으로 창작과정과 결과물에 대한 설명과 소감을 나누게 한다. 부모가 자녀에게 부족했던 사랑의 관심과 스킨십에 대해 사과와 앞으로 노력하겠다는 표현과 더불어 서로 깊은 허깅을 할 수 있게 돕는다. 그 과정에서 반드시 표현되어야 하는 것은 학교폭력의 상처가 표현되어야 하며 충분한 공감이 선행되어야 한다.

◆ 찰흙으로 자화상 만들기 과정은 학교폭력의 피해자와 가해자가 함께 해도 매우 좋은 치료효과를 나타낼 수 있다.

4) 후기 프로그램(새로운 나, 희망 찾기)

(1) 웅덩이 그림

학교폭력의 피해자를 치료할 경우에는 웅덩이에 자기 자신을 그리고 자신을 구하러 오는 사람들이 있다는 것을 시각적으로 확인하고 다시 힘을 얻어서 극복해 나가는 용기를 갖게 한다. 가족구성원 각자가 깊은 웅덩이에 빠졌다는 가정하에 자신의 행동, 구조해 주는 사람 등을 주제로 그림을 그리게 하여 자신을 구해 주러 오는 사람이 있다는 것을 확인할 수 있게 한다. 만약 내담자가 자신을 구하러 오는 사람들이 아무도 없다고 말한다면 그 이유를 묻고 충분한 이야기를 하도록 한다. 대부분 가족들이 구하러 온다고 하지만 가족보다 다른 사람들이 구하러 온다고 하면 가족 간의 친밀감과 신뢰감이 부족한 것으로 보인다.

① **치료목표**

- 가족구성원의 친밀감과 신뢰감을 확인하게 한다.
- 가족구성원 각자가 어려움에 직면했을 때, 어떠한 대처행동 패턴을 보이는가를 확인하게 한다
- 가족구성원들이 웅덩이에 빠진 가족을 구조하는 방법 등을 통해 가족의 신뢰감이 향상된다.

② **준비물 :** 4절지, 연필, 파스넷, 크레파스, 색연필 등

③ **방법**

- 가족구성원들이 각각 웅덩이에 빠진 자신을 그림으로 표현하게 한다.
- 가족구성원들 각자가 웅덩이에 빠진 자신을 구하러 오는 사람을 그리게 한다.

④ **웅덩이 그림의 가족상담 적용**

- 웅덩이에 빠진 자신을 상상하며 그림 제작과정에서 느꼈던 감정들을 자유롭게 나누게 한다. 구조하는 사람들이 가족 중에 누구인지, 어떤 구조방식인지를 설

명하는 과정에서 서로에 대한 이해와 신뢰감이 바탕으로 된 친밀감을 향상시킬 수 있게 한다.

(2) 신체상 본뜨기

가족구성원들이 각자가 개별적으로 상대방의 전신 신체상을 본을 떠주거나 가족의 신체상을 합동으로 본뜨기를 한 후에 신체상 본뜨기의 주인공의 장점과 단점을 표현해 준다.

① 치료목표

- 가족구성원들이 각자가 상대방의 전신 신체상의 본을 떠주면서 친밀감을 높이며, 신체상 본뜨기의 주인공의 장점과 단점을 표현해 주는 과정에서 자신에 대한 객관적인 시각을 향상시켜 변화를 촉진한다.
- 가족구성원들이 신체상 본뜨기의 주인공의 장점을 표현해 주는 과정에서 가족구성원에 대한 자존감 향상을 경험하며 상대방의 자존감을 향상시켜 줄 수 있는 것을 확신시킨다.

② 준비물 : 전지 여러 장, 스카치테이프, 파스넷, 크레파스, 색연필 등

③ 방법

- 개인 신체상 본뜨기 : 가족구성원 각자가 각기 다른 색깔의 매체를 선택한다. 개별적인 신체상 본뜨기는 전지 2장을 테이프로 붙여 연결한다. 신체상 본뜨기의 주인공은 전지 위에 자유로운 포즈로 눕는다. 가족구성원 중 한 사람이 주인공의 신체를 따라 형태를 그린다. 또는 가족구성원이 각자 맡은 신체 부분의 본을 그린다. 가족 모두의 신체상이 완성되면 가족 모두가 신체상에 색칠로 꾸며 주고 전지의 여백에 주인공의 장단점 3가지씩을 형용사로 쓴다.
- 가족 신체상 본뜨기 : 가족구성원 각자가 각기 다른 색깔의 매체를 선택한다. 전지 2장을 테이프로 붙여 연결한다. 가족은 2명씩 좁은 전지 위에 자유로운 형태로 눕는다. 가족구성원 중 한 사람이 주인공의 신체를 따라 형태를 그린

다. 또는 가족구성원이 각자 맡은 신체 부분의 본을 그린다. 가족 모두의 신체상이 완성되면 가족 모두가 신체상에 색칠로 꾸며 주고 전지의 여백에 주인공의 장단점 3가지씩을 형용사로 쓴다.

④ **신체상 본뜨기의 가족상담 적용**

- 신체상 본뜨기의 주인공 경험의 소감을 나누게 하여 가족의 스킨십이 긍정적인 느낌을 공유하게 한다(주인공 자신의 신체가 소중하게 여김을 받은 것과 색칠로 꾸며줄 때, 어색한 느낌도 있지만 매우 행복한 느낌을 갖게 된다).
- 가족구성원들의 장단점 피드백이 형용사로 간단하지만 강렬하게 색깔로 문자화된 것은 시각적인 효과가 매우 크다. 따라서 오랫동안 뇌리에 인식되어 행동의 변화에 좋은 자극이 된다. 또한 가족신체상 본뜨기에서는 좁은 전지 위에 두 사람이 함께 눕기 위해 부둥켜안거나, 가깝게 밀착되는 신체의 형태는 가족의 친밀감을 향상시킨다. 배우 간, 부모-자녀 간에 매우 긍정적인 효과를 가져오고, 부모가 함께 안고 있는 모습을 보는 자녀는 행복한 부부상을 연상시켜 소망적인 행복감을 느끼기도 한다.

(3) 다리 그리기

① **치료목표**

- 가족상담을 마치는 시점에서 과거와 미래에 대한 분명한 차이를 인식하게 하며 새로운 삶, 새로운 가족관계의 긍정적인 방향을 위한 각오를 촉진시킨다.
- 가족상담 종결 후에도 자율적으로 노력할 수 있는 청사진을 제시한다.

② **준비물 :** 전지, 파스넷, 크레파스, 색연필 등

③ **방법**

- 다리 그리기 : 가족구성원들이 각각 먼저 한 가지 색깔을 선택하고 한 장의 종이 안에 다리를 그리고 다리를 꾸미게 한다.

- 다리를 중심으로 다리 왼쪽은 버려야 할 것들을 가족구성원 모두 그림이나 글씨로 표현하게 한다. 다리 오른쪽에는 중요한 것들, 새롭게 노력하고 싶은 것 등을 표현하게 한다.

④ **다리 그리기의 가족상담 적용**

- 다리라는 상징성의 의미, 다리 왼쪽에 표현된 것들, 오른쪽에 표현된 것들을 중심으로 가족 전체가 미술 제작과정에서 경험한 느낌들을 자유롭게 표현하게 한다.
- 새로운 각오를 다짐하는 과정에서 서로에게 격려를 보내는 시간들을 충분히 갖게 한다.

(4) 꿈나무

① **치료목표**

- 자신감을 향상시키고 미래와 꿈을 설정한다.
- 가족상담 종결 후에도 자신의 꿈을 기억하고 희망을 유지하도록 돕는다.

② **준비물**: 전지, 풍선, 사인펜, 크레파스 등

③ **방법**

- 전지를 벽에 붙이고 커다란 나무를 그린 후 색칠을 한다.
- 풍선을 불어서 입구를 묶고 풍선에 사인펜으로 크게 자신의 꿈을 적는다. 풍선에 색깔과 내담자의 꿈을 매치시키면 더욱 효과적이다.

④ **꿈나무의 가족상담 적용**

- 내담자의 꿈을 구체적으로 가족들이 알 수 있어서 이해를 도울 수 있고, 가족들이 풍선을 함께 불어 주면서 내담자를 돕게 되면 꿈을 이루는 조력자 역할을 암시받게 된다.
- 내담자의 꿈나무를 완성하면 가족구성원들이 하나의 전지에 꿈나무를 완성한다.

• 꿈나무를 함께 보면서 이야기를 나누도록 한다.

*** 참고문헌**

• 그림으로 마음읽기 -첫 번째 이야기 - 한국미술심리치료협회. 2010.
• 그림으로 마음읽기 -두 번째 이야기 - 한국미술심리치료협회. 2010.
• 그림으로 마음읽기 -세 번째 이야기 - 한국미술심리치료협회. 2010.

CHAPTER 14

음악치료

현재 과학과 문화가 발달함에 따라 청소년들은 다양한 매체를 통해 음악과 영상들을 쉽게 접할 수 있게 되었고, 자신들이 좋아하는 부분만 따로 즐길 수 있게 되었다. 또한 우리가 살아가고 있는 사회에서 어느 곳을 가더라도 음악을 쉽게 접할 수 있게 되었다. 이러한 음악은 무의식 중에 우리의 직접적 또는 간접적인 경험을 통해 우리 삶에 큰 영향력을 미치고 있다.

이 장에서는 음악치료에 대한 전반적인 이해와 청소년을 위한 음악치료에 대해 살펴볼 것이다.

음악의 어떠한 요소들이 청소년들과 하나가 되게 하고 음악 활동 안에서 언어적 또는 비언어적으로 어떻게 표현을 이끌어 낼 수 있는지 알아볼 것이다. 특히 음악치료 중재에서 청소년들의 다양한 신체적·심리적인 반응(욕구와 감정 등)들이 어떻게 표현되고 전달될 수 있는지, 음악치료 기법들 중 그들에게 도움을 줄 수 있는 중재법들에 대해 살펴볼 것이다.

1. 음악치료의 이해

음악치료는 예술음악, Music이라는 분야와 과학치료, Therapy이라는 분야가 결합됐다고 할 수 있다. 그렇기 때문에 복잡한 방법들과 대상자에 맞는 다양한 목적과 방법, 그에 따르는 이론적 배경들을 갖는 것이다.

예술이라 함은 각 개인에 따라 주관적으로 볼 수 있다. 같은 음악을 감상하여도 어떤 사람에게는 감동이 될 수 있지만 어떤 사람에게는 소음으로 느껴질 수 있기 때문이다. 또한 음악의 예술적인 측면에서는 창의적으로(다양한 형태의 음악으로) 변형을 시킬 수 있는 반면 과학이라 함은 동일한 상황, 동일한 조건하에서는 동일하고 객관적이다. 누구나 그 방법대로 했을 시 재현적이며 보편적이다(최병철, 2006). 이러한 각기 다른 두 분야의 이점을 이끌어 내어 교류적인 과정(감정이입, 소통, 친밀감 등)에 도움을 줄 수 있다.

이에 미국음악치료협회American Music Therapy Association, AMTA에서는 음악치료를 치료적인 목적을 가지고 정신적, 신체적으로 복원 및 유지시키며 향상시키기 위해 음악의 도구를 사용하는 것을 의미한다고 했다. 다시 말해 체계적으로 치료하는 환경에서 내담자의 행동을 바람직한 방향으로 변화시키기 위해 음악을 단계적 또는 체계적으로 사용하는 것을 말한다(김수지 외, 2004).

1) 음악치료의 신체, 심리, 사회적 기반

음악은 인간에게 있어 다양한 각도(다른 곳에 투사하거나, 행동, 감정, 사고의 과정 속,

심리적 퇴행 등)에서 직접적 또는 간접적으로 영향력을 줄 수 있다.

이에 신체적, 심리적, 사회적으로 나누어 살펴볼 것이다.

(1) 신체적 반응

현재 다양한 형태의 국내외 음악치료 연구가 신체 변화에 영향을 미친다고 보고되고 있다(Davis & Thaut, 1989; Jellison, 1975; O'Connell, 1984; 이은해, 최성은, 2012; 최세연, 2007). 특히 신체 반응에서 음악을 통해 혈압, 호흡 및 맥박 수, 동공 확장, 심전도, 피부와 근육의 반응, 심장박동, 뇌파 등에 영향을 미치는 것으로 알려져 있다. 음악의 종류가 다양하듯 음악을 경험하는 사람에 따라서도 각기 다른 반응을 보인다.

자극적인 음악의 특징으로 빠른 템포와 변 박자(4/4, 8/6, 2/3)가 많다. 그리고 불협화음이 많이 나타나고 스카타토나 액센트가 많고 조성이 빨리 변화한다. 반면 침체적인 음악의 특징은 안정적인 느낌의 음악으로 순차적 진행과 반복적인 형식이 많다. 또한 멜로디 중심의 레가토 음악을 예를 들 수 있다(Gaston, 1968).

우리 몸에서 자율신경계의 변화는 다양한 장르의 음악활동으로 심리적으로 재반영되어 각기 다른 신체 반응으로 나타난다. 특히 림빅 시스템은 우리가 경험하는 음악적 경험과 밀접한 관계를 맺고 있으며, 사람의 정서와 음악을 감상한 후 좋은 경험과 싫은 경험에 있어 밀접한 관계를 가지고 있다(최병철, 2006).

(2) 심리적 반응

내담자는 음악치료 프로그램 과정 감정 경험(emotional experience)과 감정 교류(emotional communication)을 통해 다양한 음악적 경험을 하면서 치료사가 세운 치료적 목적을 달성한다. 특히 의미 있는 음악적 경험은 내담자로 하여금 정서적 반응을 불러일으켜 정서수정(affect modification)에 도움을 줄 수 있다. 따라서 음악은 인간의 정서에 큰 영향을 미칠 수 있다. 따라서 음악을 선곡하기 전 대상자에 대한 배경(문화적 환경, 음악과 관련된 과거 경험, 음악교육 정도, 선호하는 장르 등)을 정확하게 파악하는 것이 중요하다.

타우트 Thaut(1990)는 음악활동이 감정 경험을 촉발시키고, 감정 확인을 촉발시키고, 감정 표현을 촉발시키고, 감정적 교류 이해를 촉발시키고, 그 자신의 감각적 행동을 종합하고, 조절하고 변형함을 촉발시켜야 한다고 한다(최병철, 2006).

(3) 사회적 반응

음악은 사회적 기능뿐만 아니라 다른 기능에서도 다양한 역할로 도와줄 수 있다. 음악을 통해 우리는 즐거움을 얻을 수 있다. 예를 들면 오락을 하게 되거나 즐겁고 축하해야 될 자리가 있으면 음악은 자연스럽게 흘러나와 분위기를 살려준다. 그리고 비언어적인 의사소통 수단으로 자연스럽게 사용되어지거나 음악을 감상할 때 자신도 모르게 박자에 맞추어 몸을 움직이고 있을 수도 있다. 또한 음악은 상징적인 표현을 제공한다. 우리가 쉽게 접할 수 있는 예가 '생일 축하노래'다. 멀리서 들어도 '오늘 저 사람 생일이구나'라는 것을 금방 알 수 있다. 이처럼 음악은 현재 우리 사회 속에 자연스럽게 묻어 우리의 일상생활로 다시 나타난다.

메리엄 Merriam(1964)은 음악의 사용과 기능을 구별했다.

- 음악은 말로 표현하지 못하는 감정을 쉽게 표현한다.
- 음악은 미적인 즐거움을 더해 준다.
- 음악은 상징적 표현으로 제공된다.
- 음악은 사회규범과 관련된다.
- 음악은 신체적 반응을 유발시킨다.
- 음악은 커뮤니케이션의 방법으로 사용된다.
- 음악은 사회기관 및 종교의식을 확인시킨다.
- 음악은 사회 통합에 기여한다.
- 음악은 오락을 제공한다.
- 음악은 사회·문화 연속성에 기여한다.

2) 음악치료와 음악교육의 차이점

많은 사람들이 음악치료와 음악교육을 정확하게 구별하지 못한다. 많은 학부모들은 '이 노래 유치원에서 배우는 데 음악치료와 뭐가 다른가요?', '이 오르프 활동 방과 후 활동에서도 배우는데 음악치료랑 뭐가 다른가요?'라는 질문들을 많이 받는다. 그러나 분명한 것은 같은 노래와 활동일지라도 음악치료는 음악교육과 다른 점이 있다는 것이다.

음악치료와 음악교육의 차이점은 다음과 같다.

- 음악치료는 내담자(학생)의 욕구에서 출발하며 유동적인 비구조적 절차를 통하여 비음악적 기능을 향상시킨다. 다시 말해, 활동의 절차는 내담자의 내적 · 심리적 · 정서적 상태에 따라 달라질 수 있다는 뜻이다. 음악적인 부분도 향상이 되지만 그 외에 비음악적인 기능까지 함께 이끌어 간다는 점이 중요하다.
- 음악교육은 음악적 구조 안에서 교육적 목표에 따라 계획된 일정한 구조 속에서 내담자(학생)의 음악적 기술을 향상시킨다.

3) 음악치료 방법과 이론

음악치료 활동을 준비하기 전 먼저 대상자(아동 및 청소년)의 연령대와 다양한 배경 등을 알고 있어야 한다. 예를 들면, 같은 15세 여자아이라도 부모가 음악을 자주 감상하는지, 음악적 교육(피아노, 합창반 등)을 많이 받았는지, 취미활동으로 음악회나 뮤지컬을 자주 보러 다니는지, 좋아하는 음악 장르가 무엇인지 등에 따라 대상자에게 적용할 수 있는 활동들이 다르기 때문이다. 또한 같은 문제를 고민하고 있는 대상자라 할지라도 음악의 선호도와 음악으로 접근하는 방법들이 각각 다르다. 따라서 각 대상자의 자라온 배경(환경)을 정확하게 알고 있어야 된다. 또한 대상자에 따라 다각적 프로그램이 도움을 줄 수도 있다. 예를 들면 어떤 청소년에게는 음악이 친숙하고 자신을 잘 표현할 수 있어서 음악만으로 좋은 치료가 될 수 있지만 또 다른 청소년에게는 음악으로 자신의 감정이 잘 표현되지 못할 경우 그림이나 글로써 표현할 수 있도록 도와줄 수 있다. 음악과 함께 다른 프로그램을 접목하는 통합 프로그램을 시행하는 것이 때로는 더 큰 치료효과를 가져올 수 있는 것이다.

음악치료 활동은 크게 두 가지로 나누어 볼 수 있다.

첫 번째로 능동적인 음악활동이다. 이것은 대상자가 직접 활동에 참여하는 것으로 노래 부르기나 악기를 연주하는 활동이다. 노래 부르기나 악기 연주와 같은 활동의 경우 대상자가 소리를 내지 않으면 음악이 되지 않거나 활동이 지속적으로 이루어지지 않기 때문에 능동적이고 직접적인 참여라 할 수 있다.

두 번째로 수동적 음악활동이다. 이것은 부분적 또는 간접적으로 음악을 감상하거나 악보를 읽는 것을 생각해 볼 수 있다. 음악 감상이나 악보 읽는 것은 대상자가 집중하지 않아도 자연스럽게 활동이 이루어진다.

음악치료에 있어 음악 적용 형태로 Music as Therapy와 Music in Therapy로 나누어 볼 수 있다.

- Music as Therapy음악으로써는 음악치료 활동 안에서 음악이 자극으로 사용된다. 예를 들어 음악을 들으면서 또는 연주함으로써 신체 감각이나 감정 부분에 있어 음악이 직접적으로 영향을 미친다. 그래서 악기를 연주하기 전 자신이 느낀 감정과 연주 후 느낀 감정이 달라질 수 있다. 또한 노래 가사에 있어서도 자신의 감정을 비유적으로 적용할 경우 대상자로 하여금 그 감정을 자연스러운 환경에서 충분히 이끌어 낼 수 있는 것이다.
- Music in Therapy음악 안에서는 음악은 사용하지만 언어 개입이 중요하다. 음악치료 중 분석적 음악치료가 여기에 속한다. 음악을 듣고 가사나 음악적 분위기를 분석하고 언어 또는 다른 매체로 표현하도록 한다.

이 부분에서는 치료사의 언어적 개입에 따라 대상자의 심리치료가 달라질 수 있다. 따라서 음악도 중요하지만 치료사의 역할이 더 중요한 것을 알 수 있다.

4) 음악치료의 대상 및 치료 목적

(1) 치료 대상

음악치료는 신생아부터 호스피스 환자까지 누구에게나 적용될 수 있다. 각 연령대별로 그들에게 맞는 음악과 함께 대상자의 심리가 반영될 때 더 큰 효과가 적용될 수 있다.

또한 일반 사람인지 장애를 가진 사람인지, 소극적인 성격인지 아니면 적극적인 성격인지 등에 따라 대상자의 참여가 달라진다. 그렇기 때문에 처음 대상자에 대한 전반적인 이해가 충분히 이루어져야 한다.

음악을 통해 자신을 통찰할 수 있는 기회가 필요한 사람, 억압된 감정이나 심리적 갈등으로 힘들어하는 사람, 자기표현이 힘든 사람(언어적이든 비언어적이든), 소속감을 갖고 함께 활동하고 싶어 하는 사람 등에게 효과적으로 적용될 수 있다.

(2) 음악치료의 목적과 활동 시 고려사항

음악치료 활동은 각 대상 군에 따라 목적이 달라질 수 있다. 또한 대상 군의 음악적 경험에 따라 같은 목적이라 할지라도 다양한 방법으로 다르게 적용된다.

첫째, 음악적 활동을 통해 대상자로 하여금 말로 표현하기 힘든 감정을 다양한 방법(언어적, 비언어적)으로 표현할 수 있도록 도와줄 수 있다. 자신의 감정을 가사에 비유하거나 자신의 감정을 다른 매체를 통해 표현하도록 돕는다. 이때 선생님은 처음부터 구체적인 표현을 요구하기보다는 비언어적으로 자신의 감정을 점차적으로 표현하도록 유도하는 것이 필요하다. 악기를 선택하고 그 악기의 소리가 나지 않는다고 해서 '왜 연주를 안 해'라고 묻기보다는 음악을 통해 같이 멈춰 주고 잠시 기다려 준 후 음악으로 선생님의 소리를 들려주는 것이 좋다. 따라서 대상자가 편한 방법으로 자신의 감정을 표현하는 것을 기다려 주어야 된다. 충분한 시간을 두고 대상자를 기다려 주는 것이 제일 중요하다.

둘째, 음악적 활동은 대상자로 하여금 긍정적인 태도와 생각을 할 수 있도록 도와줄 수 있다. 음악은 사람으로 하여금 기분을 전환시킬 뿐만 아니라 직접적인 경험을 통하여 스트레스나 불안과 같은 심리적 문제로부터 벗어날 수 있게 해준다. 이때 선생님은 긍정적인 부분이나 즐거웠던 경험을 활동 주제로 주어 부정적인 부분보다 긍정적인 부분을 연상하도록 하는 것이 좋다. 또한 자신감이 없는 친구의 경우 자신의 매력을 생각하도록 하거나 다른 그룹 친구들이 다른 친구의 장점을 이야기해 주는 방법도 자신감을 심어주는 긍정적인 활동이 될 수 있다.

셋째, 음악적 활동은 대상자로 하여금 소속감과 사회성 및 성취감을 경험할 수 있도록 도와줄 수 있다. 노래 부르기나 악기 연주와 같은 활동을 통해 그룹 원들끼리 규칙을 만들고 각자의 파트를 정하고 연주함으로써 소속감과 성취감을 경험할 수 있다.

이때 선생님은 학생들이 직접 규칙을 정하고 활동에 참여할 수 있도록 도와주어야 한다. 현재 이 시간에 대한 규칙을 정할 수 있도록 광범위한 규칙이 아닌 세부적으로 구조화를 계획해 주는 것이 필요하다. 쉽게 할 수 있는 부분을 먼저 이야기해 주는 것이 좋다.

2. 청소년을 위한 음악치료

청소년들과 함께 한 활동에서 음악치료 기법과 이론들 중 정신역동적 접근방식을 접목하였다. 이 방식은 청소년들의 과거 경험을 중요하게 생각한다. 따라서 청소년들이 직접 선곡한 음악을 가지고 가사를 분석하거나 멜로디나 리듬을 통해 비유적인 방식들을 함께 사용함으로써 자신의 내면을 알아가고 스스로 분석해서 개발하도록 돕는 것이다.

대상자(청소년)가 선호하는 음악 장르는 대상자에게 있어서 다양한 상징적 의미를 담고 있을 수 있다. 특히 대상자가 자신이 선곡한 음악과 악기를 크게 또는 작게, 부드럽게 또는 딱딱하게, 자유롭게 또는 틀에 박혀 있는 리듬을 반복적으로 연주할 때 등과 같이 청소년들의 다양한 감정을 악기 또는 연주하는 소리나 행동에 담고 있는 것으로 생각해 볼 수 있다.

1) 청소년들이 가지는 문제들

청소년이 되면 제일 먼저 나타나는 행동 중 하나가 자신의 감정을 언어로 잘 표현하지 않는다. 그래서 많은 부모들이 '갑자기 우리 애가 말수가 적어졌다', '옛날에는 어떤 생각을 하는지 알았는데 요즘에는 무엇을 원하는지 모르겠다'라고 말한다. 그러나 청소년 스스로는 많은 생각과 고민을 하고 있다. 자신을 독립적으로 분리시켜 자신이 결정한 것이 좋은 성과를 얻으면 성취감을 느끼고, 자신이 결정한 것이 나쁜 성과를 얻으면 좌절도 경험한다. 또한 청소년은 하루에도 몇 번씩 기분이 좋았다 나빴다, 기뻤다 우울했다 등의 다양한 감정 기복을 경험한다. 이러한 감정 변화로 청소년들은 혼란스러워 하면서도 부모, 선생님에게 자신의 마음을 표현하지 않고 그냥 자신의 마음을 알아주길 원한다.

청소년들을 이해하기 위해서는 요즘 청소년들이 고민하는 문제들이 무엇인지 알고 있어야 한다.

청소년들이 고민하는 문제들은 다음과 같이 정리할 수 있다(Katrina, 2010 참고).

- 정서 및 행동에서 나타나는 문제
- 학업 문제(성적, 집중력 저하)
- 게임 및 인터넷 문제
- 부모와의 문제(부모의 이혼, 죽음, 부모의 관계, 소통 차이, 신뢰 부족)
- 또래와의 문제(집단따돌림, 학대, 학교 공포, 열등감)
- 이성과의 문제(성문제, 임신)
- 위기상황(정신적 충격, 자살)
- 정신적 질환(외상후 스트레스, 우울증, 불안)

(1) 정서 및 행동문제

정서 및 행동문제 안에는 반항적인 행동, 학교 부적응, 비행청소년, 품행장애, 과잉행동장애 등 다양한 문제들이 여기에 포함된다.

- **품행장애**: 부모의 훈육방식으로 청소년들은 다양한 영향을 경험하게 된다. 예를 들면 학업의 실패, 또래와의 관계 속에서 거부당하게 되면 자신이 속한 집단에서 일탈을 생각하게 되고, 정서적인 문제를 경험하게 된다(Patterson, 1982).
- **과잉행동장애**: DSM-Ⅳ(1994)에 따르면 주의력결핍 우세형, 과잉행동·충동 우세형 및 주의력결핍과 과잉행동·충동성의 복잡형의 세 가지 하위 유형을 명시했다. 주의력결핍은 다른 사람의 요구와 지시에 따르지 못하고 한 행동을 지속적으로 유지하지 못하고 다른 행동으로 쉽게 옮겨갈 때 나타난다. 충동성은 기다림이나 차례 지키기, 가만히 있지 못하고 다른 친구들을 방해하는 행동을 보인다. 과잉행동은 가만히 있지 못하고 안절부절못하고 심하게 움직인다(Siver, 1990). 주위 자극에 민감한 반응을 보인다. 다른 사람에게 있어 작은 소리인데도 청소년에게 있어서 많은 자극으로 받아들여지게 된다.

사례 1

환아는 15세로 중학교 2학년 휴학 중이다. 학업 성적은 전교 10등 안에 드는 친구로 학교에서나 부모님의 기대를 한몸에 받고 있었다. 중학교 1학년 가을부터 성적이 조금씩 떨어지기 시작하면서 혼자 인터넷 게임을 하거나 친구들과 PC방에서 밤을 새는 날이 점점 늘어났다. 어려서부터 환아는 차분한 성격이었으며 부모님 말씀에 순종적인 아이였다. 그러나 부모님이 사업차 해외에 있는 날이 많아졌고, 누나는 대학진학으로 지방으로 가게 되면서부터 환아는 혼자 지내는 시간이 늘어나면서 게임과 친구들과 있는 시간이 많아졌다. 또한 등교시간이 조금씩 늦어졌으며 중간에 조퇴하는 일도 늘어났다. 이에 학교 선생님은 부모님과 통화하게 되었고 모는 환아 걱정에 집에서 생활하면서 환아를 챙기기 시작했다. 환아는 모에게 공격적으로 행동하는 등 예전에는 보지 못한 과격한 행동들이 나타나 방문하게 되었다.

(2) 이성문제

이성문제 안에는 환경적 자극, 성적 호기심, 임신, 성관계 등이 포함될 수 있다.

- **환경적 자극**: 현재 청소년들은 다양한 매체(영화, 텔레비전, 광고, 인터넷 등)를 통해 성적 환경에 쉽게 노출되어 있다. 때로는 자주 접하는 매체들이 청소년들에게 성적 충동이나 욕망을 불러일으키고 노골적으로 성을 묘사해 놓고 있다.
- **성적 호기심**: 현재 우리나라 청소년들은 성에 대한 올바른 교육이 이루어지지 않고 있다. 어른이 되면 성에 대해 자연스럽게 알 것이라는 이유에서 어른들은 성에 대해 질문을 받으면 '그런 건 몰라도 괜찮다', '네가 그런 걸 알아서 뭐하게…', '벌써부터 그런 걸…' 등 모두 '쉬쉬' 하기 때문에 청소년들은 다른 매체들로부터 성에 대해 배우고 호기심을 가지게 된다. 청소년들은 매체로 배운 성에 대해 직접 알아내고 싶어 한다.
- **성관계**: 대부분 청소년들은 성관계보다 사랑을 원한다. 그러나 잘못된 인식으로 청소년들이 생각하는 사랑은 '사랑하면 성관계를 맺는다. 그렇기 때문에 나도 성관계를 맺고 싶다.'라는 것이다. 부모로부터 충분한 사랑을 받지 못한 청소년들이 이성에게 그 사랑을 대신해서 받기를 원한다.

사례 2

환아는 17세로 고등학교 가을학기 때 퇴학조치를 받았다. 고등학교 들어가서부터 환아는 비행 청소년들과 친하게 지내면서 절도를 시작하고 무리 지어 다니며 여학생들과 혼숙을 하기도 하고 술과 담배를 하기 시작했고, 술을 마실 때면 환아는 여학생과 간접적으로 성관계가 이루어졌다. 매회 거듭될수록 절도 범위가 커져 학교에서 퇴학조치가 이루어졌다. 환아는 학업 성적은 좋지 않았지만 친구관계가 원만하여 주변에 친구들이 많다. 중1 때 소개팅에서 만난 여자 친구가 있으며 사소하게 잘 다투지만 금방 화해하고 잘 지내는 편이다. 환아의 가족들 모두 여자 친구를 잘 알고 지내고 있으며 자주 왕래하는 편이다. 여자 친구와 주말마다 여행을 가서 조금씩 성관계를 하기 시작하면서 둘만의 시간이 늘어났고 가출까지 감행했다. 환아의 부모는 가출 신고를 한 후 강제로 귀가시켰지만 두세 시간 후 다시 여자 친구와 같이 있는 모습을 보였다. 몇 달 뒤 환아는 여자 친구가 임신한 사실을 알고 부모에게 알렸고 환아 부모는 여자 친구를 병원에 데리고 가 아기를 유산시켰다. 환아는 그런 부모님의 모습에 충격을 받았고 또다시 잦은 가출로 인해 본원의 도움을 요청하게 되었다.

(3) 부모와의 문제

부모와의 문제 안에는 청소년과 부모와의 문제도 있지만 가정 안에서의 문제도 여기에 포함될 수 있다. 불안정한 부부관계, 부모와의 의사소통, 세대차이, 신뢰감, 역할과 규칙의 변화, 너무 큰 부모의 기대 등이 여기에 포함된다.

- 불안정한 부부관계 : 부모의 관계가 좋은지 또는 나쁜지, 가정에서 대화가 많은지 또는 적은지에 따라 청소년들의 정서에 큰 영향을 미친다. 또한 학교에 적응하는 부분이나 교우관계에 있어서도 부모의 관계가 청소년에게 큰 영향 미칠 수 있다.
- 부모와의 의사소통 : 가장 기본적인 의사소통 분위기나 대화법은 부모에게 배운다. 사람들과의 대화에서 어떻게 경청해야 하고 자신의 의견을 정확하게 전달하는 부분에 있어서 어렸을 때 부모와 대화를 통해 하나씩 배워간다.
- 세대차이 : 부모가 생각하는 방향과 청소년이 생각하는 방향이 다르다. 부모의 경우 과거를 중시하는 반면 청소년들은 변화를 추구하여 새로운 것을 지속적으로 시도하려 한다. 부모의 경우 현재 너의 본업이 학생이니 공부를 먼저 하라고 이야기한다. 그러나 청소년들은 새롭게 바뀌어가는 트렌드나 나의 적성을 알아가기 위해 다양한 것을 시도해 보려 한다.
- 역할과 규칙의 변화 : 부모들은 자신의 아이가 성장함에 따라 모든 면에서 성숙해지길 원한다. 반면 청소년들은 그런 부모의 갑작스러운 태도 변화를 이해하지 못하고 부모와의 관계가 멀어져 간다.

예를 들면 어렸을 때 이해되었던 행동들, 옷 입고 저녁에 귀가하는 시간 등 부모와의 대화에서 청소년들은 갑자기 변화된 부분들에 적응하지 못한다.

사례 3

환아는 15세로 중학교 2학년에 재학 중이다. 환아가 초등학교에 입학하면서부터 부모님은 자주 다투기 시작했고 고학년이 되었을 때 부모님은 별거를 시작했다. 그러면서 환아는 부와 함께 살다가 부의 사업이 부도나면서 할아버지와 할머니 댁에서 지내게 되었다. 환아의 성격은 소극적이며 자신의 의견을 잘 표현하지 못하고 아주 작은 소리로 입안에서 맴도는 말을 하는 게 전부였다. 이러한 성격 때문에 학급에서 따돌림을 당하게 되면서 점차 등교를 거부했고 할아버지, 할머니는 아무런 상황을 모르고 환아만 야단치면서 환아는 집에 들어가는 것을 무서워하였다. 할아버지, 할머니는 고민하다 부에게 연락을 했고 부는 환아에게 전화해 야단을 치기 시작했다고 한다. 그러면서 환아는 부의 연락을 받지 않고 피하면서 부와의 관계가 점점 멀어졌다.

2) 음악치료 기법 및 활용

음악은 긍정적 강화제로써 청소년들에게 있어 언어보다 더 친숙하게 다가갈 수 있는 도구로 사용된다. 특히 자신이 좋아하는 음악을 듣기 위해, 치료사와의 약속을 지키고, 음악의 가사나 멜로디는 청소년들의 감정이나 생각을 엿볼 수 있는 창 역할을 한다.

청소년들이 느끼는 흥미와 관심을 '치료사가 수용하고 있다'라고 느끼면 청소년과 치료사의 관계는 훨씬 부드러워진다. 따라서 음악활동으로 인해 신뢰성과 이해관계가 형성된다.

(1) 음악치료의 기법 종류

- Music Performing : 합창(노래 부르기)이나 연주(즉흥연주, 개별 또는 그룹 연주)를 통해 개인의 음악적 기술을 향상시키거나 치료사나 그룹 원들과 음악적으로 상호작용하는 능력을 배운다.
- Music Psychotherapy : 청소년 스스로가 자신의 문제를 자각하고 음악활동(노래의 가사를 분석) 과정을 통해 자신의 행동양상을 통찰하도록 도와준다.
- Music and Movement : 음악과 함께 몸을 움직임으로써 청소년들의 신체 구조를 알게 한다. 또한 몸을 통하여 청소년들의 감정과 느낌을 자유롭게 표현하게 하고 운동량을 늘릴 수 있다.
- Music combined with other expressive arts : 음악과 함께 다른 표현 예술(그림 그리기, 드라마, 조각, 시 쓰기 등)들을 결합시켜 활동한다. 청소년들의 다양한 감정과 느낌을 표현하는 더 많은 기회들을 제공하는 방법 중 하나이다.
- Recreational Music : 음악과 함께 즐거움과 재미를 줄 수 있는 활동이다. 낮은 기능 수준을 가진 아동이나 초기 치료사와 집단 청소년들의 관계를 형성하기 위한 활동할 때에 도움이 될 수 있다.
- Music and Relaxation : 음악을 사용하여 긴장된 근육을 이완시켜 주고 심리적인 부분을 잠시 내려놓게 하는 활동이다.

청소년들을 위한 음악치료지만 각 대상의 특성에 따라 달라진다. 음악활동을 과정에 맞추면 그룹 원들과의 협동심을 볼 수 있다. 이런 과정들 속에서 자신의 감정을 표현하는 방법들을 배우고, 서로의 감정을 공유할 수 있는 것이다.

음악활동을 작품에 맞추면 청소년의 각자의 성취감을 느낄 수 있다. 그룹 음악활동이라 할지라도 음악의 질적인 부분을 향상시킬 수 있기 때문에 개인이 느끼는 성취감은 크다.

(2) 음악치료 활용법

음악치료 활용법을 설명하기 전 이 부분은 치료사들마다 대상자에게 적용하는 방법들이 다르다. 그렇기 때문에 여기에 나오는 활용법을 참고해 다양한 방법으로 응용해 볼 수 있다.

① 멜로디 악기 활동

• 핸드 벨 악기

이 악기는 가장 많은 사람들이 쉽게 접할 수 있는 악기 중 하나이다. 무지개 색깔로 이루어져 있으며 흔들거나 눌러서 각 음정을 소리 낸다. 이 악기는 유아에서 저학년들이 사용하면 좋다. 알록달록한 색깔 때문에 고학년들과 성인에게는 자주 사용하지 않는다. 하지만 필요에 따라 핸드 벨 악기를 사용하기도 한다.

• 톤챠임 악기

이 악기는 무게감이 조금 있는 반면 은은한 소리로 학생들이 좋아하는 악기이다. 먼저 악기의 사용법을 정확하게 알려준 뒤 악기 탐색(직접 소리를 내 보고 어느 부분에서 소리가 나는지 충분한 시간을 주도록 함)을 하도록 하는 것이 좋다. 이 악기는 고학년부터 성인까지 모두 좋아하는 악기이다. 핸드 벨과 다르게 이 악기는 색깔이 나타나 있지 않기 때문에 치료사가 직접 숫자 또는 색깔을 붙여서 표시를 해주어야 한다.

이때 선생님들은 색깔 또는 숫자 악보를 만들어서 아동들이 악보를 보고 직접 연주할 수 있도록 준비하는 것이 좋다. 또 멜로디를 준비하기보다는 코드를 연주하도록 하는 것이 더 쉽다.

이 활동의 장점은 치료사가 규칙을 이야기하지 않아도 스스로 자신의 차례가 되면 악기 소리를 낸다. 자연스럽게 음악활동을 통해 학생들에게 집중력을 길러주고 그룹 내에서 규칙을 이행할 수 있다. 연주를 하게 되면 자주 나오는 음이 있는 반면 노래를 마칠 때까지 3~4번 정도밖에 나오지 않는 음이 있어서 자신의 차례를 기다리는 것을 자연스럽게 배울 수 있다.

이때 선생님은 활동 중 끝까지 잘 참여한 학생에게 악기의 선택권을 먼저 줌으로써 음악적 강화를 줄 수 있다. 이는 언어적 칭찬보다 음악적 강화제가 더 크게 작용할 수 있는 좋은 예시이다.

② 타악기 활동

• 음악치료 악기(즉흥연주)

음악치료 악기 중 타악기 위주의 활동을 말한다. 이 활동은 음악을 듣고 자유롭게 연주하는 방법이 있고, 치료사가 임의대로 박자를 구조화시켜 음악 안에서 연주하는 방법 등이 있다. 이 두 가지 방법은 장단점이 있는데 자유롭게 연주해 보자고 이야기하면 학생들은 잘 참여하지 못한다. 처음 활동할 때는 치료사가 2~3개의 박자를 만들어 가서 함께 연주할 수 있도록 하는 것이 활동 참여에 도움을 줄 수 있다. 이러한 활동이 친숙해져 학생들이 자유롭게 표현할 수 있게 되면 타악기를 사용해 자유 즉흥연주를 해 볼 수 있다. 리듬 즉흥연주는 리듬과 템포에 있어 중요하다. 즉흥연주에 적용되는 주제는 많은 부분들로 나누어지며 활동에 사용되는 리듬 형태는 부분적 또는 전반적으로 함께 사용될 수 있다(김진아, 김귀현, 2006).

악기를 선택하는 부분에 있어 선생님이 지정해 주는 것보다 학생이 직접 악기를 고르는 것에 따라 개인의 성격이 그대로 반영될 수 있다. 거기에 맞추어 리듬을 지정해 준다면 학생들의 부담이나 거부 반응이 적게 나타날 것이다.

이 활동의 장점은 자신이 선택한 악기로 연주할 수 있고 음악이 완성됨으로 인해 성취감을 느낄 수 있다. 또한 아무리 작은 악기를 선택하여도 자신이 빠지면 연주가 안 된다는 소속감과 자존감을 심어 줄 수 있다. 그룹 연주이기 때문에 자연스럽게 주위의 소리를 들으면서 연주를 해야 한다. 그렇기 때문에 다른 사람들과 맞추어 가는 능력을 자연스럽게 배울 수 있다.

이때 선생님은 언어적인 지시보다는 음악적 지시를 주어 학생들 스스로가 음악을 듣고 볼 수 있도록 도와주는 것이 중요하다.

③ 가사 분석 활동

노래는 자신의 과거를 추억할 수 있도록 도와주고, 현재에 대한 자신의 심정을 표현하도록 해주며, 미래에 대해 생각할 수 있는 시간을 마련해 준다. 또한 노래는 모든 청소년들에게 친근감을 주어 그룹 원들끼리 쉽게 응집할 수 있도록 해주며, 활동을 통해 즐거움을 경험하고 다양한 표현을 할 수 있도록 지지해 주는 장점을 가지고 있다.

브르샤Bruscia(1998)는 노래에 대해 다음과 같이 기술하였다. 노래는 인간의 다양한 감정(기쁨, 슬픔 등)을 쉽게 풀어서 들려주는 동화와도 같다. 비밀 이야기부터 두려움, 공포, 절망, 희망, 설레임 등으로 우리의 사소한 일상을 표현하는 일기, 즉 소리의 기록이다.

- 노래 만들기

정서적으로 힘든 청소년들과 활동하기 전 몇 가지 목표를 세워 볼 수 있다.

첫째로 스스로 문제를 생각하고 자신의 감정을 표현하도록 도와준다.

둘째로 노래 만들기 활동을 통해 자신이 소중하고 가치 있는 사람이라는 점을 인지하도록 도와준다.

셋째로 음악활동을 함께 할수록 너의 힘든 것을 공감하고 지지하고 있음을 알려줌으로써 안정감과 신뢰감을 배워갈 수 있다(Lindberg, 1995; Robarts, 2003; Edgerton, 1990).

이 활동은 새롭고 기발한 청소년의 아이디어를 조합하는 방법으로 치료사가 준비한 음악을 가지고 4마디 정도 가사나 멜로디를 만드는 작업이다.

이 활동의 장점은 청소년 스스로 자신만의 곡을 완성시킴으로써 자신감과 독립성을 길러줄 수 있다. 또한 노래를 만들기 위해 다양한 단어나 이미지를 떠올리는 과정을 통해 청소년의 정서적 필요를 충족시킬 수 있다.

3. 요약

이 장에서 우리는 음악치료에 대한 전반적 이해와 청소년을 위한 음악치료 문제점 및 활용법에 대해 설명했다. 이에 따라 음악은 신체 및 심리, 사회적으로 영향을 미치고 있다는 이론적 근거를 토대로 살펴보았다. 음악치료는 내담자(학생)의 욕구에서 출발하여 유동적인 비구조적 과정을 통해 향상・유지・감소시킬 수 있는 반면 음악교육은 음악적 구조 안에서 교육적 목표에 따라 계획된 일정한 구조 속에서 기술을 향상시키는 차이점이 있다.

청소년들이 생각하는 문제점들을 이해하고 열린 마음으로 그들에게 다가가는 것이 중요하다. 마지막으로 우리는 치료 중재 시 아동 및 청소년에 대한 배경 지식이 풍부해야 되며, 대상자의 필요에 따라 같은 활동을 하더라도 그들에게 적용되는 부분들은 다르다는 점을 강조하였다.

CHAPTER 15

요리치료와 아로마치료

대상자가 정서적으로 마음을 열기 위해서는 대상자의 선호 기호를 먼저 파악하는 것이 중요하다. 따라서 이 장에서는 아동 및 청소년들과 함께 할 수 있는 다양한 치료 영역들을 살펴보려 한다.

첫째, 요리치료에 대해 살펴볼 것이다. 요리치료 영역이 대상자와 소통할 수 있는지에 대한 전반적 이해와 대상자와 함께 할 수 있는 활용법들이 무엇지에 대해 알아볼 것이다.

둘째, 아로마치료에 대해 살펴볼 것이다. 아로마는 향기부터 마사지에 이르기까지 광범위한 영역이다. 따라서 아로마치료의 전반적 이해와 대상자와 친밀감을 높이는 활동에 대해 알아볼 것이다.

1. 요리치료Food Therapy의 이해

1) 요리치료의 정의

요리치료란 오감(후각, 시각, 촉각, 청각, 미각)을 자극하는 장점과 똑같은 재료를 사용하더라도 대상자에 따라 창의적인 조리방법으로 자신의 내면을 표현할 수 있다. 이러한 요리활동 과정은 대상자 스스로가 문제를 검토할 수 있도록 도와주고, 언어적 또는 비언어적으로 자신을 자유롭게 표현해 봄으로써 문제에 대한 해결방법들을 찾을 수 있다.

요리를 통해서 심리치료가 가능한 것은 내면세계, 즉 정신세계(요리하는 과정과 만들어진 작품)와 외면세계(현실에서 구체적인 모습으로 표현)로 나누어 표현할 수 있다라는 점이다(전도근, 권명숙, 2008). 또한 인간의 생리적 욕구 중 먹는 즐거움을 이 활동을 통해 충족시켜 준다.

2) 요리치료의 필요성

요리치료는 자신이 경험했던 감정(행복함, 기쁨, 우울, 슬픔 등)이나 필요한 욕구들을 자연스럽게 표현할 수 있다. 또한 현재 또는 과거에 대상자의 모든 기억들과 감정들을 활동 중에 표현함으로써 자신을 돌아볼 수 있다.

이러한 활동들을 통해 대상자 스스로 자신의 문제를 돌아보고, 극복하도록 도와준다. 요리하는 과정 동안 충분한 시간이 소요된다. 대상자에게 있어 요리과정은 활동 안에서의 규칙과 인내심을 몸으로, 경험으로 배우게 된다.

요리활동의 목적은 요리의 작품보다는 요리활동 참여를 통해 다양한 성취감과 활동과정 중 느끼는 즐거움이라고 하였다(강앵, 1993).

3) 요리치료와 요리교육의 차이점

요리치료는 미술적 요소와 과학적 원리가 바탕이 되어 내담자가 가지는 문제를 해결하는 과정이다(전도근, 권명숙, 2008). 즉 작품 결과와 맛보다는 그 과정을 통해 그룹 원들 또는 치료사와의 상호작용에 큰 의미를 준다.

요리교육은 인간에게 있어 가장 기본적인 욕구를 충족시키기 위한 단계이다. 인간이 살아가는 데 삶의 질을 풍요롭게 하기 위해서 요리교육을 배운다. 따라서 만든 요리의 결과물과 맛에 큰 비중을 준다.

표 15-1 요리치료와 요리교육의 차이점

요리치료	요리교육
1. 부정적 감정 해소	1. 재료를 통해 다양한 요리를 만듦
2. 각 개인이 필요한 요구를 언어적, 비언어적으로 표현	2. 완성된 요리에 대한 만족감과 행복감
3. 완성된 작품에 대한 성취감, 만족감	3. 다양한 요리를 만들고 먹음으로써 미적인 감각 발달
4. 행복감 증진	
5. 그룹 원 또는 선생님과의 상호작용 증진	

4) 요리치료의 특성 및 장점

① 언어적 표현을 이끌어 낼 수 있다.

요리치료는 만드는 과정에서부터 완성된 작품들까지 대상자가 어떻게 느끼고 왜 그렇게 생각했는지 수용 또는 표현언어로 표현할 수 있도록 유도한다. 또한 어휘력 발달에 있어서도 도움을 준다.

② 오감을 자극하여 활동 참여도를 높여 줄 수 있다.

요리라는 활동은 후각(음식 냄새를 맡고), 촉각(재료들을 만지고), 미각(음식의 맛을 보고), 시각(만드는 과정을 직접 눈으로 보고), 청각(자르거나 볶는 소리를 들음)을 자극함으로써 아동 및 청소년들의 활동에 즐거움과 참여를 유도한다.

③ 창의적인 생각을 유도하여 스스로에게 성취감을 줄 수 있다.

요리는 같은 재료를 쓰더라도 각기 다른 모양과 맛을 만들어 낸다. 이것은 청소년들의 독창적인 아이디어를 구상하도록 유도할 뿐만 아니라 자신이 만든 완성품을 통해 성취감을 경험할 수 있다. 대상자가 요리활동을 통해 가질 수 있는 흥미, 즐거움, 만족감, 호기심 등은 대상자로 하여금 참여동기를 유발할 수 있다. 이러한 참여동기를 가진 대상자일수록 활동에 대한 창의성을 가장 잘 표현할 수 있으며(전경원, 1998), 다양한 재료와 활동 방법을 통해 요리활동에 대한 매력을 느낄 수 있고, 처음 재료와 작품으로써 완성된 재료의 형태는 전혀 다른 것을 경험할 수 있다(정연희, 2006).

④ 기다림을 배울 수 있다.

요리치료에서 가장 좋은 점은 기다림을 자연스럽게 배울 수 있다. 시간에 대한 기다림과 작은 부분이지만 요리하는 과정에 대한 기다림을 모두 배울 수 있다. 성격이 급한 친구들은 빨리 먹기 위해 대충 자르고 볶는 경우가 많은데 그것을 직접 먹어 봄으로써 충분한 시간이 소요되어야 맛있는 음식이 되는 것을 스스로 배우게 된다.

⑤ 구조화된 활동은 대상자로 하여금 안정감을 제공한다.

요리활동은 대상자로 하여금 다음 순서를 예측할 수 있도록 한다. 재료를 통해서도 오늘 활동에 대해 예측할 수 있고 선생님이 미리 이야기해 주는 요리 순서를 통해서도 다음 활동을 미리 짐작해 볼 수 있다. 이러한 구조화된 활동들이 대상자의 참여도를 높이고 안정감을 제공해 준다.

⑥ 대상자가 가지는 정서적 문제를 감소시킨다.

대상자가 느끼는 심리적 부분(불안, 초조, 우울)들을 요리활동에 집중함으로써 자신이 가지는 문제들을 잠시 잊을 수 있다. 또한 다양한 재료로 자신의 감정을 표현함으로써 대상자가 느끼는 정서적인 문제를 표출시킬 수 있다.

5) 요리치료의 활용 및 적용

요리치료 활동 시 대상자에 대한 개인적 특성(정서와 행동문제, 연령과 표현 정도 등)을 파악하는 것이 중요하다. 그리고 아동 및 청소년들의 심리적 표현을 이끌어 내기 위해서는 대상자에 대해 이해하는 마음이 필요하다.

예를 들면 학교에서 또래와의 관계 또는 자신의 정서적 문제들로 인해 불안하고 위축된 학생들은 의욕이 상실되어 어떤 활동을 하든 참여하지 않으려 한다. 또한 공격성을 가진 학생들은 에너지를 발산시키는 활동이나 주의집중할 수 있는 활동들이 필요하다. 위축된 학생들은 소극적인 모습과 모든 표현을 작게 나타낸다. 따라서 활동 시 대상자마다 요구되는 부분이 다르기 때문에 사용되는 재료와 적용되는 활동이 다양하게 달라질 수 있다.

아동과 함께 활동할 경우, 너무 많은 재료를 준비하는 것보다 그 아동이 좋아하고 잘 표현할 수 있는 몇 가지의 재료를 준비하는 것이 더 효과적이다.

청소년과 함께 활동할 경우, 복잡한 감정을 충분히 표현할 수 있도록 다양한 재료들을 준비하는 것이 더 효과적일 수 있다.

이러한 세심한 준비가 대상자로 하여금 자연스럽게 정서적 표현을 이끌어 내며, 부적절한 행동은 감소시키고 바람직한 행동은 증가시키는 데 도움을 줄 수 있다.

(1) 공격적인 학생들을 위한 프로그램

공격적인 학생들은 활동 시 자신의 감정을 분출시킬 수 있도록 도와주는 것이 좋다. 또한 활동의 구조화로 학생들에게 안정감을 함께 주어야 한다.

예를 들면) 밀가루를 반죽하는 과정에서 주무르고, 두드리면서 비구조적인 활동을 통해 자신의 감정이나 기분을 충분히 표현하도록 한다. 그런 다음, 점차적으로 구조화된 활동을 준비하는 것이 좋다.

(2) 소극적인 학생들을 위한 프로그램

소극적인 학생들은 활동 시 안정적인 환경을 마련해 주는 것이 중요하다. 학생들이 자신의 마음을 쉽게 표현할 수 있는 활동부터 준비하는 것이 좋다.

예를 들면) 스스로 자신의 얼굴표정을 표현하도록 한다. 현재 자신의 감정이 어떤지 표현하도록 한 뒤 선생님이 질문하고 학생이 단답형으로 답을 하도록 유도 한다.

활동 시 선생님이 너무 적극적인 질문을 하거나 답을 듣기 위해 자세한 유도 질문을 하는 것은 좋지 않다.

사례 1

11세로 초등학교 4학년에 재학 중인 K는 할머니와 모와 생활하는 조용한 성격의 여아이다. 처음 치료사를 만났을 때 부끄러움을 많이 타서 치료사에게 인사조차 못했던 친구에게 치료사는 시간이 조금 걸리더라도 스스로 표현할 수 있도록 기다려주었다. 처음에는 같이 참여하는 그룹 친구들이 기다리지 못하고 빨리 재촉해서 K는 당황하는 모습을 많이 보였으나 시간이 지날수록 자신의 생각을 단어로 작품으로 표현하는 모습을 보였다.

(3) 사회성이 부족한 학생들을 위한 프로그램

사회성이 부족한 학생들은 활동 시 상대(선생님, 그룹 친구들)를 배려하고 수용하는 방법을 배우는 것이 중요하다. 또한 활동 시 자신이 세운 규칙을 지키도록 하고, 만드는 과정 동안 인내심을 배울 수 있도록 도와주어야 한다.

예를 들면) 다양한 채소와 나물들 중 그룹 원들과 상의해서 재료를 선택하고 어떤 부분에 어떤 모양으로 꾸밀지 토론한다. 녹말가루에 자신이 원하는 색소를 넣어 색을 만들어 한 가지 주제를 표현한다.

이때 선생님은 그룹 원들끼리 의논하면서 각자 자신만의 역할과 표현할 부분을 나눌 수 있도록 도와주어야 한다.

사례 2

14세의 남아로 중학교 1학년인 H는 친구들과 함께 하는 작업에 잘 어울리지 못한다.

혼자 하는 작업이나 표현은 자유롭게 잘 하는 반면 집단 작업을 할 때마다 친구들과 싸우기가 일쑤였다. 치료사가 H의 행동을 살펴본 결과 한 가지 행동을 마무리짓지 못하고 다른 친구들이 작업하는 것을 도와주기 위해 상대방과 상의 없이 임의로 행동하는 모습을 보였다.

치료사는 활동을 진행할 때마다 그룹 작업이라는 점을 지속적으로 설명하였다. 또한 오늘 활동에 있어서 규칙을 정하는 시간을 가짐으로써 처음에는 힘들어하는 H와 친구들의 행동들이 서로 이해하고 함께 활동하는 모습을 발견할 수 있었다.

(4) 감정 표현하기가 힘든 친구들을 위한 프로그램

감정을 표현하기 힘든 친구들은 활동 시 자신이 생각하고 있는 부분을 언어적 또는 비언어적으로 표현할 수 있도록 도와주어야 한다. 자신이 현재 느낀 감정과 음식에 비유하여 그것을 어떻게 했으면 좋을지 충분히 표현할 수 있도록 하고 그것에 대한 결과물을 직접 경험했을 때의 느낌을 질문을 통해 표현하도록 한다.

6) 요리치료 시 선생님의 유의사항

다양한 대상 군에 따라 요리활동 시 선생님이 유의해야 될 부분을 살펴본다.

먼저 활동을 계획할 때 개별로 할 것인지, 그룹으로 할 것인지에 대해 생각해 보아야 한다.

① 대상자에 대한 이해가 필요하다.

선생님은 학생의 행동 특성이 무엇인지, 행동적 지시수행 능력이 얼마만큼 되는지, 언어표현 수준이 어느 정도 되는지 등에 따라 활동을 계획할 수 있다.

② 모든 활동에 있어서 일관성 있게 행동해야 한다.

선생님은 활동 중 학생이 나타내는 많은 감정들에 따라 반응해서는 안 된다. 항상 중심을 잡고 일관성 있게 행동하는 것이 좋다.

③ 말과 활동이 바로 연결되어야 한다.

선생님은 활동 중 설명하고 난 후 바로 활동으로 행동을 수행할 수 있도록 해야 된다. 성격이 급한 학생은 선생님의 설명 중 활동을 같이 하는 경우가 있거나 설명을 듣고 난 후에도 활동을 못하고 그냥 서 있는 경우가 있기 때문에 대상자의 반응에 따라 지속적으로 설명을 하면서 활동을 도와주는 것이 필요하다.

④ 선생님이 모델링 역할을 함께 해준다.

새로운 활동이나 질문에 학생들은 당황할 수 있다. 이런 경우 선생님은 좋은 표본이 된다. 선생님이 모델링을 보여줌으로써 학생들은 선생님을 모방하면서 창의적인 생각을 할 수 있도록 도와준다.

7) 요약

이 장에서 우리는 요리치료에 대한 전반적 이해와 몇 가지 사례를 통한 활용법에 대해 설명했다. 이에 따라 요리는 오감을 자극함으로써 아동 및 청소년들에게 다양한 영향을 미치고 있다는 것을 살펴보았다. 대상자의 필요에 따라 다양한 재료와 활용법들을 적용할 수 있고, 같은 재료를 활용했지만 작품들은 각각 다르다는 것을 확인할 수 있었다.

요리활동 시 집단의 역동성과 대상자의 참여도 또한 중요하지만 활동에 따라 선생님의 역할이 더 중요할 수 있다. 따라서 활동 시 유의사항을 다시 한 번 참고하여 대상자의 마음을 이끌어 낼 수 있는 활동을 구상하는 데 도움이 되길 바란다.

2. 아로마치료Aroma Therapy의 이해

1) 아로마치료의 정의

아로마치료란 아로마(향기)와 테라피(치료 및 요법)를 합성한 용어로 향기치료를 의미한다. 다시 말해, 향이 나는 식물의 줄기, 잎, 꽃, 열매 등에서 나오는 오일을 사용하여 신체적, 정신적으로 영향을 미치는 것을 말한다(임희야 외, 2012).

향기 나는 식물에서 나오는 오일(에센셜 오일)을 이용해서 마사지, 목욕 등을 통해 신체와 심신에 영향을 준다.

(1) 에센셜 오일의 특징(한국생활아로마협회, 2011)

- 물에 잘 용해되지 않는다.
- 공기 중에 잘 날아간다.
- 빛, 열, 습기에 분자들이 산화된다.

(2) 에센셜 오일의 선택기준

- 아로마는 허브의 일종이다. 따라서 좋은 허브를 사용한 오일을 선택하는 것이 가장 중요하다.
- 정확한 원산지와 제조일자가 표기된 오일을 사용해야 한다.
- 햇빛과 열이 차단될 수 있는 갈색 병에 들어 있는 오일을 사용해야 한다.

2) 아로마의 기능 및 특징

(1) 아로마 기능

아로마의 향기는 그 종류에 따라 각각 다르게 우리 몸에 적용된다. 마음을 진정시키거나 기분을 띄워 주는 등 감정을 조절하고 우리 몸의 긴장과 피로를 풀어

주기도 한다. 또한 오일의 종류에 따라 마사지, 목욕, 흡입제 등으로 사용되기도 한다.

(2) 아로마 특징

- 아로마는 대상자의 특성에 맞게 사용되기 때문에 부작용이 거의 없다.
- 대상자에게 나타나는 증상에 따라 적용되는 아로마 오일이 다르다. 아로마 오일은 추출되는 부위와 만들어지는 과정에 따라 성분이 각각 다르다.
- 아로마 오일은 추출되는 성분마다 향이 다르다. 따라서 미용뿐만 아니라 향기 요법에도 탁월한 효과를 지니고 있다.

3) 아로마의 종류 및 쓰임새

아로마의 종류는 100가지가 넘고 추출법 또한 다양하다. 따라서 그 성분에 맞게 사용하는 것이 중요하다.

표 15-2 추출 부위, 향기 노트와 효능

추출 부위	향기 노트	효능	종류
껍질	상향	• 우울증 예방, 이뇨작용 • 중추신경의 밸런스 조화 • 림프순환, 살균작용	그레이프후룻, 레몬, 버가못
꽃		• 긴장완화, 마음을 진정시킴 • 최음효과, 이완 • 우울함으로 인한 수면방해 효과 • 항우울 작용	네롤리, 클라리세이지
잎		• 활력증진, 항박테리아, 냄새 제거 • 피부 트러블 개선효과 • 혈액순환 개선	유칼립투스, 티트리, 페퍼민트
꽃, 잎	중향	• 불면증 해소, 불안감 해소 • 화상 및 상처에 효과 • 이뇨작용	라벤더, 로즈마리, 오레가노

추출 부위	향기 노트	효능	종류
잎		• 신경 경직된 조직 이완 • 진정 및 안정 • 항우울작용 진정제	마조람, 멜리사
꽃		• 산후우울증 사용, 혈액순환 • 불감증 치료에 도움 • 신경성 및 근육통 이완	캐모마일, 로즈, 일랑일랑
열매		• 독소 배출	주니퍼베리
뿌리		• 진통, 해열	진저
껍질	하향	• 호흡계 자극제 • 소화기 질환 도움	시나몬
나무		• 살균작용, 마음을 안정시킴 • 최음효과	샌달우드
나무의 진		• 방부작용, 호흡기 질환 개선	멀
잎		• 진정 및 최음효과	파촐리
잎, 꽃		• 방향제, 향균효과	타임
꽃		• 최음효과, 활력 증진	자스민

4) 아로마테라피 주의사항

좋은 오일이라 하더라도 혼합 비율이 틀리거나 대상자의 특성에 맞게 사용하지 않으면 오히려 해가 된다. 따라서 아로마테라피 활동 시 주의사항에 유념하여 활동을 계획해야 된다.

① 오일을 선택할 때는 순도 100%를 사용한다.

② 오일 성분에 따라 임산부, 저혈압, 고혈압 환자에게 적절하지 않는 오일을 분명하게 숙지해야 된다.

③ 오일 종류 중 같은 효능을 가진 오일을 다양하게 사용하는 것이 좋다.

④ 어린아이에게 사용할 경우 표준량보다 묽게 희석하여 직접적 사용보다 간접적인 방법으로 사용하도록 한다.

5) 아로마를 이용한 손과 발 마사지 활용법

발마사지를 할 때 양발을 똑같이 신경 써야 한다. 또한 오른발(신체 기능과 관련)에서 왼발(감정과 관련) 순서로 마사지한다. 오른발을 통해 긴장된 근육을 이완시켜 준다. 왼발은 신체적 긴장뿐만 아니라 감정적인 긴장을 풀어 준다.

- 피곤한 손과 발: 라벤더, 페퍼민트, 베이스 오일을 혼합하여 부드럽게 마사지한다.
- 거친 손과 발: 프랑킨센스, 제라늄, 샌달우드, 베이스 오일을 혼합하여 타라피용 베이스 로션에 넣어서 사용한다.
- 부은 손과 발: 라벤더, 캐모마일, 베이스 오일을 혼합하여 사용한다.

(1) 아로마 손과 발 마사지 효과

마사지를 통해 신체 조직을 자극하면 주변 근육들까지 영향을 받게 된다. 신체에 일차적 영향을 받으면서 이차적으로 심리에도 긍정적인 효과를 줄 수 있다.

우리가 쉽게 활용할 수 있는 아로마 손과 발 마사지는 다양한 자극을 제공해 줄 뿐만 아니라 시각과 촉각, 청각, 후각적 경험을 하며 심신을 안정시키고 신체를 이완하는 데 도움을 줄 수 있다(최승완, 2013).

① 아로마 손 또는 발 마사지의 신체적 효과

한의학에서 손과 발은 우리 몸의 지도라고 이야기한다. 손을 잘 케어해 주어도 몸이 한결 편안해지는 것을 느낄 수 있다.

- 아로마 손 마사지를 통해 근육의 피로와 관절에 도움을 준다.
- 아로마 손 마사지를 통해 신경계를 이완 또는 자극시켜 준다.
- 아로마 손 마사지를 통해 몸의 피곤함을 풀어주어 신체 에너지 흐름에 도움을 준다.
- 손과 발의 부기를 감소시키는 데 도움을 준다.

② 아로마 손 또는 발 마사지의 심리적 효과

- 아로마의 성분과 향기가 심리적인 효과에 도움을 준다.
- 신체 이완과 함께 스트레스로 인한 긴장을 감소시킨다.
- 마음을 이완시켜 분노 조절에 도움을 줄 수 있다.
- 피로를 감소시켜 좋은 에너지를 증가시킨다.

(2) 아로마 오일을 이용해 손과 발 마사지할 때 선생님이 알고 있으면 유용한 점

- 학생이 저학년일수록 시간을 단축시켜 현재 하고 있는 활동에 집중할 수 있도록 하는 것이 좋다. 대략 10분에서 15분 정도.
- 처음부터 짝을 이루어 활동하는 것보다 개인별로 활동하다 조금씩 짝을 이루는 것이 거부감이 적다.
- 짝을 이루어 활동한 후 마사지를 한 친구와 받은 친구가 느낀 점을 묻는 것보다 자신들이 느낀 것을 간직한 후 다른 부분으로 표현할 수 있다. 그룹 원들과 상호작용이 잘 이루어졌다고 판단되어지면 언어적으로 표현하는 것이 필요하다. 저학년일수록 표현능력이 떨어지기 때문에 다양한 방법으로 표현할 수 있도록 도와준다. 반면 고학년일수록 언어로 묻고 이야기하는 시간을 가짐으로써 다른 친구와의 상호작용이 증가될 수 있다.

참고문헌

강갑원(2012). 상담심리학: 양서원.

강앵(1993). 유치원에서의 요리 활동에 대한 유아의 반응 연구. 한국교원대학교 대학원 석사학위논문.

곽영길(2007). 학교폭력 피해에 대한 인식과 경험에 관한 연구: 서울시 고등학생을 중심으로. 서울 동국대학교 대학원 박사학위논문.

교육과학기술부(2012). 학교폭력 실태. http://www. moe.go.kr

교육과학기술부(2012). 학교폭력예방– 교사용 자료. (재)자녀안심하고 학교보내기운동 국민재단.

교육부(2013). 2013 교원자격검정 실무편람.

권준모(1999). 국내외 집단따돌림 연구방법의 개관. 경희대학교 교육문제연구소.

김갑순(2004). 초등학생의 평화의식 함양 방안 연구. 제주교육대 교육대학원 석사학위논문.

김계현, 김창대, 권경인, 황매향, 이상민, 최한나, 서영석, 이윤주, 손은령, 김용태, 김봉환, 김인규, 김동민, 임은미(2011). 상담학개론. 학지사.

김기석(1985). 우리나라의 근대화와 카운슬러의 역할. 변천하는 사회, 성장하는 청소년: 한국카운슬러협회 20년사. 정민사.

김난주(2010). 학교폭력 예방프로그램의 효과성 연구 : 부산광역시 전문계고등학생을 중심으로. 동아대학교 대학원 석사학위논문.

김도애(1997). 주머니 속의 행복. 소담출판사.

김명자(2003). 청소년의 학교폭력행위 예측모형 구축. 전남대학교 박사학위논문.

김상균(2004). 최신범죄학원론. 양서원.

김설희(2006).중학생의 학교폭력에 관한 인식 변화연구 : 학교폭력 예방 교육을 중심으로. 명지대학교 사회복지대학원 석사학위논문.

김성기(2008). 「학교폭력예방 및 대책에 관한 법률」과 동법 시행령의 문제점과 개정방안. 교육법학연구. 20(2), (pp.27-45).

김성환(1999). 학교폭력에 대한 학교 및 교사의 역할. 한국심리학회 심포지엄. 학교폭력의 학술적 사회적 대안(pp.129-137).

김수지, 고혜정, 권혜경(2004). 음악치료학 개론 : 이론과 실제. 권혜경 음악치료센터.

김준호, 김선애(2003). 학교폭력 실태에 관한 종단적 연구(2001-2002년). 한국청소년 연구, 12(2), 5-47.

김준호, 박정선, 김은경(1997). 학교주변 폭력의 실태와 대책. 한국형사정책연구원 연구보고서. pp.96-12.

김진아, 김귀현(2006). 즉흥연주 : 음악치료, 임상전문가, 교육자 및 학생들을 위한 치료 방법과 기술. 학지사.

김춘경 외(2007). 청소년상담. 학지사

김충기, 강봉규(2001). 현대상담이론과 실제. 교육과학사

김헌수, 김옥엽, 원유미, 이난(2001). 상담심리학. (주)학술정보.

김형태(1998). 상담의 이론과 실제. 동문사

노성호(2004). 학교폭력에 대한 기존 연구들의 비판적 검토. 형사정책연구, 15(1), 86-120.

노안영, 송현종(2006). 상담실습자를 위한 상담의 원리와 기술. 학지사.

류세홍(1999). 학교폭력에 관한 연구: 도시와 농촌지역을 중심으로. 한국교원대학교 석사학위논문.

매일경제신문(2012.5.4). 카톡 탓에 온종일 학교폭력. 31면 사회.

모기 유따까(1996). 이지메에 관한 연구. 목원대학교 대학원 석사학위논문.

문용린 외(2008) 학교폭력 위기개입의 이론과 실제. 학지사.

문용린 외(2012). 학교폭력예방과 상담. 학지사.

문용린, 김준호, 임영식, 곽금주, 최지영, 박병식, 박효정, 이규미, 임재연, 정규원, 김충식, 이정희, 신순갑, 진태원, 장현우, 박종효, 장맹배, 강주현, 이유미, 이주연, 박명진(2006). 학교폭력 예방과 상담. 학지사

문용린(2013). 학교폭력 예방과 상담. 학지사.

문재현(2012). 학교폭력 멈춰. 살림터.

민성길(2012). 최신정신의학. 일조각.

박경애 외(2011). 청소년심리 및 상담. 공동체.

박동호(2011). 창원지역 중학교 학생들의 학교폭력실태와 예방대책에 관한 연구. 경남대학교 교육대학원 석사학위논문.

박성희, 이동렬(2001). 상담과 상담학 2: 상담의 실제. 학지사.

박송지(2010). 중학생대상 학교폭력 예방교육이 학교폭력태도 변화에 미치는 영향. 광운대학교 석사학위논문.

박영신, 김의철(2001). 학교폭력과 인간관계 및 청소년의 심리행동특성: 폭력가해, 폭력피해, 폭력무경험 집단의 비교를 중심으로. 한국심리학회지: 사회문제, 7(1), 63-89.

박재윤, 박영숙, 홍영란(1996). 학교폭력유발 및 증가요인과 대책: 교내폭력과 부적응 문제를 중심으로. 한국교육개발원.

박정란 외(2012). 청소년 복지론. 양서원.

박효정, 정미경, 박종효(2007). 학교폭력 예방프로그램 개발연구. 한국교육개발원.

백지숙, 김혜원, 김영순, 방은령, 임형택, 주영아(2011). 청소년 상담. 신정.

산업인력공단(2015). 시험정보.

신혜섭(2005). 중학생의 학교폭력 유형에 영향을 미치는 변인. 청소년학연구, 12(4), 123-149.

안향림(2002), 그래도 당신과 나는 다를 뿐이다. 한울.

외상후 스트레스 장애를 위한 12주 도약: 더트리그룹.

유지웅(2007). 학교폭력대책에 대한 사회적 평가와 제도 개선 방안의 검토. 치안정책연구소 생활안전대책연구실 책임연구보고서. 2007-05.

이명우, 신효정, 김태선, 송은미, 김소라, 이윤아(2005). 경찰사이버전 체제운영을 위한 학교폭력 가해자 상담모형 개발. 한국청소년상담원.

이복희 외(2010). 청소년교육론. 학지사.

이성진(1996). 청소년 상담 발전의 방향과 과제. 제3회 청소년상담학세미나(1996.11.29. 세종문화회관 대회의실)

이은해, 최성은(2012). 선호 음악 감상의 음악치료가 말기 암 환자의 통증정도에 따른 정서 및 스트레스에 미치는 효과. 한국 호스피스 · 완화의료학회지, 15(2), 77-87.

이인정 외(1995). 인간행동과 사회환경. 나남.

이장호(1998). 상담심리학. 박영사.

이장호(2005). 상담심리학. 덕영사.

이장호, 정남운, 조성호(2001). 상담심리학의 기초. 학문사.

이진국(2007). 학교폭력예방 및 대책에 관한 법률의 체계적 문제점과 개선방안. 입법정책, 1(1), 93-127.

이춘재(1999). 학교폭력에 대한 심리학적 접근. 한국심리학회 1999년 대외심포지엄 '학교폭력의 학술적 · 사회적 대안/ 학교폭력에 대한 심리학적 접근의 모색' 기도강연. (pp.11-25).

이현림, 김말선, 박춘자(2012). 학교폭력상담의 이론과 실제. 한국학술정보(주).

이현림, 김영숙(1995). 상담의 이해. 형설출판사.

이형득(1993). 상담이론. 교육과학사.

이혜성 외(1996). 청소년 개인상담. 한국청소년상담원.

임영식(1998). 학교폭력에 영향을 미치는 요인에 관한 연구. 청소년학연구, 5(3), 1-26.

임종렬(2001). 대상중심 경계선 가족치료. 한국가족복지연구소.

임희야, 김미영, 오윤경, 손지현, 황윤영(2012). 실용 아로마 테라피. 일진사.

잡지 뉴턴 하이라이트(2007). 뇌와 마음의 구조. 뉴턴코리아.

장가람(2013). 학교폭력현상 및 정책에 관한 교원들의 인식연구. 이화여자대학교 대학원 석사학위논문.

장인협(2005). 사회복지실천론. 서울대학교 출판사.

전경원(2005). 창의성 교육의 이론과 실제. 창지사.

전도근, 권명숙(2008). 요리치료의 이론과 실제. 교육과학사.

정연희(2006). 요리활동에서의 요리 재료의 변화에 대한 유아의 이해 구축과정. 중앙대학교 교육대학원 석사학위논문.

정원식, 박성수(1982). 카운슬링의 원리. 교육과학사.

정원식, 박성수, 김창대(1999). 카운슬링의 원리. 교육과학사.

정진희(2009). 학교기반 학교폭력 예방 프로그램의 효과성 분석에 관한 연구. 한양대학교 행정·자치대학원 석사학위논문.

조병인, 이진국, 이천현, 송봉규(2006). 학교폭력 예방을 위한 법·제도적 정비방안 연구. 한국형사정책연구원.

지영환(2013). 학교폭력. 그린.

천성문, 박명숙, 박순득, 박원모, 이영순, 전은주, 정봉희(2011). 상담심리학의 이론과 실제. 학지사.

청소년폭력예방재단(2011). 2010년도 전국 학생폭력 실태조사 보고서. 청소년폭력예방재단.

청소년폭력예방재단(2013). 학교폭력예방교육 프로그램[내가 바로지킴이].

최병철(2006). 음악치료학. 학지사.

최세연(2007). 치료적 음악 감상이 화상환자의 통증완화에 미치는 영향. 명지대학교 사회교육대학원 석사학위논문.

최승완(2013). 에센셜 아로마테라피. 청문각.

최인섭 외(2003). 한국사회의 폭력에 대한 연구: 진단과 처방. 한국형사정책연구원. 2003-35.

최현(2007). 저소득층 청소년 자녀를 대상으로 한 품성계발 프로그램의 효과성 연구. 조선대학교정책대학원 석사학위논문.
한국산업인력공단(2014). 2015년도 국가전문자격시험 시행공고. 2014.11. 28.
한국생활아로마협회(2011). 생활 속에 숨쉬는 아로마테라피.
한국생활아로마협회(2011). 아로마테라피.
한국청소년개발원 편(2004). **청소년상담론**. 교육과학사출판.
한국청소년상담복지개발원(2013).
한소은(2007). 학교폭력예방을 위한 상담 프로그램 비교연구: 한국, 미국, 유럽, 일본을 중심으로. 경기대학교 대학원 석사학위논문.
한숙자(2008). **전문상담학개론**. 창지사.
허채윤(2013.05.13). 학교폭력, 침묵하는 다수를 깨워라. 중부일보.

SBS TV 홈페이지 . SBS 스페셜 [학교의 눈물]

August Aichhorn.(2001). **비행청소년은 치료된다**. 홍성화, 홍미기 역. 홍익재.
Gerald Corey(2010). **심리상담과 치료의 이론과 실제**. 조현춘 역. 시그마프레스.
Edna B. Barbara Olasov Rothbaum, Elizabeth A. Hembee(2011). **외상 후 스트레스 장애 12주의 도약**. 조용범 역. 더트리그룹.
Minuchin, S.(1988). **가족과 가족치료**. 김종옥 역. 법문사.

Benbenishty, R., & Astor, R. A.(2008). *School violence in an international context: A call for global collaboration in research and prevention*. Presented at the Ⅳ World Conference: Violence at school: violence in context? Lisbon, Portugal.
Bruscia, K.(1998). *The Dynamics of Music Psychotherapy*. Phoenixville: Barcelona Publishers.
Davis, W. B., & & Thaut, M. H.(1989). The influence of preferred relacing music on measures of state anxiety, relaxation, and physiological reponses. *Journal of Music Therapy, 26,* 168-187.
DeBacker, J.(1993). 'Containment in music therapy.' In M. Heal & T. Wigram(Eds.), *Music Therapy in Health and Education*. London: Jessica Kingsley Publishers.
Edgerton, C. D.(1990). Creative group songwriting. *Music Therapy Perspectives, 8,* 15-19.
Flower, C.(1993). 'Control and creativity:music therapy with adolescesnts in secure care,' In M.

Heal & T. Wigram(Eds.), *Music Therapy in Health and Education*. London: Jessica Kingsley Publishers.

Gaston, E. T.(ed.)(1968). *Music in Therapy*. NY: The MacMillan Company.

Klein, M.(1975). Envy and Gratitude and Other Works 1946-1963. A Division of Simon & Schuster

Jellison, J. A.(1975). The effect of music on autonomic stress and verbal reports. Research in Music Behavior, 206-219, Teachers College Press, Colombia University.

Lindberg, K. A.(1995). Songs of healing: Songwriting with an abused adolescent. *Music Therapy, 13*(1), 93-108.

McFerran, K., & Wigram, K.(2010). *Adolescents, Music and Music Therapy*. Jessica Kingsley Pub. Inc.

McFerran, K.(2003). 'Active methods for working with adolescents: A comparison of songwriting and improvisation.' Unpublished paper presented at the Fourth Nordic Music Therapy Conference, Bergen.

Merriam, A. P.(1964). *The anthropology of music*. Chicago, IL: Northwest University Press.

O'Connell, A. S.(1984). The effect of sedative music on test-anxiety in college students. Unpublished master's thesis, University of Pacific, Stockton, CA.

Olweus, D.(1978). *Aggression in the schools.* Washington, D.C.: Hemisphere.

Olweus, D.(1994). Annotation: Bullying at school: Basic facts and effects of a school based intervention program. *Journal of Child Psychology and Psychiatry, 35*, 1171-1190.

Patterson, G. R.(1982). *Coercive family process*. Eu-gene OR, Castastalis.

Rigby, K.(1993). School children's perception of their families and parents as a function of peer relations. *The Journal of Genetic Psychology, 154*(4), 501-513.

Robarts, J.(2003). The hedling function of improvised songs in music therapy with a child survivor of early trauma and sexual abuse. In S. Hadley(Ed.), *Psychodynamic Music Therapy: Case Studies*. Gilsum, NH: Barcelona Publishers.

Silver, L. B.(1990). Attention deficit hyperactivity disorder: Is it a learning disability or related disorder?. *J. Learn Disabil, 23*, 394-397.

Thaut, M. H.(1990). Physiological and motor responses to music stimuli. In Music therapy in the treatment of adults with mental disorders, edited by R. F. Unkefer, 33-49. New York:

Schirmer.

UN(2006.8.29). *The World Report on Violence against Children*. 제61차 유엔총회제출보고서. Available at: http://www.unicef.org/violencestudy/reports/SG_violencestudy-en.pdf.

Winnicott, D. W.(1965). *The Family and Induvisual Development*. Tavistock Publication Limited.

찾아보기

〈인 명〉

〈내 용〉

ㄱ

기타

저자 소개(가나다순)

김경석 신학박사, 기독교교육학박사, 사회복지학박사, 상담학박사(Ph.D)
한국학교폭력상담협회장, CCIA 국제임상감독
대한신학대학원대학교 사회복지학과장(계약학부)

김선향 상담학박사(Ph.D.C.C), 명예신학박사(D.D)
한국학교폭력상담협회 임상감독, CCIA 국제임상감독
대한신학대학원대학교 상담학과장(계약학부)

김영옥 상담학박사(Ph.D), 사회복지학박사(Ph.D)
한국학교폭력상담협회 임상감독, CCIA 국제임상감독
중앙신학대학원대학교 상담학교수

김진희 사회복지학석사(M.A), 상담학박사과정
부천남중학교 지역사회전문가(교육부장관상 수상)

박종란 사회복지학박사(Ph.D)
전) 명지대학교 강사
명지대학교, 경민대학교, 세계사이버대학교, 열린사이버대학교 등 출강
한국학교폭력상담협회 부회장

박찬선 교육학박사(Ph.D)
한국학교폭력상담협회 슈퍼바이저
(주)연아혜윰(발달센터)대표

박초이 상담학박사(Ph.D)
한국학교폭력상담협회 슈퍼바이저
경기가족상담센터실장

이병학 상담학박사과정
한국학교폭력상담협회 경기지부장

이은해 음악치료박사(Ph.D)
계명문화대학교 외래교수
대구과학대학교 외래교수
한국학교폭력상담협회 슈퍼바이저

임영아 사회복지학박사(Ph.D)
해바라기미술치료연구소장
조선대학교 대학원 외래교수
한국학교폭력상담협회 임상감독

학교폭력상담 이론과 실제 - 개정판

1판 1쇄 발행 2013년 10월 20일
2판 1쇄 발행 2015년 2월 27일
2판 2쇄 발행 2017년 1월 10일

지 은 이 | 한국학교폭력상담협회
발 행 인 | 박철용
발 행 처 | 양서원
주 소 | 경기도 파주시 직지길 522(문발동 499-4) 파주출판도시
전 화 | 031-955-8000(代)
팩 스 | 031-955-8005
홈 페 이 지 | www.yswpub.co.kr
이 메 일 | yswpub@chol.com
출 판 등 록 | 1987년 11월 24일 제 406-2003-037 호

ISBN 978-89-994-0373-6

정가 18,000원